Carta ao Leitor

A necessidade de manuais como os que esta série desenvolveu é evidente para os candidatos do exame anual da ANPEC (Associação Nacional dos Centros de Pós-Graduação em Economia), cujo propósito é o ingresso nos programas de mestrado *stricto sensu* em todo o Brasil. O desejo de escrever tais manuais surgiu da minha própria necessidade. Quando me submeti ao exame, não havia, na ocasião, nenhuma referência bibliográfica de questões resolvidas de provas anteriores. Essa vontade tomou fôlego mais tarde, quando passei a lecionar em cursos preparatórios para esse tipo de exame. Havia, por parte dos alunos, uma busca frenética por esse tipo de material, em razão do pouco tempo para estudar um conjunto tão vasto de disciplinas e ementas.

A crescente demanda veio, de fato, acompanhada pelo surgimento de alguns livros. Mas todos produzidos, até ali, de forma pontual. Ora publicava-se um de microeconomia, ora de macroeconomia, ora de estatística, ora de matemática. Todas essas publicações, ressalte-se, foram preparadas por professores competentes e dedicados. O que esse material tem, portanto, de difererente?

Em primeiro lugar, por se tratar da mais completa e atualizada versão de todos os manuais, que apresenta, inclusive, o último exame ocorrido em setembro de 2010 (ANPEC 2011).

Em segundo lugar, porque essa é a primeira obra que considera as quatro provas que mais demandam estudo em conjunto, estruturada de forma homogênea e sob coordenação única.

Em terceiro lugar, porque nosso compromisso é realizar atualizações anuais e aperfeiçoamentos sistemáticos das versões anteriores. Ainda que tenhamos nos empenhado em explicar didaticamente todos os 5 quesitos das 15 questões das provas dos últimos 10 anos, erros remanescentes podem ocorrer e devem, assim, ser corrigidos para o melhor aproveitamento do aluno. Esse é o nosso objetivo final: facilitar os estudos e, consequentemente, maximizar o aproveitamento dos candidatos.

E, por último, porque a equipe técnica foi escolhida de maneira criteriosa. Para isso, considerou-se não só a formação de excelência dos professores (dos 7 autores, 6 são doutores ou doutorandos pela EPGE/FGV-RJ), mas também a experiência em sala de aula com relação ao concurso em tela. A qualificação da equipe, portanto, é indiscutivelmente uma das melhores do Brasil.

Para facilitar ainda mais a jornada exigente de estudo dos alunos, cada um dos 4 volumes que compõem esta obra está segmentado por temas (e não por exame), que se constituíram nos capítulos de cada volume. Elaboramos, além disso, tabelas temáticas e estatísticas para que o aluno possa identificar, ao longo do tempo, os conteúdos mais solicitados. O objetivo é o de possibilitar o estudo mais direcionado aos tópicos mais cobrados, a fim de aumentar sobremaneira as possibilidades de êxito do aluno durante a avaliação. O destaque final é para o cuidado adicional da inclusão de adendos, explicações mais extensas e revisões da literatura, no caso de macroeconomia, em razão de a literatura ser mais dispersa do que as demais matérias. Tudo isso, claro, para orientar a rotina de estudos do aluno.

Desejo, portanto, a você, leitor, um bom estudo. Qualquer comentário ou sugestão, por favor, escreva para o email: anpec.cris.alkmin@gmail.com.

Cristiane Alkmin J. Schmidt
Organizadora

Estatística
Questões comentadas das provas de 2002 a 2011

Preencha a **ficha de cadastro** no final deste livro
e receba gratuitamente informações
sobre os lançamentos e as promoções da Elsevier.

Consulte também nosso catálogo completo,
últimos lançamentos e serviços exclusivos no site
www.elsevier.com.br

QUESTÕES ANPEC

Bruno Henrique Versiani Schröder
Cristiane Alkmin J. Schmidt
Jefferson Donizeti Pereira Bertolai
Paulo C. Coimbra
Rafael Martins de Souza
Rodrigo Leandro de Moura
Victor Pina Dias

ESTATÍSTICA
Questões comentadas das provas de 2002 a 2011

Cristiane Alkmin Junqueira Schmidt
(organizadora)

© 2011, Elsevier Editora Ltda.

Todos os direitos reservados e protegidos pela Lei nº 9.610, de 19/02/1998.
Nenhuma parte deste livro, sem autorização prévia por escrito da editora, poderá ser reproduzida ou transmitida, sejam quais forem os meios empregados: eletrônicos, mecânicos, fotográficos, gravação ou quaisquer outros.

Copidesque: Vânia Coutinho Santiago
Revisão: Hugo de Lima Correa
Editoração Eletrônica: SBNigri Artes e Textos Ltda.

Elsevier Editora Ltda.
Conhecimento sem Fronteiras
Rua Sete de Setembro, 111 – 16º andar
20050-006 – Centro – Rio de Janeiro – RJ – Brasil

Rua Quintana, 753 – 8º andar
04569-011 – Brooklin – São Paulo – SP – Brasil

Serviço de Atendimento ao Cliente
0800-0265340
sac@elsevier.com.br

ISBN 978-85-352-4378-9

Nota: Muito zelo e técnica foram empregados na edição desta obra. No entanto, podem ocorrer erros de digitação, impressão ou dúvida conceitual. Em qualquer das hipóteses, solicitamos a comunicação ao nosso Serviço de Atendimento ao Cliente, para que possamos esclarecer ou encaminhar a questão.
  Nem a editora nem o autor assumem qualquer responsabilidade por eventuais danos ou perdas a pessoas ou bens, originados do uso desta publicação.

CIP-Brasil. Catalogação-na-fonte.
Sindicato Nacional dos Editores de Livros, RJ

E82

    Estatística: questões comentadas dos concursos de 2002 a 2011/ Cristiane Alkmin Junqueira Schmidt (org.). - Rio de Janeiro: Elsevier, 2011.
    312p. (Questões / ANPEC)

    ISBN 978-85-352-4378-9

    1. Estatística - Problemas, questões, exercícios. 2. Serviço público - Brasil - Concursos. I. Schmidt, Cristiane Alkmin Junqueira. II. Associação Nacional dos Centros de Pós-Graduação em Economia. III. Série.

10-5525.   CDD: 519.5
                                                                                                                            CDU: 591.2

Dedicatória

Dedicamos esta série, composta por quatro volumes, à nossa querida Escola de Pós-Graduação em Economia (EPGE) da Fundação Getulio Vargas (FGV), sediada na cidade do Rio de Janeiro. De todos os ensinamentos adquiridos – tanto técnicos, como éticos – talvez o mais importante tenha sido a busca honesta e constante pela excelência.

Os autores

Agradecimentos

Gostaríamos, em primeiro lugar, de agradecer ao ilustre economista Fábio Giambiagi por ter dedicado algumas importantes horas do seu escasso tempo a fim de orientar-nos nesta primeira publicação. Depois, agradecemos aos assitentes de pesquisas Daniel Asfora, Fernando Vieira, Iraci Matos, Rafael Pinto, Vinícius Barcelos e Pedro Scarth que, de forma exemplar, colaboraram na célere digitação das questões e soluções, assim como na colaboração gráfica de todos os volumes. Por fim, agradecemos aos alunos dos cursos do CATE e da EPGE/FGV-RJ do ano de 2010 pelos comentários e sugestões.

Quaisquer erros encontrados no material são de inteira responsabilidade dos autores.

Os Autores

Autores desta obra:

Rodrigo Leandro de Moura é doutor e mestre em Economia pela Escola de Pós-Graduação em Economia da Fundação Getulio Vargas (EPGE/FGV-RJ) e bacharel em Economia pela Universidade de São Paulo (USP-RP). É associado da Davanti Consultoria & Treinamento e professor na FGV, lecionando disciplinas de Econometria, Economia do Trabalho, Microeconomia e Estatística/Matemática preparatória para o exame da Anpec. Também desenvolve projetos de pesquisa para o Instituto de Pesquisa Econômica Aplicada (IPEA) sobre mercado de trabalho, educação e previdência. Já participou de congressos nacionais e internacionais e tem diversas publicações acadêmicas e capítulos de livros em coautoria com professores renomados, como James J. Heckman (Nobel de Economia), Flávio Cunha, Aloísio Araujo, Marcelo Neri e para a Organização Internacional do Trabalho (OIT) e já fez projetos para a Fundação Ayrton Senna, contribuindo para o Movimento Todos pela Educação.

Rafael Martins de Souza é doutor em Economia pela Escola de Pós-Graduação em Economia da Fundação Getulio Vargas (EPGE/FGV-RJ), mestre em Ciências Estatísticas pela UFRJ e bacharel em Ciências Estatísticas pela ENCE. É pesquisador da Escola Nacional de Ciências Estatísticas do IBGE onde leciona as disciplinas de Econometria, Modelos Lineares Generalizados e Métodos Não Paramétricos e professor de Análise Microeconômica do Ibmec-Rio. Prestou serviço de consultoria em estatística e econometria a empresas como Vale, Ambev e ao Ministério do Turismo. Tem experiência em modelagem econométrica de índices de inflação, indicadores de atividade econômica e análise de riscos financeiros. Tem diversas participações em congressos internacionais e publicação na *International Review of Financial Analysis*.

Autores das demais obras da série:

Cristiane Alkmin Junqueira Schmidt é doutora e mestre em Economia pela Escola de Pós-Graduação em Economia da Fundação Getulio Vargas (EPGE/FGV-RJ). Dos três artigos de sua tese de doutorado, dois foram premiados: um em primeiro lugar e outro com menção honrosa. Foi consultora do Banco Mundial, Unctad e The *Washington Times* em projetos na República Dominicana, África, Equador e Honduras. No Brasil foi Secretária-Adjunta da SEAE/MF, Gerente Geral de Assuntos Coorporativos da Embratel e Coordenadora do Núcleo de Soluções e representante da área internacional do IBRE/FGV-RJ. Atualmente é sócia da Davanti Consultoria & Treinamento, participa anualmente dos encontros promovidos pelo *Liberty Fund* e é professora da graduação do IBMEC/RJ, dos MBAs da FGV e do curso preparatório para o exame da ANPEC. Em Porto Rico foi Diretora-Adjunta da Agência de Desenvolvimento Local e Diretora do núcleo de planejamento econômico da Companhia de Comércio e Exportação do país. Na Guatemala foi Gerente de Execução Estratégica da empresa *Cementos Progreso* e Diretora-Executiva da maior ONG da região (*Pacunam*). Além disso, sempre lecionou em cursos relacionados às áreas de economia e finanças. Já deu aulas na PUC/RJ, na UFM (*Universidad Francisco Marroquín*) e na URL (*Universidad Rafael Landívar*).

Paulo C. Coimbra é doutor e mestre em Economia pela Escola de Pós-Graduação em Economia da Fundação Getulio Vargas do Rio de Janeiro (EPGE/FGV-RJ). Sua larga experiência acadêmica, com mais de 15 anos de docência, inclui passagens pela Fundação Getulio Vargas, Pontifícia Universidade Católica, IBMEC *Business School* e FUCAPE *Business School*, lecionando disciplinas de economia e finanças. Suas linhas de pesquisas atuais concentram-se nas áreas de teoria econômica, economia matemática, microeconomia aplicada e finanças. É associado da Davanti Consultoria & Treinamento, membro do Instituto Millenium, colunista no InfoMoney (onde escreve sobre derivativos) e colunista do portal de finanças GuiaInvest.

Bruno Henrique Versiani Schröder é mestre em Economia pela Escola de Pós-Graduação em Economia da Fundação Getulio Vargas (EPGE/FGV-RJ) e bacharel em Ciências Econômicas pela UFRJ. Aprovado em concursos públicos, com destaque para os cargos de Técnico em Planejamento e Pesquisa do IPEA, Especialista em Regulação da ANCINE e Analista do Banco Central do Brasil.

Professor do curso de Graduação em Economia da EPGE, leciona as disciplinas de Macroeconomia, Microeconomia, Finanças e Estatística/Econometria em cursos preparatórios no Rio de Janeiro. Laureado com o XIV Prêmio do Tesouro Nacional e o 31º Prêmio BNDES de Economia, atualmente, é docente em Economia, exerce o cargo de Especialista em Regulação da ANCINE e está prestes a começar suas funções no Banco Central do Brasil.

Victor Pina Dias é doutorando e mestre em Economia pela Escola de Pós-Graduação em Economia da Fundação Getulio Vargas (EPGE/FGV-RJ), tendo já finalizado todos os créditos e bacharel em Ciências Econômicas pela UFRJ. Aprovado nos seguintes concursos: Técnico de Nível Superior da Empresa de Pesquisa Energética, Analista do IBGE, Economista do BNDES e Analista do Banco Central do Brasil. É autor de artigos e, atualmente, está prestes a começar suas funções no Banco Central do Brasil.

Jefferson D. Pereira Bertolai é doutorando e mestre em Economia pela Escola de Pós-Graduação em Economia da Fundação Getulio Vargas (EPGE/FGV-RJ) e bacharel em Economia pela Faculdade de Economia, Administração e Contabilidade de Ribeirão Preto, Universidade de São Paulo – FEARP/USP. É pesquisador na FGV em Teoria Monetária e Métodos Computacionais Recursivos em Macroeconomia.

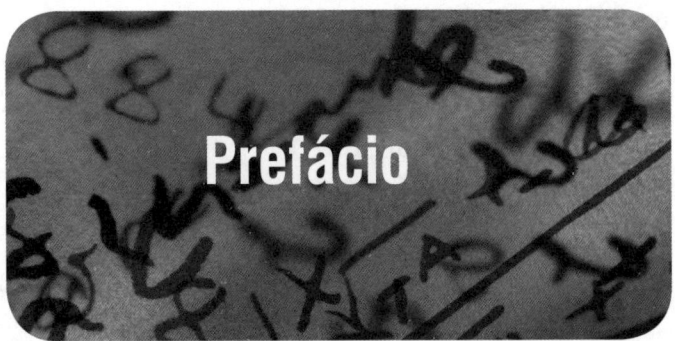

Prefácio

Conheci Cristiane Alkmin J. Schmidt em 2000, quando, por indicação de Fernando Holanda Barbosa, a convidei para ser a coordenadora da área de produtos industriais da Secretaria de Assuntos Econômicos (SEAE) do Ministério da Fazenda, da qual eu era o titular. Egressa do curso de doutoramento da FGV/EPGE, por onde se titulou mais tarde, chamou-me a atenção sua energia, determinação, capacidade de organização e de atrair novos valores para trabalhar junto com ela, o que lhe rendeu um desempenho extraordinário em seu primeiro emprego, paralelamente à de professora da graduação do curso de economia do Ibmec.

E são estas qualidades de organização, coordenação e capacidade de atrair gente competente para trabalhar com ela que aparece neste livro de exercícios de estatística originário nas provas da ANPEC que está sendo publicado com outros 3 (macroeconomia, microeconomia e matemática). Juntamente com dois experimentados professores de curso preparatório para concurso da ANPEC, Rodrigo Leandro de Moura e Rafael Martins de Souza egressos da FGV/EPGE, Cristiane organizou as questões dos concursos da ANPEC por tópicos, facilitando em muito o trabalho de preparação dos alunos, à medida que o assunto vai sendo coberto nas aulas teóricas.

Engana-se, entretanto, quem imagina ser a preparação de candidatos aos concursos da ANPEC a única serventia deste livro. Ele será certamente uma obra de referência para os professores dos cursos de graduação e de pós-graduação na escolha de seu material de ensino, na medida em que cada exercício contém uma explicação detalhada de sua solução. Será, portanto, útil para estes alunos como material de estudo, detalhadamente organizado, capaz de, adicionalmente, permitir ao estudante aferir a qualidade do curso em que está matriculado, já que o concurso da ANPEC é um dos mais abrangentes em termos de assunto coberto, além de ser extremamente concorrido.

Claudio M. Considera
Professor do Departamento de Economia da Universidade
Federal Fluminense (UFF), ex-Secretário da SEAE/MF e ex-Diretor de
Pesquisas do IPEA (Instituto de Pesquisa Econômica e Aplicada).

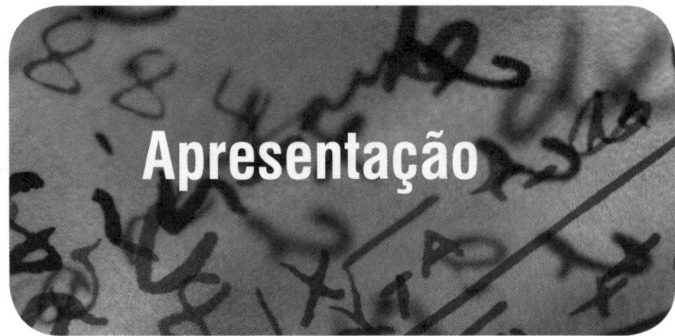

Apresentação

Como Professor de Econometria da EPGE-FGV, tenho acompanhado as contínuas exigências aos alunos para o ingresso nos centros de pós-graduação em Economia no Brasil desde 1993. Pode-se perceber o crescente grau de exigência dos exames da ANPEC. Compreender a teoria é condição necessária para ingresso em um centro de excelência, mas não é condição suficiente. É também importante saber resolver problemas práticos com a devida rapidez, particularmente quando se trata de matérias das áreas quantitativas.

O livro organizado por minha ex-aluna Cristiane Alkmin J. Schmidt se apresenta como um importante material de estudo para o exame da ANPEC. Não há no mercado um compêndio como este. Os autores se propuseram a revê-lo anualmente, incorporando os novos exames e melhorando o material anterior, o que recomenda não só a sua leitura hoje, como também no futuro.

Devido ao material e à sua forma de abordagem, além de recomendá-lo aos economistas que venham a fazer o exame da ANPEC, recomendo-o também aos alunos de outros cursos e aos alunos de Economia que não pretendem fazer o concurso ANPEC, mas que desejam prestar concursos públicos de forma geral.

Cristiane possui excelente formação quantitativa adquirida no curso de doutorado da EPGE-FGV. É detalhista e assertiva, e soube formar uma equipe de excelência, que trabalhou nesse livro. Além dela, há outros dois alunos da EPGE-FGV que participam do livro – Rodrigo Moura e Rafael Martins de Sousa. Esse grupo de excelentes ex-alunos da Escola não só tem formação teórica de alto nível como também tem experiência em sala de aula – fator fundamental para dar a didática necessária em um livro como esse.

Parabéns pelo livro à organizadora e aos seus coautores.

João Victor Issler
Professor Titular de Economia da EPGE/FGV-RJ

Quadros Estatísticos

Quadro 1 – Número de questões por tópico e por exame

Capítulos		2002	2003	2004	2005	2006	2007	2008	2009	2010	2011	Total
1	Probabilidade	3,0	2,8	4,0	0,0	3,0	3,0	5,0	3,6	1,0	4,0	29,4
2	Distribuições	2,2	3,2	0,0	3,0	2,0	1,0	1,0	2,2	3,4	0,8	18,8
3	Teoremas	2,6	1,0	2,0	1,6	1,4	0,6	0,2	0,2	0,6	0,8	11,2
4	Inferência	2,2	2,0	3,0	2,4	1,4	1,4	1,8	1,6	2,0	1,4	19,2
5	Regressão	2,0	2,0	2,0	4,0	3,0	3,0	2,8	2,6	5,0	5,0	31,4
6	Eqs.Simultâneas	1,0	1,0	1,0	1,0	1,0	1,0	0,0	1,0	1,0	1,0	9,0
7	Séries Tempo	1,0	2,0	2,0	2,0	2,2	4,0	3,2	2,4	1,0	2,0	21,8
8	Números-Índices	1,0	1,0	1,0	1,0	1,0	1,0	1,0	1,0	1,0	0,0	9,0
	Total	15	15	15	15	15	15	15	15	15	15	149,8

Quadro 2 – Representatividade dos tópicos por exame

Capítulos		2002	2003	2004	2005	2006	2007	2008	2009	2010	2011	Total
1	Probabilidade	20%	19%	27%	0%	20%	20%	33%	24%	7%	27%	20%
2	Distribuições	15%	21%	0%	20%	13%	7%	7%	15%	23%	5%	13%
3	Teoremas	17%	7%	13%	11%	9%	4%	1%	3%	4%	5%	7%
4	Inferência	15%	13%	20%	16%	9%	9%	12%	11%	13%	9%	13%
5	Regressão	13%	13%	13%	27%	20%	20%	19%	18%	33%	33%	21%
6	Eqs.Simultâneas	7%	7%	7%	7%	7%	7%	0%	7%	7%	7%	6%
7	Séries Tempo	7%	13%	13%	13%	15%	27%	21%	16%	7%	13%	15%
8	Números-Índices	7%	7%	7%	7%	7%	7%	7%	7%	7%	0%	6%
	Total	100%	100%	100%	100%	100%	100%	100%	100%	100%	100%	100%

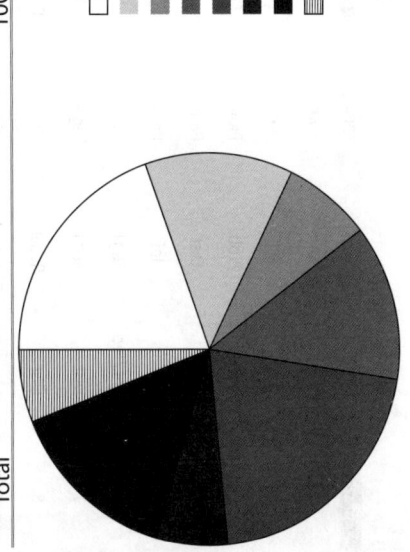

Quadro Temático

Quadro 3 – Tópicos por exame

Questão	2002	2003	2004	2005	2006	2007	2008	2009	2010	2011
1	Prob	Num	Num	Num	Num	Prob	Prob	Num	Num	Inf
2	Num	Inf	Inf	Dist	Dist	Inf	Dist	Dist./Prob.	Dist	Reg II
3	Prob	Prob	Prob	Dist	Prob	ST	Inf./Teo.	Prob	Prob	Prob
4	Inf	Dist	Prob	Inf	Inf	Reg I	Inf	Prob	Dist./Inf./Teo.	Inf./Teo.
5	Inf	Inf	Prob	Inf./Teo.	Inf./Teo.	ST	Num	Prob	Dist./Inf./Teo.	Reg I
6	Dist./Inf./Teo.	Reg I	Inf	Inf	Reg I	Dist	Reg I	Dist	Inf	Dist./Inf.
7	Dist	Reg I	Reg II	ST	Reg II	ST	Reg I	Dist	Dist	Prob
8	Dist	Reg II	Inf	Reg II	Reg I	Reg I	Prob	Inf./Teo.	Reg I	ST
9	Reg I	Dist./Prob.	ST	ST	Reg I	ST	ST	Inf	Reg I	Prob
10	Reg I	ST	ST	Reg I	Dist	Num	Reg I/S.T.	Reg I/S.T.	Reg I	Reg I
11	Reg II	Teo	Reg I	Reg I	ST	Inf./Teo.	ST	Reg I	Dist	ST
12	ST	Dist	Teo	Reg I	Prob	Reg II	Prob	Reg II	ST	Reg I
13	Prob	Dist	Teo	Teo	Prob	Prob	Prob	ST	Reg I	Reg I
14	Teo	Prob	Regressão	Reg I	Teo	Prob	Prob	Reg I	Reg I	Reg I
15	Teo	ST	Prob	Dist	ST	Reg I	ST	ST	Reg II	Prob

Legenda

Probabilidade	Prob
Principais Distribuições de Probabilidade	Dist
Principais Teoremas de Probabilidade	Teo
Inferência Estatística	Inf
Análise de Regressão I	Reg I
Análise de Regressão II	Reg II
Números-Índices	Num

Capítulo 1 – Probabilidade 1

Prova de 2002 1
    Questão 1 1
    Questão 3 2
    Questão 13 4

Prova de 2003 5
    Questão 3 5
    Questão 9 6
    Questão 14 8

Prova de 2004 8
    Questão 3 8
    Questão 4 10
    Questão 5 11
    Questão 15 13

Prova de 2006 14
    Questão 3 14
    Questão 12 16
    Questão 13 17

Prova de 2007 17
    Questão 1 17
    Questão 13 19
    Questão 14 19

Prova de 2008..20
    Questão 1 20
    Questão 8 23
    Questão 12 25
    Questão 13 26
    Questão 14 27

Prova de 2009..29
    Questão 2 29
    Questão 3 31
    Questão 4 32
    Questão 5 33

Prova de 2010..35
    Questão 3 35

Prova de 2011..38
    Questão 3 38
    Questão 7 39
    Questão 9 41
    Questão 15 43

Capítulo 2 – Principais Distribuições de Probabilidade............................ 45

Prova de 2002..45
    Questão 6 45
    Questão 7 46
    Questão 8 47

Prova de 2003..48
    Questão 4 48
    Questão 9 50
    Questão 12 51
    Questão 13 52

Prova de 2005..52
    Questão 2 52
    Questão 3 53
    Questão 15 54

Prova de 2006 55
    Questão 2 55
    Questão 10 57

Prova de 2007 58
    Questão 6 58

Prova de 2008 59
    Questão 2 59

Prova de 2009 60
    Questão 2 60
    Questão 6 62
    Questão 7 62

Prova de 2010 64
    Questão 2 64
    Questão 4 66
    Questão 5 67
    Questão 7 68
    Questão 11 70

Prova de 2011 72
    Questão 6 72

Capítulo 3 – Principais Teoremas de Probabilidade 75

Prova de 2002 75
    Questão 6 75
    Questão 14 78
    Questão 15 79

Prova de 2003 80
    Questão 11 80

Prova de 2004 80
    Questão 12 80
    Questão 13 81

Prova de 2005 82
    Questão 5 82
    Questão 13 83

Prova de 2006 84
    Questão 5 84
    Questão 14 86

Prova de 2007 86
    Questão 11 86

Prova de 2008 87
    Questão 3 87

Prova de 2009 88
    Questão 8 88

Prova de 2010 89
    Questão 4 89
    Questão 5 90

Prova de 2011 92
    Questão 4 92

Capítulo 4 – Inferência Estatística 95

Prova de 2002 95
    Questão 4 95
    Questão 5 97
    Questão 6 98

Prova de 2003 99
    Questão 2 99
    Questão 5 101

Prova de 2004 102
    Questão 2 102
    Questão 6 103
    Questão 8 105

Prova de 2005 107
    Questão 4 107
    Questão 5 110
    Questão 6 110

Prova de 2006 111
    Questão 4 111
    Questão 5 112

Prova de 2007 113
    Questão 2 113
    Questão 11 115

Prova de 2008 115
    Questão 3 115
    Questão 4 117

Prova de 2009 118
    Questão 8 118
    Questão 9 119

Prova de 2010 121
    Questão 4 121
    Questão 5 122
    Questão 6 123

Prova de 2011 124
    Questão 1 124
    Questão 4 127
    Questão 6 127

Capítulo 5 – Análise de Regressão I: Modelos de Uma Equação 129

Prova de 2002 129
    Questão 9 129
    Questão 10 133

Prova de 2003 136
    Questão 6 136
    Questão 7 139

Prova de 2004 142
    Questão 11 142
    Questão 14 147

Prova de 2005 147
    Questão 10 147
    Questão 11 149
    Questão 12 152
    Questão 14 153

Prova de 2006 154
    Questão 6 154
    Questão 8 157
    Questão 9 159

Prova de 2007 161
    Questão 4 161
    Questão 8 163
    Questão 15 163

Prova de 2008 164
    Questão 6 164
    Questão 7 168
    Questão 10 169

Prova de 2009 170
    Questão 10 170
    Questão 11 171
    Questão 14 174

Prova de 2010 177
    Questão 8 177
    Questão 9 180
    Questão 10 182
    Questão 13 184
    Questão 14 185

Prova de 2011 186
    Questão 5 186
    Questão 10 188

Questão 12 191
Questão 13 194

Capítulo 6 – Análise de Regressão II: Equações Simultâneas 197

Prova de 2002 197
    Questão 11 197

Prova de 2003..203
    Questão 8 203

Prova de 2004..205
    Questão 7 205

Prova de 2005..206
    Questão 8 206

Prova de 2006..208
    Questão 7 208

Prova de 2007 209
    Questão 12 209

Prova de 2009..212
    Questão 12 212

Prova de 2010..215
    Questão 15 215

Prova de 2011..217
    Questão 2 217

Capítulo 7 – Séries Temporais.. 221

Prova de 2002..221
    Questão 12 221

Prova de 2003..222
    Questão 10 222
    Questão 15 223

Prova de 2004 224
    Questão 9 224
    Questão 10 225

Prova de 2005 226
    Questão 7 226
    Questão 9 227

Prova de 2006 229
    Questão 7 229
    Questão 11 230
    Questão 15 232

Prova de 2007 233
    Questão 3 233
    Questão 5 234
    Questão 7 235
    Questão 9 237

Prova de 2008 238
    Questão 9 238
    Questão 10 240
    Questão 11 241
    Questão 15 241

Prova de 2009 242
    Questão 10 242
    Questão 13 243
    Questão 15 245

Prova de 2010 248
    Questão 12 248

Prova de 2011 250
    Questão 8 250
    Questão 11 251

Capítulo 8 – Números-Índices 255

Prova de 2002 255
    Questão 2 255

Prova de 2003 258
    Questão 1 258

Prova de 2004 259
    Questão 1 259

Prova de 2005 260
    Questão 1 260

Prova de 2006 261
    Questão 1 261

Prova de 2007 262
    Questão 10 262

Prova de 2008 263
    Questão 5 263

Prova de 2009 264
    Questão 1 264

Prova de 2010 265
    Questão 1 265

Gabarito 267

Referências Bibliográficas 271

Anexo 273

1 Probabilidade

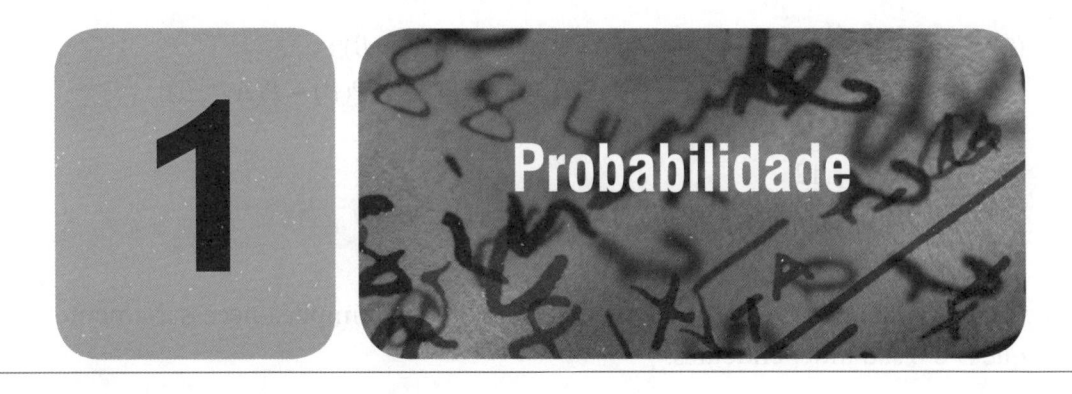

PROVA DE 2002

Questão 1

Considere o espaço amostral S, os eventos A e B referentes a S e a medida de probabilidade P.

⓪ Se $P(A) = 1/2$, $P(B) = 1/4$, e A e B são mutuamente exclusivos, então $P(A \cap B) = 1/8$.

① Se $A \subset B$, então $P(A|B) \leq P(A)$.

② Se $P(A) = 1/2$, $P(B) = 1/3$ e $P(A \cap B) = 1/4$, então $P(A^c \cap B^c) = 5/12$, em que A^c e B^c indicam os eventos complementares.

③ Se $B_1, B_2, \ldots, B_k$ representam uma partição de um espaço amostral S, então para A $\in$ S temos que $P(B_i | A) = \dfrac{P(B_i) P(A|B_i)}{\sum_{j=1}^{k} P(B_j) P(A|B_j)}$, $i = 1, 2, \ldots k$.

④ Se $P(A|B) = 0$ então A e B são independentes.

Resolução:

(0) Falso. Se A e B são mutuamente exclusivos, então $P(A \cap B) = P(\emptyset) = 0$.

(1) Falso. Se $A \subset B$, então $A \cap B = A$ e, portanto, $P(A|B) = \dfrac{P(A \cap B)}{P(B)} = \dfrac{P(A)}{P(B)}$. Pode ocorrer de $\dfrac{P(A)}{P(B)} > P(A) \Leftrightarrow P(B) < 1$, se $P(A) \neq 0$.

Observação: Outra forma de solucionar é a seguinte. Como $P(B) \in (0,1]$, então, necessariamente $P(A|B) = \dfrac{P(A)}{P(B)} \geq P(A)$. A igualdade só é válida se $P(B) = 1$.

(2) Verdadeiro. Pela Lei DeMorgan $(A^c \cap B^c) = (A \cup B)^c$:
$P(A^c \cap B^c) = P(A \cup B)^c = 1 - P(A \cup B) = 1 - [P(A) + P(B) - P(A \cap B)]$
$= 1 - \dfrac{1}{2} - \dfrac{1}{3} + \dfrac{1}{4} = \dfrac{5}{12}$.

3) Verdadeiro. Definição da Regra de Bayes.

(4) Falso. Se $P(A \mid B) = 0 \Rightarrow P(A \cap B) = 0$, o que não implica necessariamente que A e B são independentes.

Questão 3

Considere um investidor cuja composição da carteira é formada por dois ativos A e B.

- ◎ Se os retornos esperados de A e B são iguais a 10% e 5%, e as participações de A e B na carteira são de 40% e 60%, respectivamente, então o retorno esperado da carteira é de 7,5%.
- ① Supondo-se que os retornos dos dois ativos referidos no quesito anterior sejam independentes e que suas variâncias sejam iguais a 10 e 20, respectivamente, então a variância da carteira será igual a 8,8.
- ② Supondo-se que os retornos de A e B tenham a mesma variância, a diversificação dessa carteira nestes dois ativos somente reduzirá o risco total se o coeficiente de correlação entre os respectivos retornos for negativo.
- ③ No caso de correlação negativa perfeita, se a variância de A é duas vezes a variância de B, então é preciso investir duas vezes mais em A para eliminar o risco da carteira.
- ④ Se existir uma correlação negativa perfeita entre os retornos dos ativos A e B, haverá uma particular composição destes ativos que eliminará completamente o risco da carteira.

Resolução:

(0) Falso. O retorno esperado será $0.4 \cdot 0.1 + 0.6 \cdot 0.05 = 0.04 + 0.03 = 0.07 \Rightarrow 7\%$.

(1) Verdadeiro. $Var(0.4A + 0.6B) = 0.16 \cdot 10 + 0.36 \cdot 20 = 1.6 + 7.2 = 8.8$

(2) Falso. Suponha uma carteira, na qual um investidor invista α no ativo A e $(1 - \alpha)$ no ativo B. Assim, $C = \alpha A + (1 - \alpha)B$, de forma que:
$Var(C) = \alpha^2 Var(A) + (1 - \alpha)^2 Var(B) + 2\alpha(1 - \alpha) Cov(A, B)$.

Voltaremos a usar esta fórmula nos outros itens. Pela hipótese do enunciado que A e B têm a mesma variância:

$$Var(C) = \alpha^2 Var(A) + (1-\alpha)^2 Var(B) + 2\alpha(1-\alpha)\rho\sigma_A\sigma_B$$
$$= \alpha^2 Var(A) + (1-\alpha)^2 Var(A) + 2\alpha(1-\alpha)\rho\sigma_A\sigma_A$$
$$= \alpha^2 Var(A) + (1-\alpha)^2 Var(A) + 2\alpha(1-\alpha)\rho Var(A)$$
$$= Var(A)[\alpha^2 + (1-\alpha)^2 + 2\alpha(1-\alpha)\rho] < Var(A).$$

A última desigualdade resulta do fato de que, pelo enunciado, a diversificação da carteira (de investir em C) deve ter um menor risco (variância) de investir somente em A ou B, que nesse caso tem a mesma variância. Assim, a desigualdade acima implica:

$$[\alpha^2 + (1-\alpha)^2 + 2\alpha(1-\alpha)\rho] < 1$$
$$[\alpha^2 + 1 + \alpha^2 - 2\alpha + 2\alpha\rho - 2\alpha^2\rho] < 1$$
$$[1 + 2\alpha^2(1-\rho) - 2\alpha(1-\rho)] < 1$$
$$[1 + (1-\rho)2\alpha(\alpha-1)] < 1.$$

Como $|\rho| \leq 1$ e $0 < \alpha < 1$ (é com desigualdade estrita, pois estamos diversificando), então o termo $(1-\rho)2\alpha(\alpha-1)$ será ≤ 0. Assim, somente se $\rho = 1$, teremos que o lado esquerdo é igual a 1, ou seja, $Var(C) = Var(A)$. Em outras palavras, sempre conseguiremos diversificar o risco, com exceção do caso em que os ativos forem perfeitamente correlacionados.

(3) Falso. Retomando a equação Var(C) do item 2:
$$Var(C) = \alpha^2 Var(A) + (1-\alpha)^2 Var(B) + 2\alpha(1-\alpha) Cov(A, B)$$
$$= \alpha^2 Var(A) + (1-\alpha)^2 Var(B) + 2\alpha(1-\alpha)\rho\sigma_A\sigma_B$$
$$= 2\alpha^2 Var(B) + (1-\alpha)^2 Var(B) - 2\sqrt{2}\alpha(1-\alpha)Var(B)$$
$$= Var(B)[2\alpha^2 + (1-\alpha)^2 - 2\sqrt{2}\,2\alpha(1-\alpha)]$$
$$= Var(B)[(3+2\sqrt{2})\alpha^2 - (2+2\sqrt{2})\alpha + 1],$$

onde, da segunda para a terceira linha, substituímos $Var(A) = 2Var(B)$ e $\rho = -1$. Se investirmos duas vezes mais em A do que em B, então $\alpha = \frac{2}{3}$. Logo:

$$Var(C) = Var(B)\left[(3+2\sqrt{2})\left(\frac{2}{3}\right)^2 - (2+2\sqrt{2})\frac{2}{3} + 1\right] = Var(B)\left[\left(\frac{4}{3} + \frac{8\sqrt{2}}{9}\right) - \frac{4}{3} - \frac{4\sqrt{2}}{3} + 1\right]$$

$$Var(C) = Var(B)\left[\left(\frac{12}{9} + \frac{8\sqrt{2}}{9}\right) - \frac{12}{9} - \frac{12\sqrt{2}}{9} + \frac{9}{9}\right] = Var(B)\left[\frac{9-4\sqrt{2}}{9}\right] \neq 0$$

4) Verdadeiro. Retomando Var(C):

$$\begin{aligned}
Var(C) &= \alpha^2 Var(A) + (1-\alpha)^2 Var(B) + 2\alpha(1-\alpha) Cov(A,B) \\
&= \alpha^2 Var(A) + (1-\alpha)^2 Var(B) + 2\alpha(1-\alpha)\sigma_A\sigma_B \\
&= \alpha^2 Var(A) + (1-\alpha)^2 Var(B) - 2\alpha(1-\alpha)\sigma_A\sigma_B \\
&= [\alpha\sigma_A - (1-\alpha)\sigma_B]^2 = 0 \\
&\Leftrightarrow \alpha\sigma_A - \sigma_B + \alpha\sigma_B = 0 \\
&\Leftrightarrow \alpha = \frac{\sigma_B}{\sigma_A + \sigma_B},
\end{aligned}$$

da segunda para a terceira linha, substituímos $\rho = -1$. Assim, obtemos um certo valor de α que depende das variâncias, o qual anula o risco da carteira para este caso.

Questão 13

Suponha que a função densidade de probabilidade conjunta da variável aleatória bidimensional (X, Y) seja uniformemente distribuída na região de domínio:

$f(x, y) = kx(x - y)$ $0 \le x \le 2, 0 \le y \le 2$

Encontre E(X). Multiplique a resposta por 10 e transcreva somente a parte inteira do número encontrado.

Resolução:

Para obter o valor de $E[X]$, devemos primeiro obter o valor de k:

$$\int_0^2\int_0^2 kx(x-y)\,dxdy = \int_0^2 k\left[\frac{x^3}{3} - \frac{x^2 y}{2}\right]_{x=0}^{x=2} dy = \int_0^2 k\left[\frac{8}{3} - 2y\right] dy$$

$$= k\left[\frac{8}{3}y - y^2\right]_{y=0}^{y=2} = k\left[\frac{16}{3} - 4\right] = 1 \Rightarrow k = \frac{3}{4}.$$

Assim:

$$E[X] = \int_0^2\int_0^2 \frac{3}{4}x^2(x-y)\,dxdy = \int_0^2\int_0^2 \frac{3}{4}\left[x^3 - x^2 y\right] dxdy$$

$$= \int_0^2 \frac{3}{4}\left[\frac{x^4}{4} - \frac{x^3}{3}y\right]_{x=0}^{x=2} dy = \int_0^2 \frac{3}{4}\left[4 - \frac{8}{3}y\right] dy$$

$$= \frac{3}{4}\left[4y - \frac{4}{3}y^2\right]_{y=0}^{y=2} = \frac{3}{4}\left[8 - \frac{16}{3}\right] = 2 \xrightarrow{\times 10} 20.$$

PROVA DE 2003

Questão 3

O custo X de produção de certo bem é uma variável aleatória com função densidade de probabilidade:

$$f(x) = \begin{cases} kx^2 & 1 \leq x \leq 4 \\ 0 & \text{caso contrário} \end{cases}$$

É correto afirmar que:
- ⓪ o valor de k é 63;
- ① o custo médio do produto é aproximadamente 1,04;
- ② o custo é menor do que 2 com probabilidade 1/9;
- ③ a variância do custo do produto é aproximadamente 3,04;
- ④ o custo é maior do que 3 com probabilidade 8/9.

Resolução:

(0) Falso.

$$\int_1^4 kx^2 dx = k\left[\frac{x^3}{3}\right]_1^4 = 1 \Rightarrow k\left[\frac{64}{3} - \frac{1}{3}\right] = 1 \Rightarrow k = \frac{3}{63}$$

(1) Falso. Chamando de $E[X]$ do custo médio, teremos:

$$E[X] = \int_1^4 \frac{3}{63} x^3 dx = \left[\frac{3}{63 \cdot 4} x^4\right]_1^4 = \frac{3 \cdot 256 - 3}{63 \cdot 4} = 3.03 \neq 1.04$$

(2) Verdadeiro.

$$P(X < 2) = \int_1^4 \frac{3}{63} x^2 dx = \left[\frac{1}{63} x^3\right]_1^2 = \frac{7}{63} = \frac{1}{9}$$

(3) Falso. Sabendo que $Var[x] = E[x^2] - E^2[x]$ (veja exercício 9 de 2011 para uma derivação desta propriedade), falta apenas calcular $E[x^2]$:

$$E[X^2] = \int_1^4 \frac{3}{63} x^4 dx = \left[\frac{x^5}{5} \cdot \frac{3}{63}\right]_1^4 = \frac{3}{63}\left[\frac{1024-1}{5}\right] = 9.74$$

Do item 1, sabemos que $E[x] = 3.03$. Então:
$Var[X] = 9.74 - (3.03)^2 = 0.56 \neq 3.04$

(4) Falso.
$$P(X > 3) = \int_3^4 \frac{3}{63}x^2 dx = \left[\frac{1}{63}x^3\right]_3^4 = \frac{1}{63}[64-27] = \frac{37}{63} \neq \frac{8}{9} = \frac{56}{63}.$$

Questão 9

Sendo Y e X duas variáveis aleatórias, é correto afirmar que:
- ⓪ Var(Y + X) = Var(Y) + Var(X) − 2Cov(Y, X);
- ① Var(Y − X) = Var(Y) − Var(X) − 2Cov(Y, X);
- ② Var (Y + X) = Var(Y) + Var(X), se Y e X forem independentes;
- ③ se Cov(Y, X)) = 0, então Y e X são independentes;
- ④ se Cov(Y, X) = 0 e se Y e X têm distribuição conjunta Normal, então Y e X são independentes.

Resolução:

(0) Falso. Vamos provar esta propriedade da variância, que será útil nos itens tanto desta como de outras Questões da Anpec. Partimos da prova de uma propriedade da covariância:

$$\begin{aligned}Cov(X, Y) &= E\{[X - E(X)][Y - E(Y)]\}^2 \\ &= E[XY - XE(Y) - E(X)Y + E(X)E(Y)] \\ &= E(XY) - E[XE(Y)] - E[E(X)Y] + E[E(X)E(Y)] \\ &= E(XY) - E(Y)E[X] - E(X)E[Y] + E(X)E(Y)]\end{aligned}$$

onde utilizamos o fato de que: (i) em $E[XE(Y)]$, $E(Y)$ é uma constante dentro dos colchetes (ou seja, a média após calculada se torna uma constante) e, portanto, podemos passar o número $E(Y)$ para fora dos colchetes, deixando apenas X dentro; (ii) em $E[E(X)Y]$ vale analogamente a mesma estratégia; e (iii) em $E[E(X)E(Y)]$, $E(X)$ e $E(Y)$ são médias que também se tornam constantes, tal que o produto de constantes é da mesma forma uma constante e, consequentemente, a média de uma constante é a própria constante. Assim:

$$Cov(X, Y) = E(XY) - E(Y)E[X] - E(X)E[Y] + E(X)E(Y)$$
$$Cov(X, Y) = E(XY) - E(X)E(Y)$$

Se fixarmos $Y = X$, temos a versão desta propriedade para a variância, ou seja:
$$Cov(X, X) = E(X \cdot X) - E(X)(X)$$
$$Var(X) = E(X^2) - (E(X))^2$$

Assim, vamos calcular $Var(aX + bY)$, a qual pode ser escrita, de acordo com a propriedade acima, como:

$$Var(aX + bY) = E[(aX + bY)^2] - [E(aX + bY)]^2$$
$$= E[a^2X^2 + 2abXY + b^2Y^2] - [E(aX) + E(bY)]^2$$

Usando o fato de que $E(kz) = kE(Z)$ (ou seja, quando multiplicamos uma variável por uma constante, a sua média também é multplicada por esta mesma constante), seja $Z = X, Y, XY, X^2$ ou Y^2 e $k = a, b, ab, a^2$ ou b^2, temos que:

$$Var(aX+bY) = a^2E[X^2] + 2abE[XY] + b^2E[Y^2] - [aE(X) + bE(Y)]^2$$
$$a^2E[X^2] + 2abE[XY] + b^2E[Y^2] - a^2[E(X)]^2 - 2abE(X)E(Y) - b^2[E(Y)]^2$$
$$= a^2\underbrace{\{{}^2E[X^2] - [E(X)]^2\}}_{Var(X)} + b^2\underbrace{\{E[Y^2] - [E(Y)]^2\}}_{Var(Y)} + 2ab\underbrace{\{E[XY] - E(X)E(Y)\}}_{Cov(X,Y)}$$
$$Var(aX+bY) = a^2Var(X) + b^2Var(Y) + 2abCov(X,Y)$$

Fixando $a = b = 1$, teremos:
$Var(X + Y) = Var(X) + Var(Y) + 2Cov(X, Y)$

Logo, o item é falso, pois é diferente da expressão dada.

(1) Falso. $Var(Y - X) = Var(Y) + Var(X) - 2Cov(Y, X)$. A prova é análoga, basta denotar $c = -b$ e calcular:
$Var(aX - bY) = Var(aX + cY)$

Logo:
$Var(aX + cY) = a^2Var(X) + c^2Var(Y) + 2acCov(X, Y)$

Substituindo novamente $c = -b$, temos que:
$Var(aX - bY) = a^2Var(X)(-b)^2Var(Y) + 2a(-b)Cov(X, Y)$
$Var(aX - bY) = a^2Var(X) + b^2Var(Y) - 2abCov(X, Y)$

Fixando $a = b = 1$, temos que:
$Var(X - Y) = Var(X) + Var(Y) - 2Cov(X, Y)$

Logo, o item é falso, pois é diferente da expressão dada.

(2) Verdadeiro. Seja, pelo item 0:
$Var(X + Y) = Var(X) + Var(Y) + 2Cov(X, Y)$

Se X e Y são independentes, então $Cov(Y, X) = 0$, que gera:
$Var(X + Y) = Var(X) + Var(Y)$
expressão igual à dada no item.

(3) Falso. $Cov(Y, X) = 0$, implica que Y e X não têm associação (correlação) linear entre si, mas não implica necessariamente independência, pois elas podem ter alguma associação não linear.

Questão 14

Considere o vetor aleatório X = (X_1, X_2, X_3) com distribuição de probabilidade:

$$f_X(x_1, x_2, x_3) = \begin{cases} 6x_1 x_2^2 x_3 & 0 \leq x_1 \leq 1, 0 \leq x_2 \leq 1, 0 \leq x_3 \leq \sqrt{2} \\ 0 & \text{caso contrário} \end{cases}$$

Encontre a probabilidade de $0 \leq x_1 \leq 0{,}5$.
(Multiplique o resultado por 100).

Resolução:

$$P(0 \leq x_1 < 0.5) = \int_0^{1/2} \int_0^1 \int_0^{\sqrt{2}} 6x_1 x_2^2 x_3 \, dx_3 dx_2 dx_1 = \int_0^{1/2} \int_0^1 \left[3x_1 x_2^2 x_3^2\right]_{x_3=0}^{x_3=\sqrt{2}} dx_2 dx_1$$

$$= \int_0^{1/2} \int_0^1 6x_1 x_2^2 \, dx_2 dx_1 = \int_0^{1/2} \left[2x_1 x_2^3\right]_{x_2=0}^{x_2=1} dx_1 = \int_0^{1/2} 2x_1 \, dx_1 = \left[x_1^2\right]_{x_1=0}^{x_1=1/2} = \frac{1}{4} \xRightarrow{\times 100} 25.$$

PROVA DE 2004

Questão 3

Sobre coeficiente de correlação, covariância e independência de variáveis aleatórias, são corretas as afirmativas:

⓪ Seja $\rho(x, y)$ o coeficiente de correlação entre as variáveis x e y. Se ab>0, então $\rho(ax, by) = \rho(x, y)$; e se ab<0, $\rho(ax, by) = -\rho(x, y)$.

① Se a função densidade conjunta de x e y for $f(x, y) = e^{-x-y}$, $x > 0$, $y > 0$ e $f(x, y) = 0$ para outros valores de x e y, então $\rho(x, y) = 0$.

② Sejam A e B dois eventos independentes, com probabilidades positivas, associados a um experimento aleatório ε. Se as variáveis aleatórias x e y são definidas como: x = 1, se ocorrer A e x = 0, em caso contrário; e y = 1, se ocorrer B e y = 0, em caso contrário, então $\rho(x, y) \neq 0$.

③ Em relação ao quesito anterior, pode-se afirmar ainda que a covariância entre x e y é diferente de zero.

④ Se o coeficiente de correlação ρ(x, y) = 0, a covariância entre x e y também é zero. Assim sendo, pode-se afirmar que x e y são variáveis aleatórias independentes.

Resolução:

(0) Verdadeira.

$$\rho(ax,by) = \frac{Cov(ax,by)}{\sigma_{ax}\sigma_{by}} = \frac{ab}{|ab|}\frac{Cov(x,y)}{\sigma_x\sigma_y} = \frac{ab}{|ab|}\rho(x,y)$$

$$= \begin{cases} \dfrac{Cov(x,y)}{\sigma_x\sigma_y} = \rho(x,y), \text{ se } ab > 0 \\ \dfrac{Cov(x,y)}{\sigma_x\sigma_y} = -\rho(x,y), \text{ se } ab < 0 \end{cases},$$

onde, na segunda igualdade da primeira linha, utilizamos o fato de $\sigma_{ax} = \sqrt{Var(ax)} = \sqrt{a^2 Var(x)} = \sqrt{a^2}\sqrt{Var(x)} = |a|\sigma_x$.
Assim $\sigma_{ax}\sigma_{by} = |a||b|\sigma_x\sigma_y = |ab|\sigma_x\sigma_y$.

(1) Verdadeira. Note que existe $h(x)$ e $g(y)$, tal que $f(x, y) = h(x)g(y)$, pois:

$f(x, y) = e^{-x-y} = e^{-x-y} = h(x)g(y)$,

onde $h(x) = e^{-x}$ e $g(y) = e^{-y}$. Assim, X e Y são independentes e, por consequência, não são correlacionados.

(2) Falsa. Como A e B são independentes, e $x = g(A)$ e $y = g(B)$, ou seja, x e y são funções dos eventos A e B, então x e y são também independentes e, portanto, não correlacionados.

(3) Falsa. Se são não correlacionados, então $Cov(x, y) = 0$.

(4) Falsa. A afirmação só é válida se x e y tiverem distribuição conjunta Normal.

Observação: Uma prova formal deste item foi dada no item 3, questão 9, da prova da Anpec de 2003, no capítulo referente a Principais Distribuições.

Questão 4

Um importador adquiriu vários artigos ao preço médio de US$ 15.00, com um desvio padrão de US$ 1.00. Sabendo-se que a taxa de câmbio é de R$ 3,00 por dólar, é correto afirmar:

Ⓞ Convertendo-se o valor das compras para reais, o preço médio dos produtos adquiridos será de R$ 45,00.

① Em reais, o desvio padrão será de R$ 3,00.

② Se ao preço original de cada artigo, um intermediário adicionar uma margem de lucro fixa de R$ 10,00, o novo preço médio será R$ 55,00, com um desvio padrão de R$ 6,00.

③ Se a margem de lucro for de 20% sobre o preço em reais, o novo preço médio será R$ 54,00 e o novo desvio padrão será R$ 3,60.

④ O coeficiente de variação calculado em reais, devido à taxa de câmbio, será 3 vezes maior do que aquele calculado utilizando-se os valores em dólar.

Resolução:

(0) Verdadeiro. $E[3p_d] = 3E[p_d] = 45$, onde p_d é o preço médio em dólar e 3 é a taxa de câmbio real-dólar.

(1) Verdadeiro. $\sigma(3p_d) = 3\sigma(p_d) = 3$.

(2) Falso. $E(p_R + 10) = 45 + 10 = 55$, $\sigma(p_R + 1) = \sigma(p_R) = 3$, onde p_R é o preço em reais.

(3) Verdadeiro. $E(p_R \cdot 1.2) = 45 \cdot 1.2 = 54$, $\sigma(1.2 p_R) = 1.2 \cdot \sigma(p_R) = 1.2 \cdot 3 = 3.6$.

(4) Falso. O coeficiente de variação do preço (p) é dado por $CV(p) = \dfrac{\sigma(p)}{\mu(p)}$, onde σ é o desvio padrão e μ é a média do preço.

Assim, para $\forall\, \alpha \in \mathbb{R}^*$, temos que:

$$CV(\alpha p) = \frac{\sigma(\alpha p)}{\mu(\alpha p)} = \frac{|\alpha|\sigma(p)}{\alpha \mu(p)} = \begin{cases} \dfrac{\sigma(p)}{\mu(p)}, \alpha > 0 \\ -\dfrac{\sigma(p)}{\mu(p)}, \alpha < 0 \end{cases}.$$

Portanto, o $CV(p_R) = CV(p_d)$, ou seja, independe da unidade que está sendo medida.

Questão 5

Uma variável aleatória contínua x tem a sua função densidade de probabilidade dada pelo gráfico:

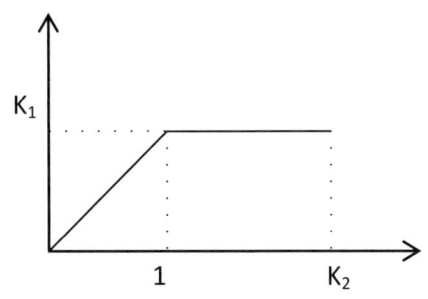

São corretas as afirmativas:

⓪ O valor da constante K_1 não poderá ser maior do que 1.
① O valor da constante K_2 será igual a $(K_1+2)/2K_1$.
② A função densidade de probabilidade de x será $f(x) = \begin{cases} K_1 x, & 0 \leq x < 1 \\ K_1, & 1 \leq x \leq K_2 \\ 0, & \text{fora desses intervalos.} \end{cases}$
③ A função de distribuição acumulada de x será $F(x) = \begin{cases} K_1 x^2/2, & 0 \leq x < 1 \\ K_1 x, & 1 \leq x < K_2 \\ 1, & x \geq K_2 \end{cases}$
④ Supondo que $K_2 = 1$, a esperança matemática de x, E(x), será 1/3.

Resolução:

(0) Falsa. Note que para termos uma função densidade, deve valer:
$$\int f(x)\,dx = 1$$

Uma forma de obtermos a integral do lado esquerdo é calculando a área da f.d.p. dada no enunciado, ou seja:
$$\int f(x)\,dx = \frac{K_1}{2} + K_1(K_2 - 1) = 1$$

onde o primeiro termo é a área do triângulo e o segundo termo é a área do retângulo. Assim:
$$K_1 = \frac{2}{2K_2 - 1} > 1 \Leftrightarrow K_2 < \frac{3}{2},$$

o que é possível, pois a única restrição pelo gráfico da f.d.p. é que $K_2 > 1$.

(1) Verdadeira. Pelo item anterior vimos que:

$$K_1 = \frac{2}{2K_2 - 1}$$

Assim:
$$K_1(2K_2 - 1) = 2$$
$$2K_2 K_1 - K_1 = 2$$
$$K_2 = \frac{2 + K_1}{2K_1}$$

(2) Verdadeira. Note pelo gráfico que a f.d.p. de X é dada em três partes:

i. Para valores de x entre 0 e 1, será uma função linear que corta o eixo das abscissas e ordenadas no ponto 0. Assim, terá o formato da função:
$$y = ax + b$$

onde $b = 0$, que é o intercepto. O termo a é o coeficiente de inclinação que é obtido avaliando a função em $x = 1$. Assim:
$$y = a \cdot 1 = K_1$$

Logo:
$$f(x) = K_1 x, \; 0 \leq x \leq 1$$

ii. Para valores de x entre 1 e K_2, a f.d.p. será uma função constante, igual a K_1.

iii. E para valores fora do intervalo entre 0 e K_2, assumirá valores iguais a 0.

Logo, podemos afirmar que a f.d.p. será:

$$f(x) = \begin{cases} K_1 x, 0 \leq x \leq 1 \\ K_1, 1 \leq x \leq K_2 \\ 0, \text{ fora desses intervalos} \end{cases}$$

Observação: A desigualdade na segunda linha de $f(x)$ em relação a $K_2 (1 \leq x \leq K_2$ ou $1 \leq x < K_2)$ não fará diferença, pois X é uma variável aleatória contínua, e a probabilidade em um dado ponto é zero para este tipo de variável.

(3) Falsa. Calculando a função distribuição para cada intervalo:
$$F(x) = \int_0^x K_1 \tilde{x} d\tilde{x} = \frac{K_1 x^2}{2}, 0 \leq x < 1$$

Para o intervalo seguinte, $1 \leq x < K_2$, devemos somar a primeira integral, avaliada em $x = 1$, com a integral de 1 até x, ou seja:
$$F(x) = \frac{K_1}{2} + \int_1^x K_1 d\tilde{x} = \frac{K_1}{2} + K_1(x-1) = \frac{K_1(2x-1)}{2}$$

E é igual a 1, se $x \geq K_2$. Logo:
$$F(x) = \begin{cases} 0, & x < 0 \\ \dfrac{K_1 x^2}{2}, & 0 \leq x < 1 \\ \dfrac{K_1(2x-1)}{2}, & 1 \leq x < K_2 \\ 1, & x \geq K_2 \end{cases}$$

(4) Falsa. Supondo que $K_2 = 1$, teremos que o gráfico será apenas até o ponto 1 e, portanto, a densidade será $f(x) = K_1 x$ e deverá satisfazer:
$$\int_0^1 K_1 x = 1$$
$$\frac{K_1}{2} = 1 \Rightarrow K_1 = 2$$

Logo:
$$E(x) = \int_0^1 x 2x \, dx = \int_0^1 2x^2 \, dx = \left[\frac{2}{3} x^3 \right]_{x=0}^{x=1} = \frac{2}{3}$$

Questão 15

Suponha que a função de densidade de probabilidade conjunta da variável aleatória bidimensional (X,Y) seja dada por:
$$f(x,y) = \begin{cases} x^2 + \dfrac{xy}{3}, & 0 < x < 1 \text{ e } 0 < y < 2 \\ 0, & \text{caso contrário} \end{cases}$$

Calcule a P(Y<X). Multiplique o resultado por 48 e transcreva este produto para a folha de resposta.

Resolução:

$$P(Y < X) = \int_0^1 \int_0^x \left(x^2 + \frac{xy}{3}\right) dy\, dx = \int_0^1 \left[x^2 y + \frac{xy^2}{6}\right]_{y=0}^{y=x} dx$$

$$= \int_0^1 \left(x^3 + \frac{x^3}{6}\right) dx = \int_0^1 \frac{7x^3}{6} dx = \left[\frac{7 \times 4}{24}\right]_{x=0}^{x=1} = \frac{7}{24} \overset{x\,48}{\Rightarrow} 14$$

PROVA DE 2006

Questão 3

Julgue as afirmativas. Em uma função densidade de probabilidade conjunta $f(x,y)$, para as variáveis aleatórias contínuas X e Y:

- ⓪ A função densidade de probabilidade marginal de X é: $f(x) = \dfrac{\partial f(x,y)}{\partial y}$.
- ① Se $F(y)$ é a função distribuição de probabilidade marginal de Y, então $f(y) = dF(y)/dy$, para $F(y)$ derivável em todo o y.
- ② X e Y serão independentes se $f(x) = f(x \mid y)$.
- ③ $E_x[E(Y \mid x)] = E[Y]$.
- ④ Se X e Y são independentes, $V_Y[E(X \mid y)] = V[X]$.

Resolução:

(0) Falsa. A densidade marginal de X é obtida através de: $f_x(x) = \int_{-\infty}^{+\infty} f(x,y)\,dy$.

(1) Verdadeiro. Este item já tinha caído na prova da Anpec em 2001 (item 4, questão 4). Assim, desta vez, afirma-se corretamente que F deve ser diferenciável em todo domínio (para $\forall\, y$), ou seja, $F \in D^1$. Valendo tal condição, podemos obter a função densidade de probabilidade diferenciando a função densidade acumulada (também chamada função distribuição).

(2) Verdadeira. Vale a volta também. Ou seja, a definição de independência é: X e Y são variáveis independentes se, e somente se:

$$f(x) = f(x \mid y)$$

ou:

$$f(x, y) = f(x) f(y)$$

(3) Verdadeira. Esta é a famosa Lei das Expectativas Iteradas (LEI). Uma prova dela para o caso de variáveis aleatórias contínuas segue adiante:

$$E(Y) = \iint yf(x,y)dxdy = \iint yf(y|x)f(x)dxdy = \int \left[\int yf(y|x)dy\right]f(x)dx$$
$$= \int E(Y|X)f(x)dx = E_X\left[E(Y|X)\right] \text{ ou simplesmente } E\left[E(Y|X)\right].$$

O subscrito X, é para não deixar dúvida que está se tomando a segunda expectativa sobre o suporte de X. A prova é análoga para o caso discreto, substituindo as integrais pelos somatórios.

(4) Falsa. A propriedade (teorema) da Identidade da Variância Condicional é definida para duas variáveis aleatórias, X e Y, quaisquer, como:

$Var(X) = E_Y[Var(X|Y)] + Var_Y[E(X|Y)]$ ou simplesmente,

$Var(X) = E[Var(X|Y)] + Var[E(X|Y)]$

O subscrito Y é para reforçar que a operação fora dos colchetes é sobre o suporte de Y. O que, às vezes, pode ser confundido é: o segundo termo não seria zero, pois $E(X|Y)$ é uma constante? Cuidado, pois esta expectativa depende da densidade condicional $f(x|y)$ a qual é uma função de x e y. E, consequentemente, a variância não será necessariamente zero. (A não ser que a densidade condicional resultante, $f(x|y)$, não dependa de y.)

Assim, se X e Y são independentes, não necessariamente teremos que $E[Var(X|Y)] = 0$, ou seja, $Var(X|Y) = 0$ (o que implicaria $Var(X) = Var_Y[E(X|Y)]$, expressão do enunciado).

O que sabemos é que, como X e Y são independentes, então $E(X|Y) = E(X)$, pois:

$$E(X|Y) = \int xf(x|y)dx = \int x\frac{f(x,y)}{f(y)}dx = \int x\frac{f(x)f(y)}{f(y)}dx = \int xf(x)dx = E(X),$$

onde, na terceira igualdade, utilizamos o fato de X e Y serem independentes. O mesmo vale para $Var(X|Y) = Var(X)$, pois:

$Var(X|Y) = E(X^2|Y) - E(X|Y)^2 = \int x^2 f(x|y)dx - E(X)^2$
$= \int x^2 f(x)dx - E(X)^2 = E(X^2) - E(X)^2 = Var(X).$

Assim, podemos escrever o teorema acima, para X e Y independentes, como:

$Var(X) = E_Y[Var(X|Y)] + Var_Y[E(X|Y)]$ ou simplesmente,

$Var(X) = E_Y[Var(X)] + Var_Y[E(X)]$

Em relação ao último termo, $Var_Y[E(X)]$, note que $E(X)$ não depende de y, neste caso, temos que $Var_Y[E(X)] = 0$, pois $E(X)$ é uma constante. Uma prova disso é:

$$Var_Y[E(X)] = E_Y\{[E(X)]^2\} - \{E_Y[E(X)]\}^2 = \int [E(X)]^2 f(y)dy - \left(\int E(X)f(y)dy\right)^2$$

$$= [E(X)]^2 \int f(y)dy - [E(X)]^2 \left(\int f(y)dy\right)^2 = [E(X)]^2 - [E(X)]^2 = 0$$

onde, na penúltima igualdade, usamos o fato de que: $\int f(y)dy = 1$.

Substituindo de volta, na expressão acima de $Var(X)$, podemos afirmar que:

$Var(X) = E_Y[Var(X)] = E_Y[Var(X \mid Y)]$

Logo, a afirmação é falsa.

Questão 12

Em uma região, 25% da população são pobres. As mulheres são sobrerrepresentadas neste grupo, pois constituem 75% dos pobres, mas 50% da população. Calcule a proporção de pobres entre as mulheres. Multiplique o resultado por 100 e omita os valores após a vírgula.

Resolução:

Para responder a esta questão, utilizaremos a Regra de Bayes. E para simplificar a notação, utilizaremos as seguintes abreviações: $P = Pobre$, $M = Mulher$. Assim:

$$P(P \mid M) = \frac{P(M \cap P)}{P(M)}.$$

Podemos escrever o numerador também de outra forma:

$$P(M \mid P) = \frac{P(M \cap P)}{P(M)} \Rightarrow P(M \mid P)P(M) = P(M \cap P).$$

Substituindo de volta na primeira equação obtemos:

$$P(P \mid M) = \frac{P(M \mid P)P(P)}{P(M)} = \frac{0.75 \cdot 0.25}{0.5} = 0.375 \overset{\times 100}{\Rightarrow} 37.5.$$

Omitindo os valores após a vírgula, a resposta será 37.

Questão 13

Seja X uma variável aleatória contínua com função densidade:

$$f_X(x) = \begin{cases} \dfrac{1}{6}x + k & \text{se } 0 \leq x \leq 3, \\ 0 & \text{caso contrário.} \end{cases}$$

Calcule Prob($1 \leq X \leq 2$). Multiplique o resultado por 100 e desconsidere os valores após a vírgula.

Resolução:

Para responder a questão, primeiramente devemos obter o valor de k. Para isso, usaremos o fato de que:

$$\int_{-\infty}^{+\infty} f(x)dx = 1$$

$$\int_{-\infty}^{+\infty} f(x)dx = \int_0^3 \left(\dfrac{1}{6}x + k\right)dx = \left[\dfrac{x^2}{12} + kx\right]_0^3 = \dfrac{3}{4} + 3k = 1$$

$$\Rightarrow 3k = \dfrac{1}{4} \Rightarrow k = \dfrac{1}{12}.$$

Assim:

$$P(1 \leq x \leq 2) = \int_1^2 \left(\dfrac{1}{6}x + \dfrac{1}{12}\right)dx = \left[\dfrac{x^2}{12} + \dfrac{x}{12}\right]_1^2 = \dfrac{1}{3} + \dfrac{1}{6} - \dfrac{1}{12} - \dfrac{1}{12}$$

$$= \dfrac{1}{3} + \dfrac{1}{6} - \dfrac{2}{12} = \dfrac{1}{3} + \dfrac{1}{6} - \dfrac{1}{6} = \dfrac{1}{3} \Rightarrow 33,3.$$

Desconsiderando os valores após a vírgula a resposta será 33.

PROVA DE 2007

Questão 1

Sejam X, Y e Z três variáveis aleatórias. Julgue as proposições:

- ⓪ E(E(Y | X)) = E(X)
- ① Se Y = cX, então Var(Y) = c^2 Var(X)
- ② Var(X + Y) = Var(X) + Var(Y) + 2Cov(X, Y)
- ③ Se Z = X^2 + Y, então E(Z | X) = 0
- ④ Se Z = X^2 + Y, então E(ZX) = 0

Resolução:

(0) Falsa. O correto seria $E[E(Y \mid X)] = E(Y)$, que é a LEI. Ver item 3, questão 3, da prova da Anpec de 2006.

(1) Verdadeira. Propriedade da Variância, já provada na questão 9 da prova da Anpec de 2003.

Seja:
$Var(aX \pm bY) = a^2 Var(X) + b^2 Var(Y) \pm 2ab Cov(X, Y)$

Se $Y = 0$ e $a = c$, então:
$Var(aX) = c^2 Var(X) + b^2 Var(0) \pm 2ab Cov(X, 0)$

A variância de uma constante é zero, ou seja, $Var(0) = 0$ e a covariância entre uma variável e uma constante também é zero, ou seja, $Cov(X, 0) = 0$. Assim:
$Var(cX) = c^2 Var(X)$

Assim, a constante dentro da variância pode sempre ser passada para fora elevando-a ao quadrado.

Observação: Uma outra prova desta propriedade seria utilizar a propriedade da variância (também provada na questão 9 da Anpec 2003):

$Var(cX) = E[(cX)^2 - [E(cX)]^2$
$\qquad = E[c^2 X^2] - [E(cE(X))]^2$
$\qquad = c^2 E[X^2] - c^2 [E(X)]^2$
$\qquad = c^2 \{E[X^2] - [E(X)]^2\}$
$\qquad = c^2 Var(X)$

(2) Verdadeira. Propriedade da Variância provada na questão 9 da Anpec 2003.

(3) Falsa. Se $Z = X^2 + Y \Rightarrow E(Z \mid X) = E(X^2 \mid X) + E(Y \mid X) = X^2 + E(Y \mid X)$, onde na segunda igualdade utilizamos a propriedade $E(g(X)h(Y) \mid X) = g(X)E(h(Y) \mid X)$. Assim, $E(Z \mid X)$ não será necessariamente igual a zero.

(4) Falsa. Se $Z = X^2 + Y \Rightarrow E(ZX) = E(X^3 + XY) = E(X^3) + E(XY)$ que não é necessariamente igual a zero.

Questão 13

Um jogador tem R$2.000,00, aposta R$1.000,00 de cada vez e ganha R$1.000,00 com probabilidade 0,5. Ele para de jogar se perder os R$2.000,00 ou ganhar R$4.000,00. Qual é a probabilidade de que ele perca todo o seu dinheiro após no máximo 5 rodadas de jogo? Multiplique o resultado por 8.

Resolução:

Esta questão pode ser resolvida montando a "árvore" do jogo, conforme abaixo. Mas note que o jogador só pode perder todo seu dinheiro uma vez na segunda jogada ou duas vezes na quarta jogada.

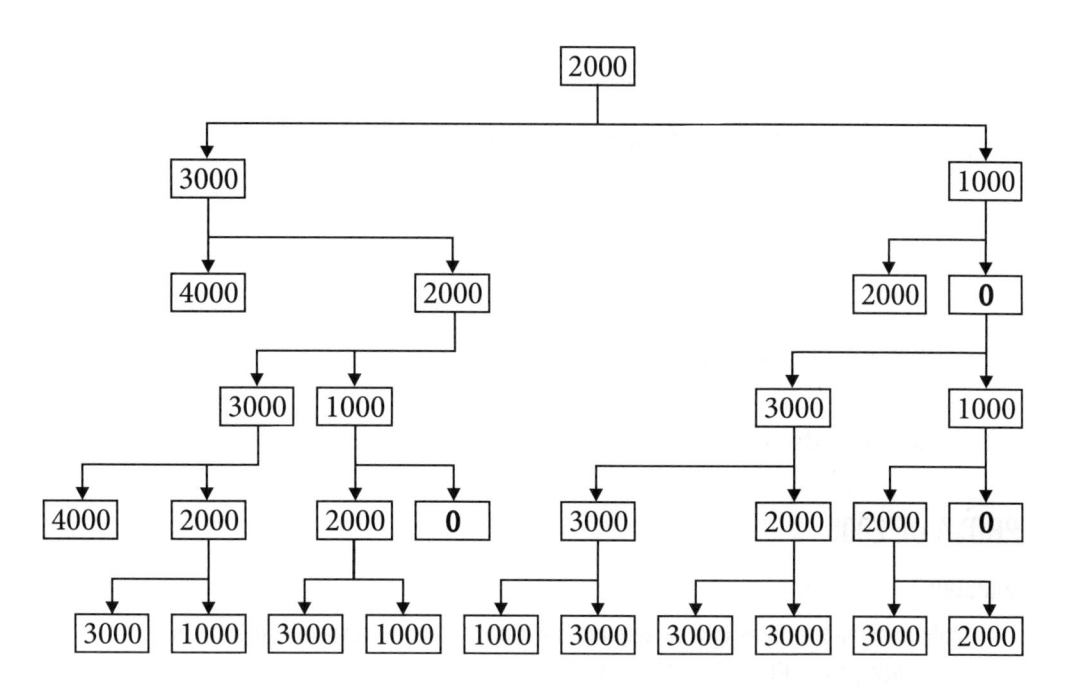

Assim, a P(de perder todo dinheiro) $= (0.5)^2 + (0.5)^4 + (0.5)^4 = 0.375$. Multiplicando tal resultado por 8 obtemos:

$0.375 \times 8 = 3$,

que é o resultado pedido.

Questão 14

No começo do dia, uma máquina de refrigerantes armazena um montante aleatório Y de líquido (medido em galões). No decorrer do mesmo dia, um montante aleatório X é descartado pela máquina. Como a máquina não é carregada, $X \leq Y$. A distribuição conjunta de X e Y é:

$$f_{x,y}(x,y) = \begin{cases} 1/2 & \text{se } 0 \leq x \leq y; \ 0 \leq y \leq 2 \\ 0 & \text{caso contrário} \end{cases}$$

Calcule a probabilidade de que menos de meio galão seja descarregado no decorrer de um dia, dado que a máquina contém um galão no início do mesmo dia. Multiplique sua resposta por 100.

Resolução:

Primeiro, devemos obter a densidade marginal de y:

$$f_y(y) = \begin{cases} \int_0^y \frac{1}{2} dx = \frac{y}{2}; 0 \leq y \leq 2 \\ 0, c.c. \end{cases}$$

Assim, a densidade condicional será:

$$f(x|y) = \begin{cases} \dfrac{f_{x,y}(x,y)}{f_y(y)} = \dfrac{1/2}{y/2} = \dfrac{1}{y}; 0 \leq x \leq y, 0 \leq y \leq 2 \\ 0, c.c. \end{cases}$$

Logo:

$$P\left(X < \frac{1}{2} \mid Y = 1\right) = \int_0^{\frac{1}{2}} f(x \mid y = 1) dx = \int_0^{\frac{1}{2}} 1 dx = \frac{1}{2}$$

Multiplicando o resultado por 100 obtemos o valor de 50.

PROVA DE 2008

Questão 1

Julgue as alternativas que se seguem. Se X e Y são duas variáveis aleatórias,
- ⓞ $V(Y \mid X) = E(Y^2 \mid X) - [E(Y \mid X)]^2$.
- ① Se $E(Y) = E(X) = E(YX) = 0$, então $E(Y \mid X) = 0$.
- ② $V(Y) > V(Y \mid X)$ se Y e X forem linearmente dependentes.
- ③ Se $E(Y \mid X) = b_0 + b_1 X$, então $E(Y) = b_0$.
- ④ Se $E(Y \mid X) = b_0 + b_1 X + b_2 Z$ e $Y = b_0 + b_1 X + b_2 Z + u$, em que u é uma variável aleatória, então $E(u \mid X) = 0$.

Resolução:

(0) Verdadeira. A variância condicional é definida como:
$$Var(Y \mid X) = E[(Y - E(X \mid Y))^2 \mid X]$$
$$= E\{(Y^2 - 2YE(Y \mid X) + [E(Y \mid X)]^2 \mid X\}$$

$$= E(Y^2 \mid X) - 2E\{YE(Y \mid X) \mid X\} + E\{[E(Y \mid X)]^2 \mid X\}$$
$$= E(Y^2 \mid X) - 2E(Y \mid X)E\{Y \mid X\} + [E(Y \mid X)]^2$$

onde utilizamos o fato de que: (i) em $E\{YE(Y \mid X) \mid X\}$, $E(Y \mid X)$ é uma função que depende dos valores que X assume e não dos valores que Y assume, e, portanto, como a esperança $E\{YE(Y \mid X) \mid X\}$ é sobre o suporte de Y, $E(Y \mid X)$ é uma constante nesta operação e pode ser passada para fora e; (ii) em $E\{[E(Y \mid X)]^2 \mid X\}$ vale o mesmo raciocínio, e, portanto, é uma constante e a média (sobre o suporte de Y) será a própria constante. Assim:
$$Var(Y \mid X) = E(Y^2 \mid X) - 2[E(Y \mid X)]^2 - [E(Y \mid X)]^2$$
$$Var(Y \mid X) = E(Y^2 \mid X) - [E(Y \mid X)]^2$$

Ou seja, vale a mesma propriedade da variância incondicional:
$Var(Y) = E(Y^2) - [E(Y)]^2$.

(1) Falsa. A afirmação $E(Y) = E(X) = E(YX) = 0$ implica que $Cov(Y, X) = 0$, ou seja, Y e X são não correlacionados. Isso implicará independência (que por sua vez implica $E(Y \mid X) = E(Y)$ – prova logo abaixo) somente se Y e X forem normais. E aí teríamos $E(Y \mid X) = E(Y) = 0$ pois afirma-se no início que $E(Y) = 0$.

Provando que independência entre X e Y implica em $E(Y \mid X) = E(Y)$, para o caso contínuo:
$$E(Y \mid X) = \int y f(y \mid x) dy = \int y \frac{f(y, x)}{f(x)} dy$$

Como X e Y são independentes, vale $f(y, x) = f(y) f(x)$. Substituindo acima:
$$E(Y \mid X) = \int y \frac{f(y) f(x)}{f(x)} dy = \int y f(y) dy = E(Y)$$

Observação: Além disso, cuidado, a hipótese de que $E(Y \mid X) = E(Y)$ implica também uma hipótese de independência entre Y e X, pois a expressão
$E(Y \mid X) = 0$
utilizando a LEI (Lei das Expectativas Iteradas) pode ser escrita como:
$E[E(Y \mid X)] = E[0]$
$E(Y) = 0$

Assim, para o caso contínuo, podemos escrever que:[1]

$$E(Y|X) = E(Y)$$
$$\int yf(y|x)dy = \int yf(y)dy$$

Diferenciando (Utilizando a Regra de Leibneitz):

$$\int [f(y|x) + yf'(y|x)]dy = \int [f(y) + yf'(y)]dy$$
$$\int f(y|x)dy + \int yf'(y|x)dy = \int f(y)dy + \int yf'(y)dy$$
$$1 + \int yf'(y|x)dy = 1 + \int yf'(y)dy$$

Podemos resolver as integrais por partes:

$$\int yf'(y|x)dy$$

$$u = y \qquad dv = f'(y|x)dy$$
$$du = dy \qquad v = f(y|x)$$

$$\int yf'(y|x)dy = yf(y|x) - \int f(y|x)dy = yf(y|x) - 1$$

Assim, de forma análoga para a integral $\int yf'(y)dy$ podemos substituir, na expressão acima, e obter:

$$1 + yf(y|x) - 1 = 1 + yf(y) - 1$$
$$yf(y|x) = yf(y)$$
$$y[f(y|x) - f(y)] = 0$$
$$f(y|x) = f(y)$$
$$\frac{f(y,x)}{f(x)} = f(y)$$
$$f(y,x) = f(y)f(x)$$

Logo, Y e X são independentes.

---

[1] Relembrando a Regra de Leibneitz:

$$\int_{b(x)}^{a(x)} f(x,y)dy = a'(x)f(a(x),y) - b'(x)f(b(x),y) + \int_{b(x)}^{a(x)} \frac{\partial f(x,y)}{\partial x}.dy$$

(2) Verdadeira. Se Y e X são linearmente dependentes, ou seja:
$Y = aX + b + \varepsilon, a \neq 0$
    onde,
$E(\varepsilon \mid X) = 0$
$E(\varepsilon X) = 0$
$Var(\varepsilon \mid X) = Var(\varepsilon)$

Então:
$$Var(Y) = Var(aX + b + \varepsilon)$$
$$Var(Y) = a^2 Var(X) + Var(\varepsilon)$$
$$Var(Y \mid X) = Var(aX + b + \varepsilon \mid X)$$
$$Var(Y \mid X) = a^2 \underbrace{Var(X \mid X)}_{=0} + Var(\varepsilon \mid X)$$
$$Var(Y \mid X) = Var(\varepsilon \mid X) = Var(\varepsilon)$$

ou seja, $Var(X \mid X) = 0$, pois quando condicionamos em X, este se torna fixo, isto é, como uma constante.

Logo:
$Var(Y) > Var(Y \mid X)$

(3) Falsa.
$$E(Y \mid X) = b_0 + b_1 X \overset{L.E.I.}{\Rightarrow} E[E(Y \mid X)] = E(Y) = b_0 + b_1 E(X)$$

(4) Falsa.
$Y = b_0 + b_1 X + b_2 Z + u$
$E(Y \mid X) = b_0 + b_1 X + b_2 E(Z \mid X) + E(u \mid X) = b_0 + b_1 X + b_2 Z$
$E(u \mid X) = b_2(Z - E(Z \mid X))$

Questão 8
Sejam X, Y e Z variáveis aleatórias não negativas. Julgue as afirmativas:
⓪   Se $X > Y$, então, $E(X \mid Z) > E(Y \mid Z)$.
① $(cov(X, Y))^2 \leq var(X)var(Y)$.
②   Se $Z = X + Y$, então, $corr(Z, X) = corr(Y, X)$

③ Se W_1 e W_2 são variáveis aleatórias de Bernoulli, independentes, com $P(W_1)=P(W_2)=p$, Z é uma variável aleatória com distribuição binomial em que $Z = W_1 + W_2$.
④ Se $F(Y) = 1 - e^{-y}$, $y \geq 0$, $P(Y > 3 | Y > 1) = P(Y > 2)$.

Resolução:

(0) Falsa. Note que:
$$E(X|Z) = \int xf(x|z)dx$$
$$E(Y|Z) = \int yf(y|z)dy$$

Mesmo que $X > Y$, Z pode assumir algum valor específico z tal que $f(y|z) = f(x|z) = 0$, o que implica que $E(X|Z=z) = E(Y|Z=z) = 0$. Assim, a afirmativa $E(X|Z) > E(Y|Z)$ não é válida para todo z.

(1) Verdadeira. Sabemos que:
$$-1 \leq \rho_{XY} \leq 1$$
$$-1 \leq \frac{Cov(X,Y)}{\sigma_x \sigma_y} \leq 1$$

Elevando ao quadrado teremos:
$$\frac{\left[Cov(X,Y)\right]^2}{\sigma_x^2 \sigma_y^2} \leq 1$$
$$\left[Cov(X,Y)\right]^2 \leq \sigma_x^2 \sigma_y^2$$

(2) Falsa. Se:
$$Z = X + Y$$

Então:
$$E(Z) = E(X) + E(Y)$$
$$ZX = X^2 + XY$$
$$E(ZX) = E(X^2) + E(XY)$$

Logo:
$$\begin{aligned}
Cov(Z, X) &= E(ZX) - [E(Z)E(X)] \\
&= E[(X + Y)X] - E[(X + Y)E(X)] \\
&= E(X^2 + XY) - E(X + Y)E(X) \\
&= E(X^2) + E(XY) - [E(X) + E(Y)]E(X) \\
&= E(X^2) + E(XY) - [E(X)]^2 - E(X)E(Y) \\
&= Cov(X, Y) + Var(X)
\end{aligned}$$

De forma que:
$$\begin{aligned}
Corr(Z,X) &= \frac{Cov(Z,X)}{\sigma_z \sigma_x} = \frac{Cov(X,Y)}{\sigma_z \sigma_x} + \frac{Var(X)}{\sigma_z \sigma_x} \\
&= \frac{Cov(X,Y)}{\sigma_z \sigma_x} \frac{\sigma_y}{\sigma_y} + \frac{\sigma_x^2}{\sigma_z \sigma_x} \\
&= \frac{\sigma_y}{\sigma_z} Corr(X,Y) + \frac{\sigma_x}{\sigma_z}.
\end{aligned}$$

(3) Verdadeira. Veja o capítulo referente às Principais Distribuições de Probabilidade.

(4) Verdadeira.
$$P(Y > 3 \mid Y > 1) = \frac{P(Y > 3, Y > 1)}{P(Y > 1)}.$$

Mas $P(Y > 3, Y > 1) = P(Y > 3) + P(Y > 1) - P(Y > 1) = P(Y > 3)$. Assim:
$$P(Y > 3 \mid Y > 1) = \frac{P(Y > 3)}{P(Y > 1)} = \frac{1 - F(3)}{1 - F(1)} = \frac{e^{-3}}{e^{-1}} = e^{-2} = 1 - F(2) = P(Y > 2).$$

Questão 12

Duas variáveis aleatórias X e Y são conjuntamente distribuídas de acordo com a função de densidade:

$$f_{xy}(x,y) = \begin{cases} 24xy & \text{se } 0 < x < 1 \text{ e } 0 < y < 1-x \\ 0 & \text{caso contrário} \end{cases}$$

Calcule P(0 < Y < ¼ | X = ½). Multiplique o resultado por 100 e despreze os decimais.

Resolução:

Primeiro devemos obter a densidade condicional $f(y \mid x)$, pois calcularemos uma probabilidade condicional. Primeiramente, $f(x)$:

$$f(x) = \int_0^{1-x} 24xy\,dy = 12x\left[y^2\right]_0^{1-x} = 12x(1-x)^2$$

$$f(y \mid x) = \frac{f(y,x)}{f(x)} = \frac{24xy}{12x(1-x)^2} =$$

$$f(y \mid x) = \begin{cases} \frac{2y}{(1-x)^2}; 0 < x < 1, 0 < y < 1-x \\ 0, c.c. \end{cases}$$

Para $x = 1/2$:

$$f(y \mid x = 1/2) = \begin{cases} 8y; 0 \le y \le 1/2 \\ 0; c.c. \end{cases}$$

Assim:

$$P(0 < Y < 1/4 \mid X = 1/2) = \int_0^{1/4} 8y\,dy = \left[4y^2\right]_0^{1/4} = \frac{4}{16} = \frac{1}{4}$$

e, multiplicando por 100, obtemos 25.

Questão 13

Uma seguradora verificou que, se um motorista acidentou o carro no ano de 2005, a probabilidade de que ele repita o acidente em 2006 é de 60%; e que se ele não acidentou o carro em 2005, a probabilidade de que isso aconteça em 2006 é de 30%. Assuma que as probabilidades sejam estáveis ao longo do tempo. Pergunta-se: Tendo o motorista se acidentado em 2005, qual a probabilidade de que ele venha a se acidentar novamente em 2007?

Resolução:

Chame de *A* de "acidente" e *NA* de "não houve acidente".

Dado que o acidente ocorre em 2005, todos os eventos possíveis serão:

A06 – A07

NA06 – A07

A06 – NA07

NA06 – NA07

onde, por exemplo, *A06* representa que houve acidente em 2006.

A probabilidade pedida se refere aos dois primeiros eventos, assim:

PR(A07 | A05) = PR(A06 e A07 | A05) + PR(NA06 e A07 | A05)

Analisando cada um dos termos do lado direito:

Como as probabilidades são estáveis ao longo do tempo – por exemplo – $\Pr(A_{07} | A_{06} \text{ e } A_{05}) = \Pr(A_{07} | A_{06})$ –, então o fato de ter ocorrido acidente em 2005 não afeta a probabilidade de ocorrer acidente em 2007, dado que ocorreu em 2006. Assim: $\Pr(A_{07} | A_{06} \text{ e } A_{05}) = \Pr(A_{07} | A_{06})$, e usando na expressão abaixo:

$$\Pr(A06 \text{ e } A07 | A05) = \frac{\Pr(A_{05} \text{ e } A_{06} \text{ e } A_{07})}{\Pr(A_{05})} = \frac{\Pr(A_{05} \text{ e } A_{06}) \overbrace{\Pr(A_{07} | A_{05} \text{ e } A_{06})}^{=\Pr(A_{07}|A_{06})}}{\Pr(A_{05})}$$

$$\Pr(A06 \text{ e } A07 | A05) = \frac{\Pr(A_{05} \text{ e } A_{06}) \Pr(A_{07} | A_{06})}{\Pr(A_{05})} = \Pr(A_{07} | A_{06}) \Pr(A_{06} | A_{05})$$

O mesmo raciocínio é válido para Pr(NA06 e A07 | A05) e, portanto:

$$\Pr(NA06 \text{ e } A07 | A05) = \frac{\Pr(A_{07} \text{ e } NA_{06} \text{ e } A_{05})}{\Pr(A_{05})} = \frac{\Pr(A_{05} \text{ e } NA_{06}) \Pr(A_{07} | NA_{06} \text{ e } A_{05})}{\Pr(A_{05})}$$

$$= \frac{\Pr(A_{05} \text{ e } NA_{06}) \Pr(A_{07} | NA_{06})}{\Pr(A_{05})} = \Pr(NA_{06} | A_{05}) \Pr(A_{07} | NA_{06})$$

Substituindo de volta na expressão acima:

$$\Pr(A07 | A05) = \Pr(A06 | A05) \cdot \Pr(A07 | A06) + \Pr(NA06 | A05) \cdot \Pr(A07 | NA06)$$

$$= 0.6 \cdot 0.6 + 0.4 \cdot 0.3 = 0.36 + 0.12 = 0.48 \overset{\times 100}{\Rightarrow} 48$$

Questão 14

Empresas, em certa região, contam com duas linhas de financiamento: uma com taxa de 5%a.a. e outra com taxa de 20%a.a., dependendo do histórico de crédito. Sabe-se que 1/3 das empresas pagam juros de 5%. Destas, metade é familiar. No grupo de empresas que paga 20%, metade é familiar. Pergunta-se: Qual a taxa de juros média (em %a.a.) paga pelas empresas familiares naquela região? (desconsidere os decimais).

Resolução:

Note que a média deve ser feita entre as firmas familiares.

Para a taxa de juros de 5%, 1/3 do total das empresas paga esta taxa de juros, e, destas, 1/2 é familiar. Logo, estas firmas familiares, que pagam 5%, representam 1/6 **do total**.

Para a taxa de juros de 20%, 2/3 do total das empresas pagam esta taxa de juros, e, destas, 1/2 é familiar. Logo, estas firmas familiares, que pagam 20%, representam 2/6 **do total**.

Para restringirmos o universo das empresas familiares, devemos normalizar os pesos, ou seja, para o cálculo da média, o primeiro grupo terá o peso de $(1/6)/(1/6 + 2/6) = 1/3$. O segundo grupo terá peso $(2/6)/(1/6 + 2/6) = 2/3$.

Assim, a média será:
$$\frac{1}{3}0.05 + \frac{2}{3}0.2 = \frac{0.05+0.4}{3} = 0.15 \overset{\times 100}{\Rightarrow} 15.$$

Observação: Outra forma de se fazer é:
$$\Pr(5\%) = \frac{1}{3}$$

ou seja, a probabilidade das firmas pagarem 5% de juros é 1/3.

Chamando F de empresas familiares, teremos:
$$\Pr(5\%|F) = \frac{\Pr(F|5\%)\Pr(5\%)}{\Pr(F)} = \left(\frac{1}{2}\cdot\frac{1}{3}\right)\frac{1}{\Pr(F)} = \frac{1}{6}\frac{1}{\Pr(F)},$$

que é a probabilidade de uma firma pagar 5%, dado que é do grupo familiar, obtida a partir das outras probabilidades mostradas no enunciado, sendo que $\Pr(F)$ é a probabilidade de uma firma ser familiar. Podemos, analogamente, obter também:
$$\Pr(20\%|F) = \frac{\Pr(F|20\%)\Pr(20\%)}{\Pr(F)} = \left(\frac{1}{2}\cdot\frac{2}{3}\right)\frac{1}{\Pr(F)} = \frac{1}{3}\frac{1}{\Pr(F)},$$

que é a probabilidade de uma firma pagar 20%, dado que é do grupo familiar, obtida a partir das outras probabilidades mostradas no enunciado. As probabilidades (mesmo as condicionais) devem somar um, ou seja:

$$\Pr(5\%|F) + \Pr(20\%|F) = 1$$
$$\frac{1}{6}\frac{1}{\Pr(F)} + \frac{1}{3}\frac{1}{\Pr(F)} = 1$$
$$\Pr(F) = \frac{1}{6} + \frac{1}{3} = \frac{1}{2}$$

Para obter a taxa de juros média paga pelas empresas familiares, temos que tomar a média apenas entre tais empresas:

$$\frac{1/6}{1/2} \cdot 0.05 + \frac{2/6}{1/2} \cdot 0.2 = 0.15 \overset{\times 100}{\Rightarrow} 15.$$

PROVA DE 2009

Questão 2

Sobre a Teoria das Probabilidades, indique as alternativas corretas e falsas:

(0) Sejam 3 eventos A, B e C. Então, podemos demonstrar que $P(A|B) = P(C|B)P(A|B \cap C) + P(\overline{C}|B)P(A|B \cap \overline{C})$, assumindo que todos os eventos têm probabilidade positiva.

(1) Se dois eventos A e B são independentes, os eventos A e $\overline{B}$ não serão necessariamente independentes.

(2) Se A, B e C são três eventos, tais que A e B são disjuntos, A e C são independentes e B e C são independentes, e supondo-se que $4P(A) = 2P(B) = P(C)$ e $P(A \cup B \cup C) = 5P(A)$, pode-se dizer que $P(A) = 1/6$.

(3) Se uma família tem exatamente n crianças ($n \geq 2$), e assumindo-se que a probabilidade de que qualquer criança seja menina é igual a 1/2 e todos os nascimentos são independentes, pode-se afirmar que, dado que a família tem, no mínimo, uma menina, a probabilidade da mesma ter, no mínimo, um menino, é igual a $(1 - (0,5)^{n-1})/(1 - (0,5)^n)$.

(4) Se A, B e C são eventos com probabilidade não nula, definidos em um espaço amostral S, então $P(A \cap C|B \cap C) = P(A \cap B|C)/P(B|C)$.

Resolução:

(0) Verdadeira. Note que o lado direito de
$$P(A|B) = P(C|B)P(A|B \cap C) + P(\overline{C}|B)P(A|B \cap \overline{C}),$$
pode ser escrito como:

$$P(C|B)P(A|B\cap C)+P(\overline{C}|B)P(A|B\cap \overline{C})=$$
$$=\frac{P(C\cap B)}{P(B)}\frac{P(A\cap B\cap C)}{P(B\cap C)}+\frac{P(\overline{C}\cap B)}{P(B)}\frac{P(A\cap B\cap \overline{C})}{P(B\cap \overline{C})}$$
$$=\frac{P(A\cap B\cap C)}{P(B)}+\frac{P(A\cap B\cap \overline{C})}{P(B)}$$

Note que $(A \cap B \cap C)$ e $(A \cap B \cap \overline{C})$ são disjuntos e sua união é igual a $(A \cap B)$.

Logo, $P(A \cap B) = P[(A \cap B \cap C) \cup (A \cap B \cap \overline{C})] = P(A \cap B \cap C) + P(A \cap B \cap \overline{C})$

Substituindo esta expressão, teremos:
$$=\frac{P(A\cap B)}{P(B)}=P(A|B),$$

então, provamos que o lado direito da expressão apresentada no item se iguala ao lado esquerdo.

(1) Falsa. Se A e B são eventos independentes, logo, os seguintes pares são também independentes:
   (a) A e B^c,
   (b) A^c e B,
   (c) A^c e B^c.

Provando o item a. Note que o conjunto B pode ser escrito como: $A = (A \cap B) \cup (A \cap B^c)$, sendo estes 2 conjuntos disjuntos. Então:
   $P(A) = P(A \cap B) + P(A \cap B^c)$
   $P(A \cap B^c) = P(A) - P(A \cap B)$
   $P(A \cap B^c) = P(A) - P(A)P(B)$
   $P(A \cap B^c) = P(A)(1 - P(B))$
   $P(A \cap B^c) = P(A)P(B^c)$

onde, na terceira linha, usamos o fato de A e B serem independentes implicar $P(A \cap B) = P(A)P(B)$.

Logo, $P(A \cap B^c) = P(A)P(B^c)$ implica que os eventos A e B^c são, necessariamente, independentes.

(2) Verdadeira. Note que:
$$P(A \cup B \cup C) = P(A) + P(B) + P(C) - P(A \cap C) - P(B \cap C)$$

Faça um diagrama de Venn e note que, como A e B são disjuntos, não é necessário descontar a dupla contagem quando somamos as probabilidades de cada evento. Assim:

$$P(A \cup B \cup C) = P(A) + P(B) + P(C) - P(A)P(C) - P(B)P(C)$$
$$5P(A) = P(A) + 2P(A) + 4P(A) - P(A)4P(A) - 2P(A)4P(A)$$
$$P(A)[2 - 12\,P(A)] = 0$$
$$P(A) = 1/6 \text{ ou } P(A) = 0$$

Então, **podemos** dizer que $P(A) = 1/6$.

(4) Verdadeira.
$$P(A \cap C \mid B \cap C) = \frac{P(A \cap B \cap C)}{P(B \cap C)} = \frac{P(A \cap B \mid C)P(C)}{P(B \mid C)P(C)} = \frac{P(A \cap B \mid C)}{P(B \mid C)}.$$

Questão 3

Considere duas variáveis aleatórias X e Y. Suponha que X seja distribuída de acordo com a seguinte função de densidade:
$$f_x(x) = \begin{cases} 1, & \text{se } 0 < x < 1 \\ 0, & \text{caso contrário} \end{cases}$$

Suponha ainda que
$$f_{y|x}(y \mid x) = \begin{cases} 1/x, & \text{se } 0 < y < x \\ 0 & \text{caso contrário} \end{cases}$$

Calcule E(Y). Multiplique o resultado por 100.

Resolução:

Para calcular $E(Y)$, vamos usar a Lei das Expectativas Iteradas (LEI):

$$E_X(E_Y(Y|X)) = E(Y)$$

$$E_X(E_Y(Y|X)) = \int_0^1 \left[\int_0^x y\frac{1}{x}dy\right]1dx = \int_0^1 \left[\frac{y^2}{2}\right]_{y=0}^{y=x} \frac{1}{x}dx$$

$$= \int_0^1 \frac{x^2}{2}\frac{1}{x}dx = \int_0^1 \frac{x}{2}dx = \frac{x^2}{4}\bigg|_{x=0}^{x=1} = \frac{1}{4} \times 100 = 25.$$

Questão 4

A roleta é um jogo bastante popular em cassinos. Uma roleta típica possui 18 valores vermelhos, 18 verdes e 2 pretos. Suponha que para entrar no jogo um apostador deva pagar R$2 a cada rodada, ganhando 0,50 caso o resultado da jogada seja vermelho, R$1 caso o resultado seja verde, R$10 caso seja preto. Qual é o lucro líquido do apostador após 100 jogadas? Multiplique por 76 e some 100 ao resultado.

Resolução:

Anulada. Possivelmente por dois motivos: 1) A questão deveria mencionar o lucro líquido esperado. O lucro líquido é uma variável aleatória que depende, fundamentalmente, dos resultados oferecidos pela roleta. Então, só poderíamos determinar uma função de probabilidade para o lucro esperado. 2) A resposta da questão (obtida sob a hipótese de que se pede o lucro líquido esperado) é negativa, o que não permite a marcação correta no cartão de respostas.

O lucro líquido esperado a cada rodada é obtido pelo ganho esperado a cada rodada menos o investido para jogar em cada rodada. Calculando-se o ganho esperado para cada rodada, que depende da probabilidade da ocorrência de cada cor em cada rodada, temos:

$E(G)$ = R$ 0,5$P(Vermelho)$ + R$ 0,5$P(Verde)$ + R$ 0,5$P(preto)$ =

$E(G) = 0,5\frac{18}{38} + 1\frac{18}{38} + 2\frac{2}{38}$ = R$1,237.

Considerando que seu investimento em cada rodada é de R$2, o seu lucro líquido esperado será R$ 2 – R$ 1,237 = – R$ 0,763. Ou seja, na verdade, um prejuízo esperado. Após 100 rodadas, o seu lucro esperado será de – R$ 76,3. Multiplicando-se este resultado por 76, temos R$ 76,3 · 76 = – R$ 5.800. Somando-se 100 ao resultado, obtêm-se – R$ 5.700.

Questão 5

Sobre variáveis aleatórias, indique se as afirmativas são corretas ou falsas:

- ⓪ Se X é uma variável aleatória contínua com fdp dada por $f(x) = x/12$ se $1 < x < 5$ e $f(x) = 0$ para outros valores, então a densidade de $Y = 2X - 3$ é $g(y) = (y + 3)/24$ se $-1 < x < 7$ e $g(y) = 0$ para outros valores.
- ① Se X e Y tiverem um coeficiente de correlação igual a $\rho(X,Y)$, e definindo $Z = aX + b$ e $W = cY + d$, então $\rho(X,Y) = \rho(Z,W)$ somente se $a > 0$ e $c > 0$.
- ② Se X possui uma distribuição Normal, com média μ e variância σ^2, então $Z = aX + b$ possui distribuição Normal com média $a\mu$ e variância $(a)^2 \sigma^2$.
- ③ Se a função de distribuição de probabilidade conjunta para duas variáveis aleatórias X e Y é definida como $f(x, y) = 0{,}01$; $0 \leq x, y \leq 10$ e $f(x, y) = 0$ para qualquer outro valor, então, X e Y são variáveis aleatórias independentes
- ④ Se duas variáveis aleatórias X e Y têm covariância nula, então elas são independentes.

Resolução:

(0) Falsa. Para obtermos a densidade de Y, utilizaremos, primeiramente, a densidade acumulada:

$$\begin{aligned}
F_Y(y) &= \Pr(Y \leq y) \\
&= \Pr(2X - 3 \leq y) \\
&= \Pr\left(X \leq \frac{y+3}{2}\right) \\
&= \int_1^{\frac{y+3}{2}} \frac{x}{12} dx = \left.\frac{x^2}{24}\right|_1^{(y+3)/2} = \frac{(y+3)^2/4}{24} - \frac{1}{24} \\
&= \frac{y^2 + 6y + 9 - 4}{96} = \frac{y^2 + 6y + 5}{96}
\end{aligned}$$

Diferenciando para obter a função de densidade de probabilidade de y:

$$g(y) = \frac{dF_y(y)}{dy} = \frac{2y+6}{96} = \frac{y+3}{48}$$

Aplicando os extremos que x pode assumir, para saber os extremos que y pode assumir: se $x = 1$, então $y = 2x - 3 = 2 \cdot 1 - 3 = -1$, e se $x = 5$, então $y = 7$. Logo:

$$g(y) = \begin{cases} \dfrac{y+3}{48}, & \text{se } -1 < y < 7 \\ 0, & \text{caso contrário} \end{cases}$$

Observação: Outra forma de se fazer é usar a seguinte propriedade:

Se X for uma v.a. contínua, com densidade $f(x) > 0$, $a < x < b$, então $Y = h(X)$ tem densidade dada por:

$$g(y) = f(h^{-1}(y))\left|\frac{dx}{dy}\right|$$

dado que h seja monotônica e diferenciável para todo x.

Assim, como $Y = 2X - 3$, então $h^{-1}(y)$ será:
$$y = 2x - 3$$
$$2x = y + 3$$
$$h^{-1}(y) = x = \frac{y+3}{2}$$

Além disso:
$$\frac{dx}{dy} = \frac{1}{2}$$

Substituindo $h^{-1}(y)$ e $\frac{dx}{dy}$ na expressão da propriedade acima, teremos:

$$g(y) = f\left(\frac{y+3}{2}\right)\frac{1}{2}$$
$$g(y) = \frac{(y+3)/2}{12}\frac{1}{2}$$
$$g(y) = \frac{(y+3)}{24}\frac{1}{2}$$
$$g(y) = \frac{y+3}{48}$$

Aplicando os limites de x para obter os limites de y, obtemos a mesma expressão anterior.

(1) Falsa. Note que:
$$\rho(Z, W) = \rho(aX + b, cY + d) =$$
$$= \frac{Cov(aX + b, cY + d)}{\sqrt{Var(aX+b)}\sqrt{Var(cY+d)}}$$

$$= \frac{acCov(X,Y)}{\sqrt{a^2Var(X)}\sqrt{c^2Var(Y)}} = \frac{acCov(X,Y)}{|a\|c|\sqrt{Var(X)}\sqrt{Var(Y)}}$$

$$= \frac{acCov(X,Y)}{|ac|\sigma_X\sigma_Y} = \begin{cases} \dfrac{Cov(X,Y)}{\sigma_x\sigma_y} = \rho(X,Y) \text{ se } ac > 0 \\ \dfrac{-Cov(X,Y)}{\sigma_x\sigma_y} = \rho(X,Y) \text{ se } ac < 0 \end{cases}$$

Assim, $p(x,y) = p(z,w)$, se ac > 0, ou seja, quando a > 0 e c > 0 **ou** a < 0 e c < 0.

(2) Falsa. A média de Z será $E(Z) = aE(X) + b = a\mu + b$.

(3) Verdadeira. A densidade marginal de X e Y é:

$$f_X(x) = \int_0^{10} 0.01 dy = 0.1$$
$$f_Y(y) = \int_0^{10} 0.01 dx = 0.1$$
$$f(x,y) = f_X(x) f_Y(y) = 0.1 \cdot 0.1 = 0.01$$

(4) Falsa. O inverso é válido. A ida só seria válida se X e Y tiverem distribuição Normal bivariada.

Veja o capítulo de Principais Distribuições de Probabilidade, prova de 2003, questão 9, item 4.

PROVA DE 2010

Questão 3

Sobre a Teoria das Probabilidades, e considerando A, B e C três eventos quaisquer, mas com probabilidades de ocorrência diferentes de zero, indique as alternativas corretas e falsas:

⓪ P(A|B) / P(B|A) = P(A)/P(B);
① Se dois eventos A e B são mutuamente exclusivos e exaustivos, eles são independentes;
② P(A ∩ B ∩ C) = P(A ∩ B) + P(C) se A, B e C são independentes;
③ Probabilidade é uma função que relaciona elementos do espaço de eventos a valores no intervalo fechado entre zero e um;
④ P(A ∪ B ∪ C) ≤ P(A) + P(B) + P(C), com desigualdade estrita se, e somente se, os eventos forem independentes.

Resolução:

(0) Verdadeiro. Pela definição de Probabilidade Condicional:

$$P(A|B) = \frac{P(A \cap B)}{P(B)}$$

$$P(B|A) = \frac{P(A \cap B)}{P(A)}$$

$$\frac{P(A|B)}{P(B|A)} = \frac{P(A \cap B)}{P(B)} \frac{P(A)}{P(A \cap B)} = \frac{P(A)}{P(B)}$$

(1) Falsa. Se A e B são mutuamente exclusivos e exaustivos, temos que $A \cap B = \emptyset$ e $A \cup B = S$, onde S é um espaço amostral. Uma propriedade é que quando $P(A) > 0$ e $P(B) > 0$ (informação dada no enunciado), então:

(i) Se A e B são mutuamente exclusivos, eles não podem ser independentes.

(ii) Se A e B são independentes, eles não podem ser mutuamente exclusivos.

Vamos provar o item i, por contradição.[2] Suponha que A e B são mutuamente exclusivos, mas são independentes. Logo:

$\Pr(A \cap B) = \Pr(A)\Pr(B)$,

por serem independentes. Como são mutuamente exclusivos, sabemos que $(A \cap B) = \emptyset$. Assim:

$\Pr(A \cap B) = \Pr(\emptyset) = 0$

implicando que:

$\Pr(A)\Pr(B) = 0$

contradição com o fato de que: $P(A) > 0$ e $P(B) > 0$. Logo, prova-se que, quando $P(A) > 0$ e $P(B) > 0$, se A e B são mutuamente exclusivos, eles não podem ser independentes.

(2) Falsa. Poderíamos afirmar apenas que, se A, B e C são independentes, então:
$P(A \cap B \cap C) = P(A)P(B)P(C)$
$= P(A \cap B)P(C)$.

(3) Verdadeira. Definição de probabilidade.

---

[2] A ideia da prova por contradição é a seguinte: suponha que você queira provar a proposição:
Afirmação A → Afirmação B
A prova por contradição assume que vale a afirmação A, mas não vale a afirmação B. Durante a prova, chega-se a uma contradição a essas suposições ou a algum absurdo. Assim, prova-se a proposição acima.

(4) Falsa. Para $\forall\, A, B, C$ com probabilidades positivas:

$P(A \cup B \cup C) = P(A) + P(B) + P(C) + P(A \cap B \cap C) - P(A \cap B) - P(B \cap C) - P(A \cap C)$.

Para valer:

$P(A \cup B \cup C) \leq P(A) + P(B) + P(C)$

Temos que substituir $P(A \cup B \cup C)$ da primeira equação na segunda equação, obtendo:

$\begin{bmatrix} P(A) + P(B) + P(C) + P(A \cap B \cap C) \\ - P(A \cap B) - P(B \cap C) - P(A \cap C) \end{bmatrix} \leq P(A) + P(B) + P(C) \Leftrightarrow$

$P(A \cap B \cap C) - P(A \cap B) - P(B \cap C) - P(A \cap C) \leq 0$

Note que, para valer:

$P(A \cap B \cap C) - [P(A \cap B) + P(B \cap C) + P(A \cap C)] \leq 0$

temos que ter:

$[P(A \cap B) + P(B \cap C) + P(A \cap C)] \geq P(A \cap B \cap C)$

Se fizermos o diagrama de Venn (ou seja, faça três conjuntos A, B e C), podemos escrever o lado esquerdo como:

$[P(A \cap B) + P(B \cap C) + P(A \cap C)] =$
$3P(A \cap B \cap C) + P(B \cap C \cap A^c) + P(A \cap B \cap C^c) + P(A \cap C \cap B^c) \geq P(A \cap B \cap C)$

Assim, basta avaliarmos se a expressão acima vale com desigualdade estrita se, e somente se, os eventos forem independentes.

A ida (ou seja, se valer a expressão acima, vale com desigualdade estrita, então os eventos são independentes) não é necessariamente válida pois:

$3P(A \cap B \cap C) + P(B \cap C \cap A^c) + P(A \cap B \cap C^c) + P(A \cap C \cap B^c) > P(A \cap B \cap C)$

implica apenas que alguma das probabilidades do lado esquerdo, com exceção de $P(A \cap B \cap C)$, é positiva. O que não implica necessariamente independência.

Observação: Avaliando a volta, ou seja, se A, B e C forem independentes, então vale a desigualdade estrita. Podemos escrever a expressão acima como:

$$3P(A \cap B \cap C) + P(B \cap C \cap A^c) + P(A \cap B \cap C^c) + P(A \cap C \cap B^c) \geq P(A \cap B \cap C)$$
$$P(A)P(B) + P(B)P(C) + P(A)P(C) \geq P(A)P(B)P(C)$$
$$P(A)P(B) - P(A)P(B)P(C) + P(B)P(C) + P(A)P(C) \geq 0$$
$$P(A)P(B)[1 - P(C)] + P(B)P(C) + P(A)P(C) \geq 0$$
$$P(A)P(B)[P(C^c)] + P(B)P(C) + P(A)P(C) \geq 0$$

e vale com desigualdade estrita, pois com certeza o segundo e terceiro termos são estritamente maiores do que zero (porque foi dado no enunciado que tais probabilidades são diferentes de zero).

PROVA DE 2011
Questão 3

Julgue as afirmativas:
⓪ Três eventos A, B e C são independentes se e somente se P(A∩B∩C) = P(A)P(B)P(C).
① Se P(A) = (1/3) e P(B^c) = 1/5, A e B não são disjuntos.
② Se P(A) = 0,4, P(B) = 0,8 e P(A|B) = 0,2, então P(B|A) = 0,4.
③ Se P(B) = 0,6 e P(A|B) = 0,2, então P(A^c U B^c) = 0,88.
④ Se P(A) = 0, então A = ∅.

Resolução:

(0) Falsa.

Faltou dizer que os eventos devem ser independentes dois a dois, ou seja:
$$P(A \cap B) = P(A)P(B)$$
$$P(A \cap C) = P(A)P(C)$$
$$P(B \cap C) = P(B)P(C)$$

para que valesse a volta da assertiva. Assim, apesar da ida ser verdadeira, a volta da assertiva é falsa.

(1) Verdadeira.

Note primeiramente que, se provarmos que $P(A \cap B) \neq 0$ então, isso implica que $A \cap B \neq \emptyset$ Sabemos que para dois eventos quaisquer:
$$P(A \cup B) = P(A) + P(B) - P(A \cap B)$$
$$P(A \cap B) = P(A) + P(B) - P(A \cup B)$$
$$P(A \cap B) = P(A) + \left[1 - P(B^c)\right] - P(A \cup B)$$

Substituindo os valores do item:

$$P(A \cap B) = \frac{1}{3} + \frac{4}{5} - P(A \cup B)$$

$$P(A \cap B) = \frac{17}{15} - P(A \cup B)$$

Como 17/15 é maior do que 1, e devemos obrigatoriamente ter $P(A \cup B) \leq 1$, então:

$P(A \cap B) \neq 0$

Logo, $A \cap B \neq \emptyset$, ou seja, A e B não são disjuntos.

(2) Verdadeira. A partir da probabilidade condicional:

$$P(B|A) = \frac{P(A \cap B)}{P(B)} = \frac{P(A|B)P(A)}{P(B)} = \frac{0.2 \cdot 0.8}{0.4} = 0.4$$

(3) Verdadeira. Para calcular a probabilidade pedida, vamos utilizar a Lei DeMorgan:

$$P(A^c \cup B^c) = P((A \cap B)^c) = 1 - P(A \cap B) = 1 - P(A|B)P(B)$$
$$= 1 - 0.2 \cdot 0.6 = 1 - 0.12 = 0.88$$

(4) Falso. Não necessariamente um evento de probabilidade nula é o conjunto vazio. Por exemplo, considere uma variável aleatória X tal que $X \sim Bernoulli\,(p)$, de forma que $P(X = 0) = 1 - p$, $P(X = 1) = p$. O intervalo aberto $(0, 1)$ é não vazio e $P(X \in (0, 1)) = 0$.

Questão 7

Considere a seguinte função de densidade conjunta de duas variáveis aleatórias contínuas X e Y dada por

$$f_{xy}(x,y) = \begin{cases} kx^2 y, & 0 \leq x \leq 1, \ 0 \leq y \leq 1 \\ 0 & \text{caso contrário} \end{cases}$$

◎ Para que $f_{x,y}(x,y)$ satisfaça as propriedades de uma função de densidade conjunta, $k = 6$.
① A densidade marginal de Y é dada por $f_y(y) = 3y^2$.
② A densidade de Y, condicional em X = 2, é igual a $f_{y/x}(y/x=2) = 2y$.
③ X e Y são variáveis aleatórias não correlacionadas.
④ A variância de Y, condicional em X = 2, é igual a 1/9.

Resolução:

(0) Verdadeiro.
Para que f(x, y) seja uma função densidade, devemos ter:

$$\int_0^1\int_0^1 f(x,y)\,dxdy = 1$$

$$\int_0^1\int_0^1 kx^2 y\,dxdy = \int_0^1 \left[k\frac{x^3}{3}y\right]_{x=0}^{x=1} dy = \int_0^1 \frac{k}{3}y\,dy$$

$$= \left[\frac{k}{6}y^2\right]_{y=0}^{y=1} = \frac{k}{6} = 1 \Leftrightarrow k = 6$$

(1) Falso.
A densidade marginal de y será obtida através de:

$$f(y) = \int_0^1 f(x,y)\,dx = \int_0^1 6x^2 y\,dx = \left[2x^3 y\right]_{x=0}^{x=1} = \begin{cases} 2y, & 0 \leq y \leq 1 \\ 0, & c.c. \end{cases}$$

(2) Anulada. Provavelmente porque o domínio da densidade no enunciado não foi especificado corretamente.
Primeiro, vamos obter a densidade marginal de X:

$$f(x) = \int_0^1 f(x,y)\,dy = \int_0^1 6x^2 y\,dy = \left[3x^2 y^2\right]_{y=0}^{y=1} = \begin{cases} 3x^2, & 0 \leq x \leq 1 \\ 0, & c.c. \end{cases}$$

Assim, a densidade condicional de Y/X será

$$f(y|x) = \frac{f(y,x)}{f(x)} = \frac{6x^2 y}{3x^2} = \begin{cases} 2y, & 0 \leq y \leq 1 \\ 0, & c.c. \end{cases} = f(y).$$

Assim, ressaltamos que
f(y|x) = f(y).

Em palavras, Y é independente de X. Para qualquer valor que X assuma, a densidade condicional de Y | X será igual à marginal de Y.

(3) Verdadeiro.
Como visto no item 2, Y e X são independentes. Logo, são não correlacionadas.

(4) Falso.

A variância condicional de $Y|X$ será:
$$V(Y \mid X) = E(Y^2 \mid X) - E^2(Y \mid X)$$

Calculando os termos do lado direito:

$$E(Y \mid X) = \int_0^1 y f(y \mid x) dy = \int_0^1 y f(y) dy = \int_0^1 2y^2 dy = \left[\frac{2}{3} y^3\right]_{y=0}^{y=1} = \frac{2}{3}$$

$$E(Y^2 \mid X) = \int_0^1 y^2 f(y \mid x) dy = \int_0^1 y^2 f(y) dy = \int_0^1 2y^3 dy = \left[\frac{1}{2} y^4\right]_{y=0}^{y=1} = \frac{1}{2}$$

Substituindo na expressão acima:
$$V(Y \mid X) = \frac{1}{2} - \left(\frac{2}{3}\right)^2 = \frac{18-4}{9} = \frac{14}{9}.$$

Questão 9

A variável aleatória discreta X assume apenas os valores 0, 1, 2, 3, 4 e 5. A função densidade de probabilidade de X é dada por

$P(X = 0) = P(X = 1) = P(X = 2) = P(X = 3) = a$
$P(X = 4) = P(X = 5) = b$
$P(X \geq 2) = 3P(X < 2)$

E[.] e V[.] denotam, respectivamente, esperança e variância. Julgue as seguintes afirmativas:

⓪ Para que a função de densidade de probabilidade seja válida, a = 1/4 e b = 1/8.
① E[X] = 3.
② V[X] = 12.
③ Defina Z = 3 + 4X. Então a covariância entre Z e X é igual a 12.
④ A probabilidade de que a soma de duas variáveis independentes provenientes desta distribuição exceda 7 é 1/8.

Resolução:

(0) Falso.

Para que a função densidade de probabilidade seja válida, as probabilidades dos eventos devem somar um, ou seja:

$$P(X=0)+P(X=1)+P(X=2)+P(X=3)+P(X=4)+P(X=5)=1$$
$$4a+2b=1.$$

Além disso, o enunciado deu outra condição:
$$P(X\geq 2)=3P(X<2)$$
$$P(X=2)+P(X=3)+P(X=4)+P(X=5)=3\left[P(X=0)+P(X=1)\right]$$
$$2a+2b=6a$$
$$2b=4a.$$

Substituindo na primeira condição, temos
$$4a+2b=4a+4a=1$$
$$a=1/8.$$

Substituindo de volta na segunda condição, temos
$$b=2a=1/4.$$

(1) Verdadeiro.
A esperança de X será:
$$E[X]=\frac{1}{8}(0+1+2+3)+\frac{1}{4}(4+5)=\frac{6}{8}+\frac{9}{4}=\frac{6+18}{8}=\frac{24}{8}=3.$$

(2) Falso.
A variância de X é dada por
$$V[X]=E[X^2]-E^2[X].$$

Calculando o primeiro termo, temos
$$E[X^2]=\frac{1}{8}(0^2+1^2+2^2+3^2)+\frac{1}{4}(4^2+5^2)=\frac{14}{8}+\frac{41}{4}=\frac{14+82}{8}=\frac{96}{8}=12.$$

Substituindo de volta na expressão de $V[X]$, obtemos
$$V[X]=12-3^2=4.$$

(3) Verdadeiro.

Como $Z = 3 + 4X$, então:

$$Cov(Z,X) = Cov(3+4X,X) = 4Cov(X,X) = 4V(X) = 12$$

(4) Falso.

Pede-se que:

$P(X + Y > 7)$

sendo que X e Y seguem a distribuição do enunciado. Vamos verificar quais os valores de X e Y possíveis cuja soma é maior do que 7, e suas respectivas probabilidades:

X	Y	X+Y	P(X)	P(Y)	P(X,Y)=Pr(X)Pr(Y)
3	5	8	1/8	1/4	1/32
5	3	8	1/4	1/8	1/32
4	4	8	1/4	1/4	1/16
4	5	9	1/4	1/4	1/16
5	4	9	1/4	1/4	1/16
5	5	10	1/4	1/4	1/16
soma					10/32=5/16

notemos que na última coluna usamos o fato de que X e Y são independentes, o que implica que $P(X, Y) = P(X)P(Y)$. Logo, $P(X + Y > 7) = 5/16$.

Questão 15

Num torneio de squash entre três jogadores, A, B e C, cada um dos competidores enfrenta todos os demais uma única vez (isto é, A joga contra B, A joga contra C e B joga contra C). Assuma as seguintes probabilidades:

P(A vença B) = 0,6,   P(A vença C) = 0,7,   P(B vença C) = 0,6

Assumindo independência entre os resultados das partidas, compute a probabilidade de que A vença um número de partidas pelo menos tão grande quanto qualquer outro jogador. Multiplique o resultado por 100.

Abaixo estão listados todos os resultados possíveis das partidas. Por motivo de síntese, simbolizamos, por exemplo, o evento (A **vence** B) por (A . B).

A.B	A.B	A.B	A.B	B.A	B.A	B.A	B.A
A.C	A.C	C.A	C.A	A.C	A.C	C.A	C.A
B.C	C.B	B.C	C.B	B.C	C.B	B.C	C.B

onde cada coluna representa os resultados possíveis dos jogos dos competidores entre si. Por exemplo, a primeira coluna diz que o jogador A venceu suas duas partidas contra os jogadores B e C, enquanto o jogador B venceu o jogador C. O placar dos números de vitórias em cada combinação anterior é apresentado na tabela abaixo, seguindo a ordem de vitórias de A, B e C, respectivamente. Seja o evento E =(A vence um número de partidas pelo menos tão grande quanto qualquer outro jogador). Os resultados que satisfazem o evento E são marcados em negrito na tabela anterior.

Assim,

$$\begin{aligned}
P(E) &= P\{[(A \cdot B) \cap (A \cdot C) \cap (B \cdot C)] \cup \\
&\quad [(A \cdot B) \cap (A \cdot C) \cap (C \cdot B)] \cup \\
&\quad [(A \cdot B) \cap (C \cdot A) \cap (B \cdot C)] \cup \\
&\quad [(B \cdot A) \cap (A \cdot C) \cap (C \cdot B)]\} \\
&= 0{,}6 \cdot 0{,}7 \cdot 0{,}7 \quad + \\
&\quad 0{,}6 \cdot 0{,}7 \cdot 0{,}4 \quad + \\
&\quad 0{,}6 \cdot 0{,}3 \cdot 0{,}6 \quad + \\
&\quad 0{,}4 \cdot 0{,}7 \cdot 0{,}4 \\
&= 0{,}64.
\end{aligned}$$

De onde se conclui que $100 \cdot P(E) = 64$.

2 Principais Distribuições de Probabilidade

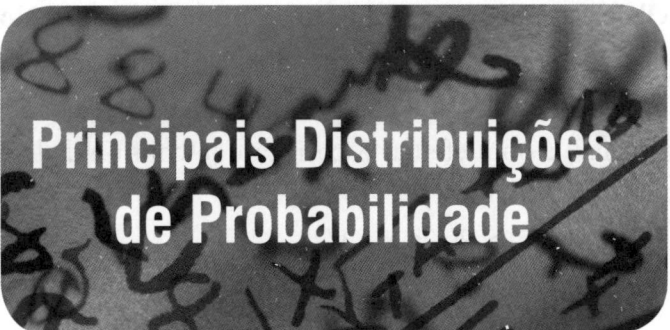

PROVA DE 2002

Questão 6

Indique se as seguintes considerações sobre a Lei dos Grandes Números, Desigualdade de Tchebycheff e Teorema do Limite Central são verdadeiras (V) ou falsas (F).

- ⓪ De acordo com a desigualdade de Tchebycheff, se a variância de uma variável aleatória X for muito próxima de zero, a maior parte da distribuição de X estará concentrada próxima de sua média.
- ① O teorema do Limite Central afirma que, para uma amostra grande o suficiente, a distribuição de uma amostra aleatória de uma população Qui-quadrado se aproxima da Normal.
- ② As condições suficientes para identificar a consistência de um estimador são baseadas na Lei dos Grandes Números.
- ③ Em n repetições independentes de um experimento, se f_A é a frequência relativa da ocorrência de A, então $P\{|f_A - P| < \varepsilon\} \leq 1 - \dfrac{P(1-P)}{n\varepsilon^2}$, em que P é a probabilidade constante do evento A e ε é qualquer número positivo.
- ④ Se uma variável aleatória X tem distribuição Binomial com parâmetros $n = 20$ e $P = 0{,}5$, então $P\{X \leq a\} \approx \Phi\left(\dfrac{a-10}{\sqrt{5}}\right)$ em que $\Phi(\bullet)$ é a função de distribuição Normal padrão.

Resolução:

(4) Verdadeira. A binomial é aproximada por uma Normal para n grande, ou seja,
$$b(n, p) \approx N(Np, Np(1-p))$$

Neste caso, $np = 10$ e $np(1-p) = 5$.

Observação: (i) **Aproximação da Binomial para a Normal**

$X \sim b(n, p)$, para n tendendo para infinito, então $Y \approx N(np, np(1-p))$.

Como a distribuição da binomial é discreta, ao fazer a aproximação pela Normal, é bom efetuar a correção de continuidade para obter aproximações mais precisas, ou seja:

$P(X \leq x) \approx P(Y \leq x + 1/2)$

$P(X \geq x) \approx P(Y \geq x - 1/2)$

onde $Y \approx N(np, np(1-p))$.

Questão 7

Em relação às distribuições de probabilidade discretas:

- ⓪ Uma variável aleatória X com distribuição binomial de parâmetro p, baseada em n repetições, aproxima-se de uma Poisson quando $n \to \infty$ e p permanece constante.
- ① Uma variável aleatória Y, definida como o número de repetições necessárias para a primeira ocorrência de A, tem distribuição Geométrica, desde que as repetições sejam independentes e que $P(A) = p$ e $P(A^c) = 1 - p$.
- ② Pode-se utilizar a distribuição Binomial para, por exemplo, calcular a probabilidade de se encontrar k peças defeituosas em um lote de n peças selecionadas ao acaso, sem reposição.
- ③ Se uma variável aleatória segue uma distribuição Hipergeométrica, sua distribuição será próxima da Binomial se o tamanho da população for grande em relação ao tamanho da amostra extraída.
- ④ Se Z tiver distribuição de Poisson com parâmetro α, então, $E(Z) = V(Z) = \alpha$.

Resolução:

(0) Falso. Seria verdade se: (i) Substituíssemos Poisson por Normal ou (ii) Para p pequeno (alguns livros adotam o critério $np \leq 7$) e n grande, a binomial é aproximada por uma Poisson.

(1) Verdadeiro. Definição da distribuição geométrica.

(2) Falso. O caso sem reposição refere-se à distribuição hipergeométrica.

(3) Verdadeiro. Quando o tamanho da população (N) é grande em relação ao tamanho da amostra (n) a hipergeométrica é aproximada por uma binomial.

(4) Verdadeiro. Veja o item 3, da questão 3 de 2005.

Questão 8

Em relação às distribuições de probabilidade contínuas:

⓪ Se X tem distribuição Normal(μ, σ^2), então a função densidade de probabilidade de X, $f(x)$, atinge o seu valor máximo quando $x = \mu$ e nesse ponto $f(x) = \dfrac{1}{\sigma\sqrt{2\pi}}$.

① Se X tem distribuição Uniforme no intervalo [0, α], $\alpha > 0$, então α tem que ser igual a 4/3 para que $P(X > 1) = 1/3$.

② A distribuição t de Student assemelha-se à Normal padrão, $N(0,1)$, mas possui caudas mais pesadas, quando n, o tamanho da amostra, é maior do que 30.

③ Se uma variável aleatória contínua tem função de distribuição

$$F(x) = \begin{cases} 1 - e^{-x}, & \text{se } x \geq 0 \\ 0, & \text{se } x < 0 \end{cases}$$

então, a função densidade de probabilidade de X será

$$f(x) = \begin{cases} e^{-x}, & \text{se } x \geq 0 \\ 0, & \text{se } x < 0. \end{cases}$$

④ A variável aleatória Z tem distribuição Lognormal se, e somente se, exp (Z) tiver distribuição Normal.

Resolução:

(0) Verdadeiro. Uma forma fácil de se memorizar isso é lembrar que a distribuição Normal é simétrica, atingindo seu valor máximo na média (μ). Aí é só substituir na densidade da Normal. Ou seja, seja a f.d.p. da Normal

$$f(x) = \dfrac{1}{\sigma\sqrt{2\pi}} \exp\left(-\dfrac{1}{2}\dfrac{(x-\mu)^2}{\sigma^2}\right).$$

Substituindo $x = \mu$ na densidade, obtemos que:

$$f(x = \mu) = \dfrac{1}{\sigma\sqrt{2\pi}} \exp(0)$$

$$f(x = \mu) = \dfrac{1}{\sigma\sqrt{2\pi}}.$$

(1) Falso. Para uma uniforme $U = [0, \alpha]$, a f.d.p. deve ser: $f(x) = \dfrac{1}{\alpha}$. Assim, para $P(X > 1) = \dfrac{1}{3}$, devemos calcular a área hachurada do gráfico a seguir e igualar a $\dfrac{1}{3}$, ou seja:

$$P(X > 1) = \dfrac{\alpha - 1}{\alpha} = \dfrac{1}{3} \Rightarrow \alpha = \dfrac{3}{2}.$$

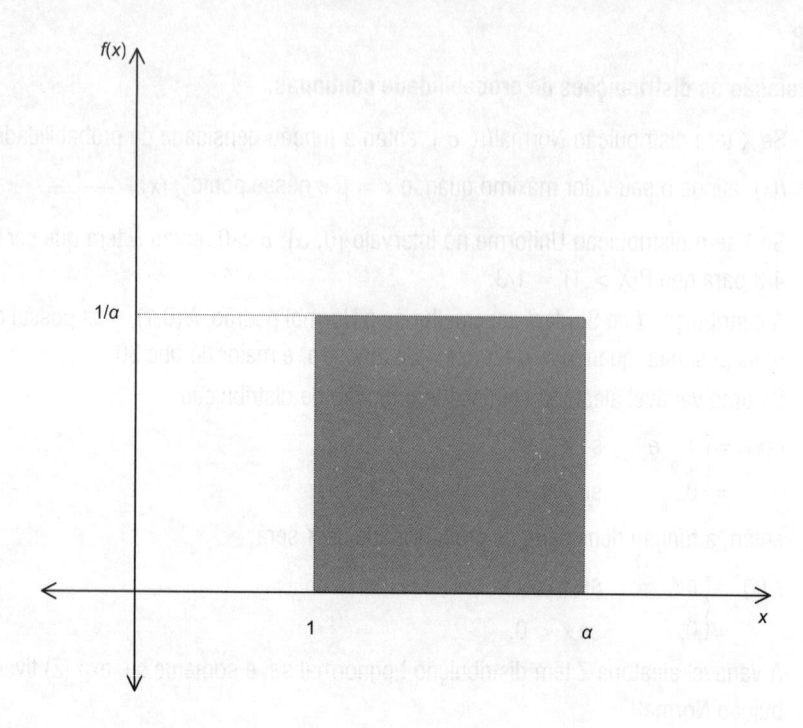

(2) Falso. Seria verdade se substituíssemos n, o tamanho da amostra, por v, os graus de liberdade. Como a distribuição Normal, a distribuição t também é simétrica, e quando v é grande, a distribuição t se aproxima da Normal, mas apresentando caudas mais "pesadas" (ou grossas ou densas). Assim, $t \xrightarrow[v \to \infty]{d} N$.

(3) Verdadeiro.
$$\frac{dF(x)}{dx} = \begin{cases} e^{-x}, x \geq 0 \\ 0, x < 0 \end{cases}$$

(4) Falso. Z tem distribuição Lognormal $\Leftrightarrow$ h $Z \sim N$ e não se $\exp(Z) \sim N$.

PROVA DE 2003

Questão 4

Com relação a variáveis aleatórias discretas, é correto afirmar que:

◎ Se $X_1, ..., X_n$ são variáveis aleatórias identicamente distribuídas, com distribuição Bernoulli com parâmetro p, então $Z = \sum_{i=1}^{n} X_i$ terá uma distribuição Poisson quando n for grande.

① Uma variável aleatória com distribuição binomial representa o número de sucessos em n experimentos de Bernoulli.

② A distribuição hipergeométrica é um caso especial da distribuição Normal.
③ A distribuição Qui-quadrado possui média igual a n e variância igual a 4n, em que n é o número de graus de liberdade.
④ A distribuição binomial pode ser aproximada pela distribuição de Poisson para valores grandes de n (tamanho da amostra) e pequenos de p (probabilidade de sucesso).

Resolução:
(0) Falso. Está errado por dois motivos: (i) as variáveis aleatórias devem ser independentes, assim, para a repetição de n ensaios de Bernoulli independentes, todos com a mesma probabilidade, Z teria uma distribuição binomial; (ii) e para se aproximar Z de uma Poisson, p deve ser pequeno.

(1) Verdadeiro. Cuidado, o mais correto seria dizer "n experimentos de Bernoulli **independentes**", mas existem livros que entendem que tais ensaios sempre são independentes.

(2) Falso. A Hipergeométrica pode ser aproximada por uma binomial e Poisson, mas não é um caso especial da Normal.

Observação: Assim, o que podemos dizer é que:

Aproximação da Hipergeométrica para a Binomial
Se $X \sim hip(N, r, n)$, quando N for grande em relação a n, então $X \approx b(n, p)$. Isso é válido, porque a distribuição binomial é feita através de amostragem com reposição, enquanto a hipergeométrica é feita através de amostragem sem reposição. Se N for grande, a (não)reposição não fará grandes diferenças. Em geral, segundo alguns livros, a aproximação será boa se $n / N \leq 0{,}1$.

Aproximação da Binomial para a Poisson
Se $X \sim b(n, p)$, para $n \to \infty$ e np constante, ou ainda, $n \to \infty$, $p \to 0$, tal que $np \to \lambda$, então $X \to Poiss(\lambda)$. Assim, a Binomail aproxima-se pela Poisson quando n for grande e p for pequeno (alguns livros adotam o critério: $np \leq 7$). Assim, se a hipergeométrica é aproximada para uma binomial, ela também pode ser apro-

ximada para uma Poisson (desde que para um n grande que seja válido $b(n, p) \approx Poiss(\lambda)$, o parâmetro N seja maior ainda).

(3) Falso. A média da Qui-quadrado é v e **a variância é** $2v$, onde v são os graus de liberdade. (Utilizei a notação de v para graus de liberdade apesar do enunciado utilizar n.)

(4) Verdadeiro. Alguns livros adotam o critério $np \leq 7$.

Questão 9

Sendo Y e X duas variáveis aleatórias, é correto afirmar que:
- ⓞ Var(Y + X) = Var(Y) + Var(X) − 2Cov(Y, X);
- ① Var(Y − X) = Var(Y) − Var(X) − 2Cov(Y, X);
- ② Var(Y + X) = Var(Y) + Var(X), se Y e X forem independentes;
- ③ se Cov(Y, X) = 0, então Y e X são independentes;
- ④ se Cov(Y, X) = 0 e se Y e X têm distribuição conjunta Normal, então Y e X são independentes.

Resolução:

(4) Verdadeiro. O par (X, Y), variável aleatória contínua, bivariada, terá uma distribuição Normal bivariada se sua função densidade de probabilidade (f.d.p.) conjunta for igual a:

$$f(x,y) = \frac{1}{2\pi\sigma_x\sigma_y\sqrt{1-\rho^2}} \exp\left\{-\frac{1}{2(1-\rho^2)}\left[\left(\frac{x-\mu_x}{\sigma_x}\right)^2 + \left(\frac{y-\mu_y}{\sigma_y}\right)^2 - 2\rho\frac{(x-\mu_x)(y-\mu_y)}{\sigma_x\sigma_y}\right]\right\}$$

$x \in \mathbb{R}, y \in \mathbb{R}$.

onde $\rho = Corr(X, Y)$. Esta f.d.p. é definida por 5 parâmetros: $\mu_x \in \mathbb{R}$, $\mu_y \in \mathbb{R}$, $\sigma_x > 0$, $\sigma_y > 0$ e $|\rho| < 1$. Ou seja, os dois primeiros momentos definem totalmente a distribuição Normal. Assim, no caso de X e Y serem normalmente distribuídas de forma conjunta, então vale também a propriedade: $\rho = 0 \Rightarrow X$ e Y independentes.

Uma prova disso segue abaixo. Se fixarmos $\rho = 0$, a f.d.p. acima se resume a:

$$f(x,y) = \frac{1}{2\pi\sigma_x\sigma_y\sqrt{1-0^2}} \exp\left\{-\frac{1}{2(1-0^2)}\left[\left(\frac{x-\mu_x}{\sigma_x}\right)^2 + \left(\frac{y-\mu_y}{\sigma_y}\right)^2 - 2\cdot 0 \cdot \frac{(x-\mu_x)(y-\mu_y)}{\sigma_x\sigma_y}\right]\right\}$$

$$f(x,y) = \frac{1}{2\pi\sigma_x\sigma_y}\exp\left\{-\frac{1}{2}\left[\left(\frac{x-\mu_x}{\sigma_x}\right)^2 + \left(\frac{y-\mu_y}{\sigma_y}\right)^2\right]\right\}$$

$$f(x,y) = \frac{1}{2\pi\sigma_x\sigma_y}\exp\left\{-\frac{1}{2}\left(\frac{x-\mu_x}{\sigma_x}\right)^2 - \frac{1}{2}\left(\frac{y-\mu_y}{\sigma_y}\right)^2\right\}$$

$$f(x,y) = \frac{1}{2\pi\sigma_x\sigma_y}\exp\left\{-\frac{1}{2}\left(\frac{x-\mu_x}{\sigma_x}\right)^2\right\}\exp\left\{-\frac{1}{2}\left(\frac{y-\mu_y}{\sigma_y}\right)^2\right\}$$

$$f(x,y) = \underbrace{\frac{1}{\sqrt{2\pi}\sigma_x}\exp\left\{-\frac{1}{2}\left(\frac{x-\mu_x}{\sigma_x}\right)^2\right\}}_{f(x)}\underbrace{\frac{1}{\sqrt{2\pi}\sigma_y}\exp\left\{-\frac{1}{2}\left(\frac{y-\mu_y}{\sigma_y}\right)^2\right\}}_{f(y)} = f(x)f(y)$$

ou seja, pudemos escrever a f.d.p. conjunta como o produto das marginais. Logo, X e Y são independentes. Isso ocorre pois as médias (primeiros momentos) e desvios padrões e correlação (segundos momentos) definem a distribuição Normal. Ou seja, todo tipo de associação entre X e Y é linear, dado pelo coeficiente de correlação ρ.

Questão 12

Três máquinas, A, B e C, produzem, respectivamente, 50%, 30% e 20% do número total de peças de uma fábrica. As porcentagens de peças defeituosas na produção dessas máquinas são, respectivamente, 3%, 4% e 5%. Uma peça é selecionada ao acaso e constata-se ser ela defeituosa. Encontre a probabilidade de a peça ter sido produzida pela máquina A. (Use apenas duas casas decimais. Multiplique o resultado final por 100.)

Resolução:

Para responder à questão, utilizamos a Regra de Bayes:

$$P(A|D) = \frac{P(D|A)P(A)}{P(D|A)P(A) + P(D|B)P(B) + P(D|C)P(C)}$$

$$= \frac{0.03 \cdot 0.5}{0.03 \cdot 5 + 0.04 \cdot 0.3 + 0.05 \cdot 0.2}$$

$$= \frac{15}{37} = 0.4054 \overset{\times 100}{\Rightarrow} 40.54\% \Rightarrow 40\%.$$

Questão 13

A probabilidade de um homem acertar um alvo é 1/4. Quantas vezes ele deve atirar para que a probabilidade de acertar pelo menos uma vez no alvo seja maior que 2/3?

Resolução:

Para responder a esta questão, utilizaremos a distribuição binomial, cuja densidade é dada por:

$$P(X=k) = \binom{n}{k} p^k (1-p)^{n-k},$$

onde, $\binom{n}{k} = \dfrac{n!}{(n-k)!k!}$.

Assim, queremos calcular $P(X \geq 1)$, que pode ser escrito como:

$$P(X \geq 1) = 1 - P(X = 0)$$

$$= 1 - \binom{n}{0}\left(\dfrac{3}{4}\right)^n = 1 - \left(\dfrac{3}{4}\right)^n > \dfrac{2}{3}$$

$$\Leftrightarrow \left(\dfrac{3}{4}\right)^n < \dfrac{1}{3}$$

Substituindo números naturais no n, obtemos que para **n = 4**, a última desigualdade é satisfeita e, portanto, $P(X \geq 1) > \dfrac{2}{3}$.

PROVA DE 2005

Questão 2

O retorno R_C de uma carteira de investimentos com duas ações A e B e um papel de renda fixa F é dado por $R_C = a_1 R_A + a_2 R_A + a_3 R_F$, em que a_1, a_2 e a_3 são constantes. R_A e R_B são variáveis aleatórias normalmente distribuídas com média zero, variância 1 e covariância 0,5, e R_F é uma constante igual a 0,1. Julgue as afirmativas:

- ⓪ A média do retorno da carteira será igual a zero se, e somente se, a correlação entre os retornos das ações A e B for nula.
- ① A média do retorno da carteira é: $E(R_C) = a_1 + a_2 + a_3$.
- ② Se a covariância entre o retorno das ações A e B for 0,5, a variância do retorno da carteira será $Var(R_C) = a_1 + a_2 + a_1 a_2$.
- ③ O retorno R_C é uma variável aleatória normalmente distribuída com média $0,1 a_3$.
- ④ O coeficiente de correlação entre R_A e R_B é 0,25.

Resolução:

(0) Falsa. $E(R_c) = a_1 E(R_A) + a_2 E(R_B) + a_3 E(R_F) = a_1 \cdot 0 + a_2 \cdot 0 + a_3 \cdot 0.1 = 0.1 \cdot a_3 \neq 0$, independentemente da correlação entre as ações A e B.

(1) Falsa. Resposta no item 0.

(2) Verdadeira. Obtendo $Var(R_c)$:

$Var(R_c) = a_1^2 Var(R_A) + a_2^2 Var(R_B) + 2a_1 a_2 Cov(R_A, R_B) = a_1^2 + a_2^2 + 2a_1 a_2 \cdot 0.5 = a_1^2 + a_2^2 + a_1 a_2$.

(3) Verdadeira. R^c é a combinação linear de variáveis aleatórias normalmente distribuídas e, portanto, também será uma variável normalmente distribuída. Sua esperança é dada por $0.1 a_3$, obtida no item 0.

(4) Falsa. $\rho(R_A, R_B) = \dfrac{Cov(R_A, R_B)}{\sqrt{Var(R_A) Var(R_B)}} = \dfrac{0.5}{1} = 0.5$.

Questão 3

São corretas as afirmativas:

- ⓞ Se X é uma variável aleatória com distribuição Normal de média μ e variância σ^2, então, $Z = \dfrac{(X-\mu)^2}{\sigma^2}$ segue uma distribuição χ^2 com 1 grau de liberdade.
- ① Se $X_1, ..., X_n$ são variáveis aleatórias identicamente distribuídas com distribuição Bernoulli com parâmetro p, então, $Z = \sum_{i=1}^{n} X_i$ segue uma distribuição Poisson.
- ② Se X é uma variável aleatória com distribuição t com n graus de liberdade, então $Z = X^2$ segue uma distribuição F com 1 e n graus de liberdade.
- ③ Se X é uma variável aleatória Poisson com média λ, então, a variância de X é λ^2.
- ④ Se a variável $X = \ln Y$ segue uma distribuição Normal, então, Y segue uma distribuição Lognormal.

Resolução:

(0) Verdadeira. Um teorema mais geral afirma que: Se $X_1, X_2, ..., X_n$ são variáveis aleatórias independentes, com distribuições normais padronizadas, então, $\sum_{i=1}^{n} X_i^2$ possui distribuição Qui-quadrado com n graus de liberdade.

(1) Falsa. Seria correto se substituísse Poisson por Binomial.

(2) Verdadeira. $t_n^2 = F_{1,n}$.

(3) Falsa. A média e a variância da Poisson são iguais a λ.

Observação: Segue uma prova desta afirmação. A média da variância será calculada como:

$$E(X) = \sum_{k=0}^{\infty} k \frac{e^{-\lambda}\lambda^k}{k!} = 0\frac{e^{-\lambda}\lambda^0}{0!} + \sum_{k=1}^{\infty} k\frac{e^{-\lambda}\lambda^k}{k!} = \sum_{k=1}^{\infty} k\frac{e^{-\lambda}\lambda\lambda^{k-1}}{k(k-1)!} = \lambda\sum_{k=1}^{\infty}\frac{e^{-\lambda}\lambda^{k-1}}{(k-1)!} = \lambda\sum_{x=0}^{\infty}\frac{e^{-\lambda}\lambda^x}{x!} = \lambda,$$

$x = k-1$

onde o último somatório é simplesmente a densidade da Poisson, que deve somar um.

Para a variância, devemos usar a propriedade:
$Var(X) = E(X^2) - E^2(X)$

Falta calcular o primeiro termo do lado direito:

$$E(X^2) = \sum_{k=1}^{\infty} k^2 \frac{e^{-\lambda}\lambda^k}{k!} = \sum_{k=1}^{\infty} k\frac{e^{-\lambda}\lambda^k}{(k-1)!} = \lambda\sum_{k=1}^{\infty} k\frac{e^{-\lambda}\lambda^{k-1}}{(k-1)!}$$

Denotando x=k-1, teremos:

$$E(X^2) = \lambda\sum_{x=0}^{\infty}(x+1)\frac{e^{-\lambda}\lambda^x}{x!} = \lambda\sum_{x=0}^{\infty}x\frac{e^{-\lambda}\lambda^x}{x!} + \lambda\sum_{x=0}^{\infty}\frac{e^{-\lambda}\lambda^x}{x!} = \lambda.\lambda + \lambda = \lambda^2 + \lambda$$

onde usamos o fato de que $\sum_{x=0}^{\infty} x\frac{e^{-\lambda}\lambda^x}{x!}$ é a média da Poisson calculada acima.

(4) Verdadeira. Definição da distribuição Lognormal.

Questão 15

As lâmpadas coloridas produzidas por uma fábrica são 50% vermelhas, 30% azuis e 20% verdes. Em uma amostra de 5 lâmpadas, extraídas ao acaso, encontre a probabilidade de duas serem vermelhas, duas serem verdes e uma ser azul. Multiplique o resultado por 100.

Resolução:

Para resolver esta questão, utilizaremos a distribuição multinomial. Seja um espaço amostral S, e uma partição de S dada por $\{A_i\}_{i=1}^{k}$ tal que $A \cap A_j = \emptyset$,

$i \neq j$. A probabilidade de um evento A_i ocorrer é dada por $p_i = P(A_i)$, constante durante as n repetições de um experimento. Seja A_i uma v.a. discreta, que pode assumir valor n_i, o número de vezes que ocorre A_i nestas repetições do experimento. Então a f.d.p. é dada por:

$$P(X_1 = n_1, ..., X_k = n_k) = \frac{n!}{n_1! \cdot ... \cdot n_k!} p_1^{n_1} \cdot ... \cdot p_k^{n_k} = n! \prod_{i=1}^{k} \frac{p_i^{n_i}}{n_i!}$$

onde $\sum_{i=1}^{k} n_i = n$.

Assim, seja X_1 = número de bolas vermelhas, X_2 = número de bolas azuis e X_3 = número de bolas verdes, $p_1 = 0.5$, $p_2 = 0.3$, $p_3 = 0.2$. Então:

$$P(X_1 = n_1, ..., X_k = n_k) = \frac{5!}{2!1!2!}(0.5)^2 (0.3)^2 (0.2)^2$$

$$= 30 \frac{3}{1000} = 0.09 = 9\%.$$

PROVA DE 2006

Questão 2

São corretas as afirmativas:

Ⓞ Seja Y uma variável aleatória com distribuição Binomial, com parâmetros n e p, em que $0 \leq p \leq 1$. Então, sendo n grande e p pequeno, a distribuição de Y aproxima-se de uma Poisson cuja média é np.

① Se Y é uma variável aleatória Normal, com média 0 e variância 1; se X segue uma Qui-quadrado com r graus de liberdade; e se Y e X são independentes, então $Z = Y / \sqrt{X/r}$ segue uma distribuição t com r graus de liberdade.

② Sejam X e Y variáveis aleatórias distribuídas segundo uma Normal bivariada. Suponha que $E(X) = \mu_X$, $E(Y) = \mu_Y$, $Var(X) = \sigma_X^2$, $Var(Y) = \sigma_Y^2$ e que a correlação entre X e Y seja ρ_{XY}. Então, $Z = aX + bY$, em que a e b são constantes diferentes de 0, segue uma distribuição Normal com média $a\mu_X + b\mu_Y + ab\mu_X \mu_Y$ e variância $a^2\sigma_X^2 + b^2\sigma_Y^2 + 2ab\rho_{XY}$.

③ Sejam Y e X variáveis aleatórias com distribuições Qui-quadrado com p e q graus de liberdade, respectivamente. Portanto, $Z = (Y/p)/(X/q)$ segue uma distribuição F com p e q graus de liberdade.

④ Sejam X e Y variáveis aleatórias conjuntamente distribuídas segundo uma Normal bivariada. Suponha que $E(X) = \mu_X$, $E(Y) = \mu_Y$, $Var(X) = \sigma_X^2$, $Var(Y) = \sigma_Y^2$ e que a correlação entre X e Y seja ρ_{XY}. Então, $E(Y|X) = \mu_Y + \rho_{XY}(x - \mu_X)$.

Resolução:

(0) Verdadeira. Veja o item 2, questão 4, da prova da Anpec de 2003.

(1) Verdadeira. É uma equivalência exata, ou seja, combinação de uma Normal padronizada e uma Qui-quadrado é exatamente uma t-Student, ou seja:

Sejam $Y \sim N(0,1)$ e $X \sim \mathcal{X}^2(r)$, **independentes**. Então $Z = \dfrac{Y}{\sqrt{X/r}} \sim t(r)$.

(2) Falsa. Se (X, Y) são v.a. distribuídas segundo uma Normal bivariada, então as densidades marginais de X e Y são também normais, tal que, $X \sim N\left(\mu_X, \sigma_X^2\right)$ e $Y \sim N\left(\mu_Y, \sigma_Y^2\right)$. Assim, $Z = aX + bY \sim N\left(a\mu_X + b\mu_Y, a^2\sigma_X^2 + b^2\sigma_Y^2 + 2ab\rho\sigma_X\sigma_Y\right)$, ou seja, Z é uma combinação linear de duas normais, sendo também uma Normal. Logo, média e variância estão incorretas.

(3) Falsa. O único erro na afirmativa é que Y e X devem ser independentes.

(4) Falsa. A média condicional é:

$$E(Y \mid X) = \mu_Y + \rho_{XY} \frac{\sigma_Y}{\sigma_X}(x - \mu_X)$$

faltando o termo $\dfrac{\sigma_Y}{\sigma_X}$ no item da questão.

Observação: Se (Y, X) seguem uma distribuição Normal bivariada, então: $Y \mid X \sim N\left(\mu_y + \rho\frac{\sigma_y}{\sigma_x}(x - \mu_x), \sigma_y^2(1-\rho^2)\right)$.

Assim, $E(Y \mid X) = a + bX$, que é nada menos que uma regressão linear, onde, $a = \mu_y - \rho\frac{\sigma_y}{\sigma_x}\mu_x$ e $b = \rho\frac{\sigma_y}{\sigma_x}$. Uma forma de memorizar a média de $Y \mid X$ é simplesmente lembrar do método de mínimos quadrados ordinários (MQO) para uma regressão linear simples, ou seja:

$$b = \rho\frac{\sigma_y}{\sigma_x} = \frac{Cov(x,y)}{\sigma_x \sigma_y}\frac{\sigma_y}{\sigma_x} = \frac{Cov(x,y)}{\sigma_x^2} = \beta_{MQO},$$

isto é, b é o parâmetro verdadeiro (populacional) da inclinação de uma regressão linear simples: $y = a + bX + u$, onde $E(u \mid X) = 0$. E

$$a = \mu_y - \rho\frac{\sigma_y}{\sigma_x}\mu_x = \mu_y - \beta_{MQO}\mu_x = \alpha_{MQO},$$

ou seja, a é o parâmetro verdadeiro (populacional) do intercepto da regressão.

Questão 10

Julgue as afirmativas:

⓪ Se a variável aleatória Y segue uma distribuição Bernoulli com parâmetro p, então E(Y) = p.
① Uma soma de variáveis aleatórias Binomiais segue uma distribuição Bernoulli.
② A distribuição Geométrica é um caso especial da distribuição Binomial.
③ Uma distribuição Lognormal é assimétrica à direita.
④ A variância de uma distribuição uniforme entre 0 e 2 é igual a 0,5.

Resolução:

(0) Verdadeira. A média de uma Bernoulli é $E(Y) = p$ e a variância é $Var(Y) = p(1-p)$.

(1) Falsa. O correto seria: Uma soma de v.a.s independentes, com distribuição de Bernoulli e com a mesma probabilidade, segue uma distribuição Binomial.

(2) Falsa. O gabarito da Anpec mudou corretamente de Verdadeiro para Falso. Poder-se-ia argumentar que a distribuição geométrica é um caso particular da binomial, pois se $X = k$, então, nas primeiras $(k-1)$ repetições A não ocorre, ocorrendo na j – ésima. Mas deve-se notar que na Binomial o número de repetições é predeterminado (exógeno) e a v.a. (endógena) é $X = k$, o número de sucessos. Na Geométrica, a v.a. (endógena) é o numero de repetições.

(3) Verdadeira. A distribuição Lognormal é assimétrica à direita, ou seja, a média é maior que a mediana que é maior que a moda. Seu gráfico, para dois exemplos, pode ser visualizado abaixo:

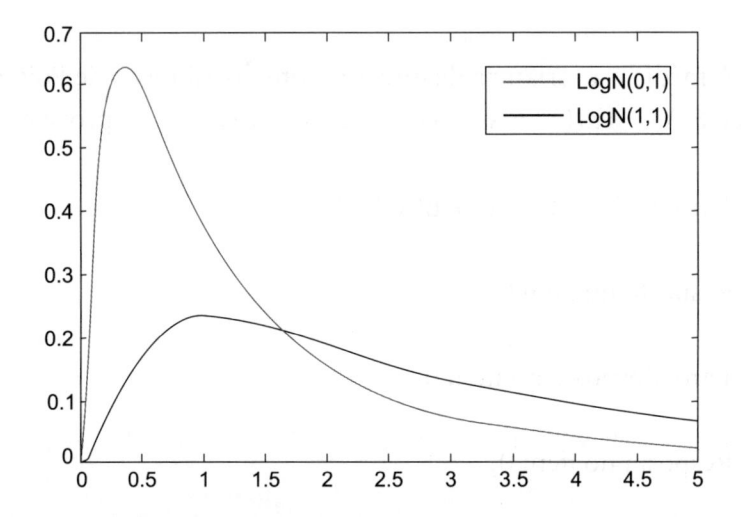

(4) Falsa. Se $X \sim U[\alpha, \beta]$, a f.d.p. é dada por: $f(x) = \dfrac{1}{\beta - \alpha}$. A média de X é $E[X] = \dfrac{\alpha + \beta}{2}$ e a variância é $Var(X) = \dfrac{(\beta - \alpha)^2}{12}$. Então, se $a = 0$ e $\beta = 2$, então $Var(X) = \dfrac{4}{12} = \dfrac{1}{3}$. Caso não se lembre da média e variância da uniforme, podemos calcular a variância diretamente. A densidade será $f(x) = \dfrac{1}{2}$. Então:

$$E(X) = \int_0^2 x \dfrac{1}{2} dx = \left[\dfrac{x^2}{4}\right]_0^2 = 1$$

$$E(X^2) = \int_0^2 x^2 \dfrac{1}{2} dx = \left[\dfrac{x^3}{6}\right]_0^2 = \dfrac{4}{3}$$

$$Var(X) = E(X^2) - E(X)^2 = \dfrac{4}{3} - 1 = \dfrac{1}{3}.$$

PROVA DE 2007

Questão 6

Seja X uma variável aleatória com distribuição de Poisson dada por $p_x(x) = \dfrac{\lambda^x e^{-\lambda}}{x!}, x = 0,1,2....$
É correto afirmar que:

- ⓪ $E(X) = \lambda$ e $var(X) = \lambda^2$.
- ① $E(X^2) = \lambda + \lambda^2$.
- ② $E(X) = e^{-\lambda}$.
- ③ $E(X) = Var(X) = \lambda$.
- ④ $E(X) = \lambda/2$ e $Var(X) = \lambda$.

Resolução:

(0) Falso. A média e a variância de uma v.a. com distribuição de Poisson é igual a λ, ou seja, $E(X) = Var(X) = \lambda$. Veja item 3, da questão 3, da prova de 2005.

(1) Verdadeiro. $E(X^2) = Var(X) + E(X)^2 = \lambda + \lambda^2$.

(2) Falso. Resposta no item 0.

(3) Verdadeiro. Resposta no item 0.

(4) Falso. Resposta no item 0.

PROVA DE 2008

Questão 2

Julgue as afirmativas:

(0) Se X é uma variável aleatória Gaussiana com média μ e variância σ^2, então $z = 4\left[\dfrac{(X-\mu)}{\sigma}\right]^2$ segue uma distribuição Qui-quadrado com 4 graus de liberdade.

(1) Se X segue uma distribuição Qui-quadrado com n graus de liberdade, então $E(X) = n$ e $V(X) = 2n$.

(2) Uma distribuição uniforme no intervalo $[0,10]$ tem variância igual a $25/3$

(3) Sejam $X_1, X_2 ..., X_n$, n variáveis aleatórias independentes com distribuição Normal com média μ e variância σ^2. Seja $z = \dfrac{\bar{X} - \mu}{s/\sqrt{n}}$, em que $\bar{X} = \dfrac{1}{n}\sum_{i=1}^{n} x_i$ e $s = \sqrt{\dfrac{1}{n}\sum_{i=1}^{n}(x_i - \bar{x})^2}$, então, Z segue uma distribuição Normal com média 0 e variância 1 para qualquer valor de n.

(4) Sejam X_1 e X_2 duas variáveis aleatórias independentes, com distribuição qui-quadrado com n_1 e n_2 graus de liberdade, respectivamente. Então $z = \dfrac{X_1/n_1}{X_2/n_2}$ segue uma distribuição F com n_1 e n_2 graus de liberdade.

Resolução:

(0) Falsa. Veja que Z é a soma de 4 variáveis normais padronizadas ao quadrado exatamente iguais, o que poderia nos levar a pensar, erradamente, que seria uma χ_4^2. Mas, lembre-se que, para que a soma de normais padronizadas ao quadrado seja uma Qui-quadrado, necessitamos afirmar que tais variáveis aleatórias normais sejam **independentes**, o que é impossível, pois todas são exatamente iguais e, portanto, completamente dependentes.

Observação: Outra forma de ver a questão é que o correto seria afirmar apenas que:
$$\frac{Z}{4} = \left[\frac{X-\mu}{\sigma}\right]^2 \sim \chi_1^2$$

(1) Verdadeira. Se $X \sim \chi_n^2$, então $E(X) = n$ e $Var(X) = 2n$.

(2) Verdadeira. Podemos aplicar a fórmula da variância da uniforme diretamente:
$$X \sim U[a,b] = U[0,10]$$
$$Var(X) = \frac{(b-a)^2}{12} = \frac{100}{12} = \frac{25}{3}.$$

Ou, se preferir, pode derivar a densidade: $f(x) = 1/10$. E a partir dela calcular $E(X)$ e $E(X^2)$ e por fim $Var(X)$.

(3) Falsa. Note que o correto seria que: $\tilde{Z} = \dfrac{\overline{X} - \mu}{\sigma / \sqrt{n}}$ segue uma Normal padronizada. Mas o enunciado cita que $Z = \dfrac{\overline{X} - \mu}{S / \sqrt{n}}$, ou seja, usa o desvio padrão amostral (S^2) e não o populacional (σ^2). Logo, Z segue uma distribuição t_{n-1}. Z só se aproximará para uma Normal quando n for para infinito.

Outro erro é que deveríamos ter $n \geq 2$, pois para $n = 1$ não é possível calcular S.

(4) Verdadeira. Esta é uma equivalência exata entre distribuições Qui-quadrado e F. Ou seja, denote $X_i \sim \chi^2(n_i)$, $i = 1,2$, **independentes**. Então, $Z \sim F(v_1, v_2)$, tal que $Z = \dfrac{X_1 / n_1}{X_2 / n_2}$.

PROVA DE 2009
Questão 2
Sobre a Teoria das Probabilidades, indique as alternativas corretas e falsas:

- ⓪ Sejam 3 eventos A, B e C. Então podemos demonstrar que $P(A \mid B) = P(C \mid B)P(A \mid B \cap C) + P(\overline{C} \mid B)P(A \mid B \cap \overline{C})$, assumindo que todos os eventos têm probabilidade positiva.
- ① Se dois eventos, A e B, são independentes, os eventos A e $\overline{B}$ não serão necessariamente independentes.
- ② Se A, B e C são três eventos tais que A e B são disjuntos, A e C são independentes e B e C são independentes, e, supondo-se que $4P(A) = 2P(B) = P(C)$ e $P(A \cup B \cup C) = 5P(A)$, pode-se dizer que $P(A) = 1/6$.
- ③ Se uma família tem exatamente n crianças ($n \geq 2$), e assumindo-se que a probabilidade de que qualquer criança seja menina é igual a 1/2, e todos os nascimentos são independentes, pode-se afirmar que, dado que a família tem, no mínimo, uma menina, a probabilidade de ela ter, no mínimo, um menino, é igual a $(1 - (0,5)^{n-1}) / (1 - (0,5)^n)$.
- ④ Se A, B e C são eventos com probabilidade não nula, definidos em um espaço amostral S, então $P(A \cap C \mid B \cap C) = P(A \cap B \mid C) / P(B \mid C)$.

Resolução:

(3) Verdadeira. Vamos chamar de:

A: número de meninos maior ou igual a 1

B: número de meninas maior ou igual a 1

Então:

A^c: número de meninos igual a 0.

B^c: número de meninas igual a 0.

Então, pede-se:

$$P(A\mid B) = \frac{P(A\cap B)}{P(B)}$$

Note que o item se trata de uma distribuição Binomial, pois temos n nascimentos (experimentos) independentes, onde podem ocorrer dois resultados: nascer menino ou menina. O denominador da expressão acima é fácil de calcular:

$$P(B) = 1 - P(B^c) = 1 - \binom{n}{0}(0.5)^0(0.5)^n = 1-(0.5)^n.$$

Em relação ao numerador, note que, pela Lei DeMorgan:

$(A \cap B) = (A^c \cup B^c)^c$

Logo:

$P(A \cap B) = P(A^c \cup B^c)^c = 1 - P(A^c \cup B^c)$
$P(A \cap B) = 1 - P(A^c) - P(B^c) + P(A^c \cap B^c).$

O que é a probabilidade do último termo: $(A^c \cap B^c)$? É o número de meninos e meninas ser igual a zero. Tal evento é um conjunto vazio, pois o número de meninos mais o número de meninas que a família tem é igual a $n \geq 2$ e, portanto, nunca ambos podem ser iguais a zero. Logo: $P(A^c \cup B^c) = P(\emptyset) = 0$. Assim, como $P(B^c) = 1 - P(B) = (0.5)^n$ (ver cálculo feito acima), podemos, de forma análoga, calcular $P(A^c) = (0.5)^n$. Substituindo na expressão acima:

$P(A \cap B) = 1 - P(A^c) - \Pr(B^c)$
$= 1 - (0.5)^n - (0.5)^n$
$= 1 - 2(0.5)^n$
$= 1 - 2(0.5)(0.5)^{n-1}$
$= 1 - (0.5)^{n-1}.$

Assim:

$$\Pr(A\mid B) = \frac{1-(0.5)^{n-1}}{1-(0.5)^n}$$

Questão 6

Seja Y_i, $i = 1, \ldots, n$, uma variável aleatória tal que $Y_i = 1$, com probabilidade p e $Y_i = 0$, com probabilidade $1\text{-}p$. Defina $X = \sum_{i=1}^{n} Y_i$. Responda se cada uma das afirmativas abaixo é verdadeira ou falsa:

- ⓪ Y_i, $i = 1, \ldots, n$, possui distribuição Poisson com média p.
- ① X possui distribuição Binomial com parâmetros n e p.
- ② $V(Y_i) = V(X) = p$. $V(X)$ significa variância de X.
- ③ Se $n \to \infty$ e p permanecer fixo, então $\dfrac{X-np}{\sqrt{np(1-p)}}$ converge para distribuição Normal com média 0 e variância 1.
- ④ $E(Y^2) = p^2$.

Resolução:

(0) Falsa. Não atende às condições da Binomial se aproximar para uma Poisson: np constante e $n \to \infty$ ou $n \to \infty$, $p \to 0$, $np \to \lambda$.

(1) Verdadeira. A variável aleatória Y_i é uma Bernoulli. A soma de Bernoullis independentes, com a mesma probabilidade p, é uma Binomial. Em Questão de anos anteriores, quando se mencionava que Y_i era uma v.a. de Bernoulli, então subentendia-se que tais variáveis deveriam ser independentes entre si.

(2) Falsa.
$Var(X) = np(1-p)$ e
$Var(Y_i) = p(1-p)$.

(3) Verdadeira. É a aproximação da binomial para a Normal.

(4) Falsa.
$E(Y^2) = 1 \cdot p + 0 \cdot (1-p) = p$.

Questão 7

Sejam $X_1, X_2, \ldots, X_n$ variáveis aleatórias independentes e normalmente distribuídas com média μ e variância 1. Defina as variáveis aleatórias $\bar{X} = n^{-1}\sum_{i=1}^{n} X_i$, e $Z = \sum_{i=1}^{n} X_i^2$. É correto afirmar que:

◎ Se $R = X_1$, quando $X_1 > 0$, $P(R \le 1) = \Phi(1 - \mu) / (1 - \Phi(0 - \mu))$, em que $\Phi(c)$ é a função de distribuição de uma variável aleatória Normal Padrão.
① Z é uma variável aleatória com distribuição χ^2 com n graus de liberdade.
② Se $W = exp(X)$, $E(W) = \mu + \sigma^2/2$.
③ $n\bar{X}$ é uma variável aleatória normalmente distribuída com média $n\mu$ e variância n.
④ A variável aleatória $W_i = \dfrac{Y_i}{\sqrt{\dfrac{Z}{n}}}$, em que $Y_i = (X_i - \mu)$ possui distribuição F com n_1 e n_2 graus de liberdade, em que $n_1 = 2$ e $n_2 = 2n$.

Resolução:

(0) Falso. Note que estamos calculando uma probabilidade condicional, pois R é uma Normal truncada em $X_1 > 0$:

$$\begin{aligned}
P(R \le 1) &= P(X_1 \le 1 \mid X_1 > 0) \\
&= P(X_1 - \mu \le 1 - \mu \mid X_1 - \mu > \mu) \\
&= P(Z \le 1 - \mu \mid Z > -\mu) \\
&= P(-\mu < Z \le 1 - \mu) / P(Z > -\mu) \\
&= [\Phi(1 - \mu) - \Phi(-\mu)] / (1 - \Phi(\mu)) \\
&= [\Phi(1 - \mu) + \Phi(\mu) - 1] / \Phi(\mu)
\end{aligned}$$

(1) Falso. Seria correto para:

$$Z = \sum_i \left(\frac{X_i - \mu}{1} \right)^2 = \sum_i (X_i - \mu)^2$$

ou seja, para a soma de n normais padronizadas.

(2) Falso.
$E(W) = \exp(\mu + \sigma^2/2)$, onde W é lognormal.

(3) Verdadeiro. $n\bar{X} = \Sigma_i X_i$ é apenas uma soma (ou combinação linear) de variáveis aleatórias normais independentes. Logo, será também Normal, com parâmetros:

$$E(n\bar{X}) = E\left(\sum_i X_i\right) = \sum_i E(X_i) = n\mu$$

$$Var(n\bar{X}) = Var\left(\sum_i X_i\right) \overset{X_i's\ independentes}{=} \sum_i Var(X_i) = \sum_i 1 = n.$$

(4) Falso. Pois Z não é uma Qui-quadrado (ver item 1).

PROVA DE 2010

Questão 2

Suponha que X e Y sejam variáveis aleatórias independentes, com distribuições de Bernoulli com parâmetros p e q, isto é,

$X = \begin{cases} 1 \text{ com probabilidade } p \\ 0 \text{ com probabilidade } 1-p \end{cases}$ e $Y = \begin{cases} 1 \text{ com probabilidade } q \\ 0 \text{ com probabilidade } 1-q \end{cases}$

Defina $Z = aY + bX$, para a e b constantes.

E[ ] e V[ ] representam, respectivamente, expectativa e variância. Julgue as afirmativas abaixo:

- ⓪ $E[Z \mid X = 2] = ap + 2b$;
- ① $V[Z] = a^2q + b^2p$;
- ② Se $p = q$, o coeficiente de correlação entre Z e X é igual a $\dfrac{b}{\sqrt{(a^2+b^2)}}$;
- ③ Se $b = 0$, Z e X são independentes;
- ④ $E[Y \mid Z = a + b] = 1$.

Resolução:

(0) Falsa. A esperança será:

$E[Z \mid X = 2] = aE[Y \mid X = 2] + 2b$

Como X e Y são variáveis aleatórias independentes, então podemos afirmar que: $E[Y \mid X] = E[Y]$. Uma prova dessa afirmação para o caso discreto seria:

$E[Y \mid X] = \sum_{i=1}^{n} y_i p(y_i \mid x) = \sum_{i=1}^{n} y_i p(y_i) = E[Y],$

na qual usamos o fato de X e Y serem independentes, que implica $p(y_i \mid x) = p(y_i)$.

Logo,

$E[Z \mid X = 2] = aE[Y] + 2b \Rightarrow$
$E[Z \mid X = 2] = aq + 2b.$

diferente da expressão dada no item.

(1) Falsa. Como Y e X são independentes:
$$V[Z] = V[aY] + V[bX]$$
$$V[Z] = a^2 V(Y) + b^2 V(X)$$
$$V[Z] = a^2 q(1-q) + b^2 p(1-p).$$

diferente da expressão dada no item.

(2) Verdadeira.
$$\begin{aligned} Cov(Z, X) &= Cov(aY + bX, X) \\ &= aCov(Y, X) + bCov(X, X) \\ &= a \cdot 0 + bV[X] \\ &= bp(1-p) \end{aligned}$$

Logo, o coeficiente de correlação será:
$$Corr(Z,X) = \frac{Cov(Z,X)}{\sqrt{Var[Z]Var[X]}} = \frac{bp(1-p)}{\sqrt{[a^2 q(1-q) + b^2 p(1-p)]p(1-p)}}$$

Como $p = q$:
$$\begin{aligned} Corr(Z,X) &= \frac{bp(1-p)}{\sqrt{[a^2 p(1-p) + b^2 p(1-p)]p(1-p)}} \\ &= \frac{bp(1-p)}{\sqrt{[a^2 + b^2]p(1-p)p(1-p)}} \\ &= \frac{bp(1-p)}{\sqrt{[a^2 + b^2]p^2(1-p)^2}} \\ &= \frac{bp(1-p)}{\sqrt{[a^2 + b^2]}bp(1-p)}, \text{ onde } p(1-p) > 0 \\ &= \frac{b}{\sqrt{[a^2 + b^2]}}. \end{aligned}$$

(3) Verdadeira. Se $b = 0$, então,
$$Z = aY.$$

Como Y e X são independentes, então qualquer função de Y, por exemplo $h(Y) = aY$, será também independente de X.

(4) Verdadeira. Se Z é igual a $a + b$, então $Y = 1$ e $X = 1$. Como Y e X são independentes, para a média de Y, não importa o valor que X assume (como afirmado no item 0) então:

$$\begin{aligned} E[Y \mid Z = a + b] &= E[Y \mid Y = 1, X = 1] \\ &= E[Y \mid Y = 1] \\ &= 1. \end{aligned}$$

Questão 4

Responda se verdadeiro ou falso:

- ⓪ A diferença entre as medianas de uma distribuição $F_{(a,b)}$ e de uma distribuição χ_a^2 diminui à medida que $b \to \infty$.
- ① O Teorema Central do Limite justifica a afirmação: "Seja T uma variável aleatória, tal que $T \sim t_{k-1}$, em que t representa uma distribuição t de Student, com $k - 1$ grau de liberdade, em que k é fixo. Então T converge em distribuição para uma Normal Padrão."
- ② Sejam $s_1^2 = \sum_{i=1}^{n}(x_i - \bar{x})^2 / n$ e $s_2^2 = \sum_{i=1}^{n}(x_i)^2 / n$. Ambos os estimadores podem ser demonstrados para σ^2, supondo uma amostra aleatória de $X \sim N(\mu, \sigma^2)$.
- ③ Uma moeda justa foi jogada 300 vezes e observou-se cara em 188 destas. A Lei dos Grandes Números justifica a afirmação: $P(\text{cara na 301ª jogada} \mid 188 \text{ caras em 300 jogadas}) < 0{,}5$.
- ④ Se um estimador convergir em média quadrática para o parâmetro, ele será consistente (convergirá em probabilidade para o parâmetro).

Resolução:

(0) Anulada. Podemos afirmar para b suficientemente grande que vale que
$$aF(a,b) \approx \chi_a^2.$$

Esta relação é obtida partindo de $X \sim F(a,b)$, $Y \sim \chi_a^2$, $Z \sim \chi_b^2$:
$$X = \frac{Y/a}{Z/b},$$
tal que Y é independente de Z. Assim, tomando o limite:
$$\lim_{b \to \infty} \frac{Y/a}{Z/b} = \frac{Y}{a}.$$

Ou ainda:
$$\lim_{b \to \infty} aX = Y.$$

A partir deste limite, podemos afirmar que, para um b suficientemente grande, vale a primeira relação apontada no item. Assim, provavelmente, foi anulada, pois o formulador da pergunta se esqueceu de multiplicar $F(a, b)$ por a.

Além disso, não é possível estabelecer uma relação entre as medianas da $F(a, b)$ e da χ_a^2, pois, ao passo que a mediana da χ_a^2 é igual **aproximadamente** a:

$$a\left(1 - \frac{2}{9a}\right)^3$$

a mediana da $F(a, b)$ não tem uma fórmula fechada.

Questão 5

São corretas as afirmativas:

◎ Considere dois estimadores não tendenciosos, $\hat{\theta}_1$ e $\hat{\theta}_2$, de um parâmetro θ. $\hat{\theta}_1$ é eficiente relativamente a $\hat{\theta}_2$ se $\text{var}(\hat{\theta}_1) < \text{var}(\hat{\theta}_2)$.

① Um estimador $\hat{\theta}$ de um parâmetro θ é consistente se $\hat{\theta}$ converge em probabilidade para θ.

② Um estimador $\hat{\theta}$ de um parâmetro θ é consistente se, e somente se, $\hat{\theta}$ é não viesado e a variância de $\hat{\theta}$ converge para 0 à medida que o tamanho da amostra tende a infinito.

③ Suponha que $X_1, X_2, \ldots, X_{10}$ sejam variáveis aleatórias independentes e identicamente distribuídas e que $X_i \sim \chi_2^2, i = 1, 2 \ldots 10$. Defina $\overline{X} = \sum_{i=1}^{10} X_i / 10$. Então $P(1 < \overline{X} < 3) = 0{,}55$.

④ Suponha que $X_1, X_2, \ldots, X_n$ sejam variáveis aleatórias independentes e identicamente distribuídas e que $X_i \sim Poisson(\lambda), \forall i$. Seja $\overline{X} = \sum_{i=1}^{n} X_i / n$. À medida que $n \to \infty$, $(\overline{X} - \lambda) / \sqrt{(\lambda / n)}$ aproxima-se de uma distribuição Normal Padrão.

Resolução:

(4) Verdadeira. Aplicação do Teorema do Limite Central (ver lista dos Principais Teoremas). A média e variância serão:

$$E(\overline{X}) = E\left(\sum_{i=1}^{n} \frac{X_i}{n}\right) = \frac{1}{n} E\left(\sum_{i=1}^{n} X_i\right) =$$

$$= \frac{1}{n} \sum_{i=1}^{n} E(X_i) = \frac{1}{n} n\lambda = \lambda$$

$$Var(\overline{X}) = Var\left(\sum_{i=1}^{n} \frac{X_i}{n}\right) = \frac{1}{n^2} Var\left(\sum_{i=1}^{n} X_i\right)$$

Como X_i, $i = 1, \ldots, n$ são independentes, então: $Var\left(\sum_{i=1}^{n} X_i\right) = \sum_{i=1}^{n} Var(X_i) = n\lambda$.
Assim:
$$Var(\bar{X}) = \frac{1}{n^2} n\lambda = \frac{\lambda}{n}.$$

Questão 7

Denote X e Y variáveis aleatórias, cuja função densidade conjunta, avaliada em (x, y) é $f(x, y) = c(x, y)$, $0 < x < 1$ e $0 < y < 1$, onde c é uma constante. A função de distribuição acumulada de X, avaliada em x, é $F(x)$.

- ⓪ A variável aleatória $Z = F(X)$ segue uma distribuição uniforme.
- ① A constante $c = 2$.
- ② X e Y são independentes.
- ③ $E(X \mid Y = y)$ não depende de y.
- ④ A densidade condiciona $f(y \mid x) = cy^{-1}$.

Resolução:

A questão toda foi anulada, pois afirmaram no enunciado que $f(x, y) = c(x, y)$, ou seja, a densidade conjunta de X e Y é igual a uma função c de x, y, que afirmaram ser uma constante, mas o correto seria: (i) ou afirmar que é uma função constante igual a c ou (ii) simplesmente afirmar que $f(x, y) = c$. Considerando que estivesse corretamente formulada a resolução seria:

(0) Verdadeiro. Para resolvermos o item, precisamos, primeiramente, definir o valor da constante c, que também será útil nos outros itens:

$$\int_0^1 \int_0^1 f(x, y) dx dy = 1$$

$$\int_0^1 \int_0^1 c\, dx\, dy = 1$$

$$\int_0^1 \left[cx\right]_{x=0}^{x=1} dy = 1$$

$$\int_0^1 \left[c \cdot 1 - c \cdot 0\right] dy = 1$$

$$\int_0^1 c\, dy = 1$$

$$\left[cy\right]_{y=0}^{y=1} = 1$$

$$c = 1$$

Logo, $f(x, y) = 1$.

Obtendo agora a marginal de X:
$$f(x) = \int_0^1 f(x,y)dy$$
$$f(x) = \int_0^1 1 dy$$
$$f(x) = 1$$

A acumulada de X será:
$$F(X) = \int_0^X f(x)dx$$
$$F(X) = \int_0^X 1 dx$$

$$F(X) = X \begin{cases} 0, \text{ se } x < 0 \\ x, \text{ se } 0 \leq x \leq 1 \\ 1, \text{ se } x > 0 \end{cases}$$

Logo:
$Z = X$, se $0 \leq x \leq 1$

Como $f(x) = 1$, então X segue uma uniforme entre 0 e 1, ou seja, $X \sim U[0,1]$, e, consequentemente, Z também tem a mesma distribuição uniforme.

Observação: Para uma prova formal desta propriedade, veja Larson (1982, p. 148-149).

(1) Falso. Veja item 0 que $c = 1$.

(2) Verdadeiro. A densidade marginal de Y será igual à de X:
$$f(y) = \int_0^1 f(x,y)dx$$
$$f(y) = \int_0^1 1 dx$$
$$f(y) = 1 \begin{cases} 1, 0 < y < 1 \\ 0, c c. \end{cases}$$

Logo, podemos escrever:
$f(x, y) = 1$
$f(x, y) = f(x)f(y)$

Logo, X e Y são independentes.

(3) Verdadeiro. Como X e Y são independentes:
$$\begin{aligned} E[X \mid Y = y] &= \int x f(x \mid y) dx \\ &= \int x f(x) dx \\ &= E[X], \end{aligned}$$

logo, não depende do valor que Y assume.

(4) Falso. Como X e Y são independentes:
$$f(y \mid x) = f(y) = c \begin{cases} 1, 0 < y < 1 \\ 0, c.\ c. \end{cases}$$

Questão 11

Suponha que você tenha três variáveis X_1, X_2 e X_3 independentes e distribuídas de forma idêntica, cada uma com uma distribuição uniforme no intervalo [0,1].
Calcule $E[(X_1 - 2X_2 + X_3)^2]$. Multiplique o resultado por 100.

Resolução:

Denote
$Y = X_1 - 2X_2 + X_3$.

Assim, a expressão pedida se reduz a
$E[Y^2]$,

que pode ser obtida através da propriedade da variância:
$E[Y^2] = Var[Y] + (E[Y])^2$

Avaliando cada termo da expressão do lado direito,
$Var[Y] = Var[X_1 - 2X_2 + X_3] = Var(X_1) + 4Var(X_2) + Var(X_3)$,

na qual os termos da covariância são nulos, pois X_1, X_2 e X_3 e são independentes. Além disso, como tais variáveis seguem uma distribuição uniforme com parâmetros (extremos) iguais (ou seja, $U[a,b]$, $a = 0$ e $b = 1$, para as três variáveis), então $Var(X_1) = Var(X_2) = Var(X_3)$. Logo,

$$Var[Y] = 6Var(X_1)$$
$$= 6\frac{(b-a)^2}{12}$$
$$= 6\frac{1}{12}$$
$$= \frac{1}{2}.$$

Analisando o segundo termo do lado direito da expressão $E[Y^2]$:
$$(E[Y])^2 = (E[X_1 - 2X_2 + X_3])^2$$
$$= (E[X_1] - 2E[X_2] + E[X_3])^2$$

Novamente, como as três variáveis seguem a mesma distribuição, com os mesmos parâmetros, suas médias serão iguais. Assim:
$$(E[Y])^2 = (E[X_1] - 2E[X_1] + E[X_1])^2 = 0$$

Logo:
$$E[Y^2] = Var[Y] = \frac{1}{2}.$$

Multiplicando o resultado por 100, obtemos a resposta 50.

Observação: Outra forma de fazer é abrir a esperança e lembrar, como feito acima, que todos os momentos são iguais entre as três variáveis aleatórias. Por exemplo, fazendo deste jeito, será necessário usar

$$E(X_1^2) = E(X_2^2) = E(X_3^2)$$

junto com o fato de elas serem independentes (que implica covariância nula), por exemplo
$$E(X_1 X_2) = E(X_1)E(X_2) = [E(X_1)]^2,$$

onde, na última igualdade, utilizamos novamente o fato das médias serem iguais.

PROVA DE 2011
Questão 6

Sejam $X_1, X_2, \ldots, X_n$ variáveis aleatórias independentes e normalmente distribuídas, com média 0 e variância σ^2.

⓪ Se $\sigma = 1$, a variável $Y = (X_1^2 + X_2^2)/(2X_3^2)$ possui uma distribuição F com n_1 e n_2 graus de liberdade, para $n_1 = 1$ e $n_2 = 2$.

① A variável $W = \dfrac{X_1}{(x_1^2 + x_3^2)/2}$ possui uma distribuição t com 2 graus de liberdade.

② Defina $Z = (X_1^2 + X_2^2)/\sigma^2$. Então $E(Z-2)^3 = 0$.

③ Suponha que $\sigma = 1$ e que H seja uma variável aleatória independente de X_1 e que $P(H=1) = P(H=-1) = 0{,}5$. Então $Y = HX_1 \sim N(0,1)$.

④ Sabemos que $\Pr(Z > 5165{,}615) = 0{,}05$. Em que Z é uma variável aleatória com distribuição χ^2_{5000}. Suponha que $n = 5001$. Defina $\bar{x} = n^{-1}\sum_{i=1}^{n} X_i$ e $S^2 = \sum_{i=1}^{n}(X_i - \bar{X})^2/(n-1)$. Se $S^2 = 5{,}3$, pode-se rejeitar a hipótese nula de que $\sigma^2 = 5$ ao nível de significância de 5%.

Resolução:

(0) Falsa. Seja $\sigma = 1$. Recorde o seguinte resultado, conforme em Larson (1982, p. 273): se X_1 é independente de X_2, então $h(X_1)$ é independente de $h(X_2)$ para qualquer função $h(.)$. Ainda, sabemos que

$$X_i \sim N(0,1)$$

garante que

$$X_i^2 \sim \chi_1^2,$$

ou seja, uma variável aleatória normal padrão elevada ao quadrado é uma qui-quadrado com um grau de liberdade.

Usando o resultado enunciado acima, temos que X_1^2 é independente de X_2^2. Como a soma de duas variáveis χ_1^2 tem distribuição χ_2^2, segue que

$$X_1^2 + X_2^2 \sim \chi_2^2,$$

ou seja, a soma de variáveis aleatórias qui-quadradas independentes também e independente com graus de liberdade dados pela soma dos graus de liberdade de cada uma. Pelo mesmo resultado acima, podemos dizer que $X_1^2 + X_2^2$ é independente de X_3^2.

Dada a discussão acima, sabemos que

$$\frac{(X_1^2 + X_2^2)/2}{X_3^2/1} = \frac{(X_1^2 + X_2^2)}{2X_3^2} \sim F_{2,1},$$

pois é provado que a razão de variáveis aleatórias qui-quadrado independentes divididas pelos seus graus de liberdade tem distribuição F_{n_1,n_2}, sendo n_1 e n_2 os graus de liberdade do numerador e denominador, respectivamente. Neste caso, $n_1 = 2$, $n_2 = 1$.

(1) Falso. Note que agora σ^2 não é necessariamente igual a 1, mas podemos obter a variável normal padronizada e a distribuição qui-quadrado da seguinte forma:

$$\frac{X_1}{\sigma} \sim N(0,1),$$

$$Z = \frac{X_1^2 + X_3^2}{\sigma^2} \sim \chi_2^2.$$

Contudo, estas duas variáveis são dependentes. Tanto o numerador quanto o denominador dependem de X_1. Por isto, não podemos afirmar que a razão

$$W = \frac{X_1/\sigma}{\sqrt{\frac{X_1^2+X_3^2}{\sigma^2}/2}} = \frac{X_1}{\sqrt{\frac{X_1^2+X_3^2}{2}}}$$

tem distribuição *t-student*, pois mesmo sendo a razão de uma normal padrão pela raiz quadrada de uma variável aleatória com distribuição qui-quadrado dividida por seus graus de liberdade, o numerador e o denominador não são independentes.

(2) Falso. A variável Z é a mesma definida no item 1. Ou seja, tem distribuiçao qui-quadrado com 2 graus de liberdade. A média de Z é dada por

$$E(Z) = \nu = 2$$

Desta forma,

$$E(Z-2)^3$$

é o terceiro momento centrado na média. Tal momento é o numerador do coeficiente de assimetria que é definido como

$$\frac{E(Z-\mu)^3}{\sigma^3}.$$

Como a distribuição qui-quadrado é assimétrica, então o numerador será diferente de zero.

(3) Verdadeiro. Note que esta variável pode ser escrita como:

$$HX_1 = \begin{cases} X_1 \sim N(0,1), & \text{se } H = 1 \\ -X_1 \sim N(0,1), & \text{se } H = -1 \end{cases}$$

Observação: Apenas para verificar o valor da média e variância, note que:
$$E(HX_1) = Cov(H, X_1) + E(H)\,E(X_1)$$

Como H e X_1 são independentes e $E(X_1) = 0$, então:
$$E(HX_1) = 0$$

Em relação à variância:

$$V(HX_1) = E(H^2 X_1^2) - E^2(HX_1) \underset{E(HX_1)=0}{\overset{H^2=1}{=}} E(X_1^2) = V(X_1) = 1.$$

3 Principais Teoremas de Probabilidade

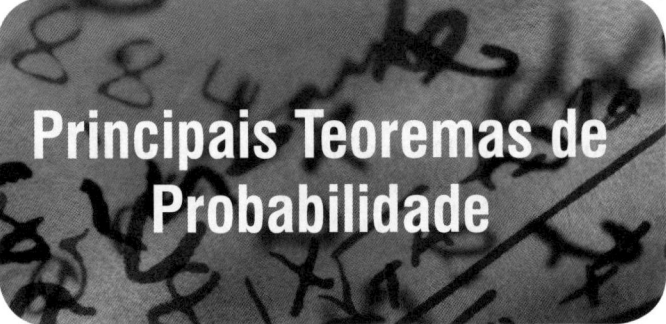

PROVA DE 2002

Questão 6

Indique se as seguintes considerações sobre a Lei dos Grandes Números, Desigualdade de Tchebycheff e Teorema do Limite Central são verdadeiras (V) ou falsas (F).

⓪ De acordo com a Desigualdade de Tchebycheff, se a variância de uma variável aleatória X for muito próxima de zero, a maior parte da distribuição de X estará concentrada próxima de sua média.

① O Teorema do Limite Central afirma que, para uma amostra grande o suficiente, a distribuição de uma amostra aleatória de uma população Qui-quadrado se aproxima da Normal.

② As condições suficientes para identificar a consistência de um estimador são baseadas na Lei dos Grandes Números.

③ Em n repetições independentes de um experimento, se f_A é a frequência relativa da ocorrência de A, então $P\{|f_A - P| < \varepsilon\} \leq 1 - \dfrac{P(1-P)}{n\varepsilon^2}$, em que P é a probabilidade constante do evento A e ε é qualquer número positivo.

④ Se uma variável aleatória X tem distribuição Binomial com parâmetros n = 20 e P = 0,5, então $P\{X \leq a\} \approx \Phi\left(\dfrac{a-10}{\sqrt{5}}\right)$ em que $\Phi(\bullet)$ é a função de distribuição Normal padrão.

Resolução:

(0) Verdadeira. Neste caso, X é chamada uma v.a. degenerada, pois toda massa de probabilidade está concentrada em um ponto que, logicamente, será a média. Aplicando a Desigualdade de Tchebycheff:

$$P\left[|x-\mu| \geq k\sigma\right] \leq \frac{1}{k^2}$$

Denotando $k = \frac{\varepsilon}{\sigma}$, teremos:

$$P\left[|x-\mu| \geq \varepsilon\right] \leq \frac{\sigma^2}{\varepsilon}$$

Como a variância é nula:
$P[|x - \mu| \geq \varepsilon] \leq 0$

Como a probabilidade não pode ser negativa:
$P[|x - \mu| \geq \varepsilon] = 0$

ou

$P[|x - \mu| < \varepsilon] = 1$

ou seja, para qualquer ε positivo, a probabilidade de que X esteja distanciado de μ por ε é igual a 1. Então, para um ε bem pequeno, X terá probabilidade igual a 1 de ser igual a μ.

(1) Falsa. Seja X a variável aleatória com distribuição populacional igual a χ_v^2. Uma das versões do Teorema do Limite Central (TLC) afirma que, para uma amostra aleatória de variáveis aleatórias independentes $X_1,...,X_n$, com a mesma distribuição, vale:

$$\frac{\sum_i^n X_i - n\mu}{\sqrt{n\sigma^2}} \xrightarrow{d} N(0,1),$$

ou, ainda, manipulando o lado esquerdo:

$$\frac{\bar{X} - \mu}{\sigma/\sqrt{n}} \xrightarrow{d} N(0,1),$$

com $\bar{X} = \sum_i^n X_i / n$. A relação acima diz que a expressão do lado esquerdo se aproxima de uma Normal padronizada, conforme $n \to \infty$. Assim, para uma amostra grande o suficiente, podemos dizer que vale aproximadamente:

$$\frac{\overline{X}-\mu}{\sigma/\sqrt{n}} \approx N(0,1),$$

ou, ainda, manipulando o lado esquerdo:

$$\overline{X}-\mu \approx N(0,\sigma^2/n)$$
$$\overline{X} \approx N(\mu,\sigma^2/n).$$

Assim, o TLC não implica que a distribuição da amostra aleatória (X_i) é aproximadamente normal, mas sim a média de tal amostra $(\overline{X}=\sum_i^n X_i/n)$.

Observação: Poderíamos dizer apenas que a variável aleatória $\sqrt{2X}-\sqrt{2(v-1)} \approx N(0,1)$ quando v, graus de liberdade, é grande, onde $X \sim \chi_v^2$.

(3) Falsa. O sinal da probabilidade está invertido. Seria válido se:

$$P\{|f_A - P| < \varepsilon\} \geq 1 - \frac{P(1-P)}{n\varepsilon^2}.$$

Observação: Uma forma mais completa de se entender este item é que: Sejam n repetições independentes de um experimento e seja X o número de vezes que ocorre o evento A (sucesso). Seja f_A a frequência relativa que este evento ocorre. A média e a variância da v.a. X será $E(X) = np$ e $Var(X) = np(1-p)$.

Caso a v.a. seja $f_A = \frac{X}{n}$, ou seja, não seja mais o número de vezes que A ocorre mas sua frequência relativa, então $E(f_A) = E\left(\frac{X}{n}\right) = \frac{E(X)}{n} = \frac{nP}{n} = P$ e $Var(f_A) = Var\left(\frac{X}{n}\right) = \frac{1}{n^2} nP(1-P) = \frac{P(1-P)}{n}$.

A probabilidade populacional deste evento A ocorrer será P. Então, pela equação da Desigualdade de Tchebycheff teremos:

$$P\left[|f_A - p| \geq \varepsilon\right] \leq \frac{P(1-P)}{n\varepsilon^2}$$

ou

$$P\left[|f_A - p| \leq \varepsilon\right] \geq 1 - \frac{P(1-P)}{n\varepsilon^2}$$

Questão 14

Uma companhia de seguros tem 400 segurados de certo tipo. O prêmio do seguro é R$ 1.000,00 por ano. Caso ocorra um sinistro, a seguradora indenizará R$ 8.000,00 a cada acidentado. Sabe-se que a probabilidade de ocorrência de sinistro é 0,1 por ano. Os custos fixos da seguradora são de R$ 8.000,00 por ano. Qual a probabilidade da seguradora ter prejuízo em um certo ano? (Ignore o fator de correção para continuidade, multiplique sua resposta por 100 e transcreva a parte inteira do número encontrado).

Resolução:

A v.a. neste exercício será o lucro (π) que é uma função da quantidade de sinistros (x), que segue uma distribuição binomial com probabilidade 0.1. Como a quantidade de segurados (repetição do experimento) é grande, podemos utilizar a distribuição normal. O lucro será:

$\pi(x) = $ Receita $-$ Custo Fixo $-$ Custo Variavel

$\qquad 1000 \cdot 400 - 8000 - 8000x$

$\qquad = 400000 - 8000 - 8000x$

A média de sinistros será:
$E[x] = np = 40$
O lucro esperado (média) será:
$E[\pi] = 400000 - 8000 - 8000 \cdot E[x]$
$\qquad = 400000 - 8000 - 8000 \cdot 40$
$\qquad = 72000$

A variância dos sinistros será:
$Var[x] = np(1-p) = 36$

A variância do lucro será:
$Var[\pi] = (8000)^2 \, Var[x]$
$\qquad = (8000)^2 36$

A probabilidade de se ter prejuízo (lucro <0) será:

$$P[\pi < 0] = P\left[\frac{\pi - E[\pi]}{\sqrt{Var(\pi)}} < \frac{0 - 72000}{\sqrt{(8000)^2 \, 36}}\right]$$

$$= P\left[z < \frac{-72000}{8000 \cdot 6}\right] = P[z < -1.5]$$

$$= 0.0668$$

Ou seja, multiplicando a resposta 0.0668 por 100, teremos 6.68, e a parte inteira será igual a 6.

Questão 15

Quantas vezes ter-se-á de jogar uma moeda equilibrada de forma a se ter pelo menos 95% de certeza de que a frequência relativa do resultado "cara" fique a menos de 0,01 da probabilidade teórica 1/2, ou seja, de maneira que a amplitude do intervalo de confiança da probabilidade teórica seja 0,02? (Utilize o Teorema de Tchebycheff. Divida a resposta por 1.000 e transcreva a parte inteira do número encontrado).

Resolução:

Utilizando a forma da desigualdade de Tchebycheff do item 3, questão 6, deste mesmo ano, temos:

$$P\left[|f_c - p| < \varepsilon\right] \geq 1 - \frac{p(1-p)}{n\varepsilon^2} = 0.95$$

Pelos dados do enunciado: $\varepsilon = 0.01$ e $p = 1/2$. Assim temos:

$$1 - \frac{0.25}{n \frac{1}{10000}} = 0.95$$

$$\frac{5}{100} = \frac{25}{100} \cdot \frac{10000}{n}$$

$$n = 50000$$

ou seja, dividindo a resposta 50000 por 1000 obteremos 50.

PROVA DE 2003

Questão 11

O número de clientes – Y – que passa diariamente pelo caixa de um supermercado foi observado durante certo período. Constatou-se que o valor médio de Y é de 20 clientes, com desvio padrão igual a 2. Encontre o limite mínimo para a probabilidade de que o número de clientes amanhã se situe entre 16 e 24. (Pista: Utilize o Teorema de Tchebycheff). Multiplique o resultado por 100.

Resolução:

Para resolver esta questão utilizaremos novamente Tchebycheff:

$$P\left[|Y - \mu| < k\sigma\right] \geq 1 - \frac{1}{k^2}.$$

Pelos dados do enunciado $\mu = 20$ e $\sigma = 2$. Deseja-se que Y esteja entre 16 e 24. Note que:

$16 \leq Y \leq 24$

$-4 \leq Y - 20 \leq 4$

$|Y - 20| = |Y - \mu| \leq 4$

Assim deseja-se:

$$P\left[|Y - \mu| < 4\right] \geq 1 - \frac{1}{k^2}$$

Para que $k\sigma = 4$, k deve ser igual a 2. Portanto:

$$1 - \frac{1}{k^2} = \frac{3}{4} \xrightarrow{\times 100} 75$$

ou seja, multiplicando o resultado 3/4 por 100, obtemos 75.

PROVA DE 2004

Questão 12

Suponha que $x_1, x_2, \ldots, x_{32}$ sejam 32 variáveis aleatórias independentes, cada uma delas tendo distribuição de Poisson com $\lambda = 8$. Empregando o teorema do limite central, estime a probabilidade de que a média amostral seja $\bar{x} \leq 9$. Use a tabela da distribuição Normal Padrão anexa. Multiplique o resultado por 100 e transcreva a parte inteira.

Resolução:

Pelo TLC, podemos dizer que vale aproximadamente:

$$\overline{X} \approx N\left(\mu, \frac{\sigma^2}{n}\right)$$

Substituindo a média e variância de Poisson (que são iguais), obtemos:

$$\overline{X} \approx N\left(\lambda, \frac{\lambda}{n}\right) = N\left(8, \frac{8}{32}\right) = N\left(8, \frac{1}{4}\right)$$

Assim:

$$P(\overline{X} < 9) = P\left(\frac{\overline{X} - \mu}{\sigma} < \frac{9-8}{\sqrt{1/4}}\right)$$

$$z = \frac{\overline{X} - \mu}{\sigma}$$

$$P(z < 2) = 1 - P(z \geq 2)$$

$$= 1 - 0.0228$$

$$= 0{,}9772,$$

ou seja, multiplicando o resultado 0.9772 por 100 obtemos 97.72, cuja parte inteira é igual a 97.

Questão 13

Suponha que $x_1, x_2, \ldots, x_n$ sejam variáveis aleatórias independentes, identicamente distribuídas, com média $E(x_i) = \mu$ (i = 1,2,3,...n) e variância $\sigma^2 = 10$. Utilizando a Lei dos Grandes Números responda à questão. Qual deverá ser o valor de n de modo que possamos estar 95% seguros de que a média amostral $\overline{x}$ difira da média μ por menos de 0,1? Divida o resultado final por 1000.

Resolução:

Apesar do enunciado dizer que deve-se utilizar a Lei dos Grandes Números (LGN), deve-se lembrar que uma das versões da LGN pode ser derivada a partir da Tchebycheff, tomando o limite para n tendendo ao infinito. Assim, vamos utilizar tal desigualdade. Como X_i tem média μ e variância $\sigma^2 = 10$, note que $E(\overline{X}) = E\left(\frac{1}{n}\sum_{i=1}^{n} X_i\right) = \frac{1}{n} n\mu = \mu$. E $Var(\overline{X}) = Var\left(\frac{1}{n}\sum_{i=1}^{n} X_i\right) = \frac{1}{n^2} Var\left(\sum_{i=1}^{n} X_i\right) = \frac{1}{n^2} n\sigma^2 = \frac{\sigma^2}{n}.$

Seja a Desigualdade de Tchebycheff:

$$P\left[|\overline{X}-\mu|<k\frac{\sigma}{\sqrt{n}}\right]\geq 1-\frac{1}{k^2}.$$

Para facilitar, denote $\varepsilon = k\frac{\sigma}{\sqrt{n}}$. Assim:

$$P\left[|\overline{X}-\mu|\leq\varepsilon\right]\geq 1-\frac{\sigma^2}{\varepsilon^2 n}=0.95.$$

Assim, para $\varepsilon = 0.1 = \frac{1}{10}$, $\sigma^2 = 10$ temos:

$$P\left[|\overline{X}-\mu|\leq 0.1\right]\geq 1-\frac{10}{\frac{1}{100}n}=\frac{95}{100}$$

$$\Rightarrow \frac{1000}{n}=\frac{5}{100}$$

$$n = 1000\cdot\frac{100}{5}=20.000,$$

ou seja, após dividir o resultado por 1000 obtemos o valor 20.

PROVA DE 2005

Questão 5

São corretas as afirmativas:

⓪ Uma variável aleatória X tem média zero e variância 36. Então, pela desigualdade de Tchebycheff, $P(|X|\geq 10) \leq 0,36$.

① Pela Lei dos Grandes Números a distribuição da média amostral de n variáveis aleatórias independentes, para n suficientemente grande, é aproximadamente Normal.

② O estimador de um determinado parâmetro é dito consistente se convergir, em probabilidade, para o valor do parâmetro verdadeiro.

③ A Lei dos Grandes Números está relacionada com o conceito de convergência em probabilidade, enquanto que o Teorema Central do Limite está relacionado com convergência em distribuição.

④ Um estimador é dito não tendencioso se a sua variância for igual à variância do parâmetro estimado.

Resolução:

(0) Verdadeira. Pela desigualdade de Tchebycheff:

$$P\left[|X-\mu|\geq k\sigma\right]\leq\frac{1}{k^2}$$

Para $k\sigma = 10$ e $\mu = 0$ temos:

$$P\left[|X| \geq 10\right] \leq \frac{1}{k^2}$$

Para $k\sigma = 10$, k será:
$k\sigma = 10$
$k6 = 10$
$k = \dfrac{10}{6}$

Assim:
$$\frac{1}{k^2} = \frac{36}{100} = 0.36.$$

Logo:
$P[|X| \geq 10] \leq 0.36.$

(1) Falsa. Esta afirmação refere-se ao TLC.

(3) Verdadeira. Pela definição de ambos.

Questão 13

Seja $X_1, X_2, X_3, \ldots X_{64}$ uma amostra aleatória independente da variável X, que segue distribuição de probabilidade exponencial, com função densidade $f(x) = 2e^{-2x}$, para $x > 0$ e zero fora desse intervalo.

Usando o Teorema Central do Limite e a tabela da distribuição Normal, anexa, calcule a probabilidade de que a média amostral $\overline{X}$ seja maior que ou igual a 0,5. (Multiplique o resultado por 100).

Resolução:

A média desta exponencial será $\dfrac{1}{2}$ e a variância $\dfrac{1}{4} = 0.25$. A média amostral, segundo o TLC, terá distribuição aproximadamente normal, ou seja,

$$\overline{X} \approx N\left(\mu, \frac{\sigma^2}{n}\right) = N\left(\frac{1}{2}, \frac{0.25}{64}\right)$$

Pede-se:

$$P(\overline{X} \geq 0.5) \cong P\left(\frac{\overline{X}-\mu}{\sigma/\sqrt{n}} \geq \frac{0.5-0.5}{\frac{0.25}{64}}\right)$$
$$= P(z \geq 0)$$

$P(z \geq 0) = 0.5,$

ou seja, multiplicando o resultado 0.5 por 100 obtemos 50.

PROVA DE 2006

Questão 5

São corretas as afirmativas:

(0) O Teorema de Tchebycheff é útil para se calcular o limite inferior para a probabilidade de uma variável aleatória com distribuição desconhecida quando se tem apenas a variância da população.

(1) Um estimador não tendencioso pode não ser consistente.

(2) Um estimador consistente pode não ser eficiente.

(3) Sejam $Y_1,...,Y_n$ variáveis aleatórias independentes com média μ e variância finita. Pela Lei dos Grandes Números, $E(m) = \mu$, em que $m = \frac{1}{n}\sum_{i=1}^{n} Y_i$.

(4) Sejam $Y_1,...,Y_n$ variáveis aleatórias independentes com média μ e variância finita. Pelo Teorema do Limite Central, a distribuição da média amostral m converge para uma distribuição Normal.

Resolução:

(0) Falsa. É necessário saber também a média.

(3) Falsa. $E(m) = \mu$ é válido pela própria propriedade da esperança, ou seja, $E(m) = E\left(\frac{1}{n}\sum_i^n Y_i\right) = \frac{1}{n}n\mu = \mu$.

(4) Falsa. O TLC mais geral (MEYER, 1983, p. 292) não exige que as variáveis aleatórias tenham a mesma distribuição, apenas que sejam independentes. Assim, seja $\{Y_i\}_{i=1}^n$ uma sequência de v.a. **independentes** com $E(Y_i) = \mu_i$ e $Var(Y_i) = \sigma_i^2$. Seja $Y = \sum_i^n Y_i$. O TLC afirma que:

$$Z_n = \frac{Y - \sum_i^n \mu_i}{\sqrt{\sum_i^n \sigma_i^2}} \xrightarrow{d} N(0,1).$$

A convergência em distribuição é caracterizada pela convergência das funções distribuições (ou funções distribuições acumuladas, f.d.a.). Assim, a expressão acima diz que o limite da f.d.a. de Z_n, quando n tende para o infinito, é igual à f.d.a. de uma Normal padronizada.

Outras formas de se escrever a expressão acima é:

$$\frac{\sum_i^n Y_i - \sum_i^n \mu_i}{\sqrt{\sum_i^n \sigma_i^2}} \xrightarrow{d} N(0,1) \text{ ou}$$

$$\frac{n\overline{Y} - n\overline{\mu}}{\sqrt{n\overline{\sigma^2}}} \xrightarrow{d} N(0,1) \text{ ou}$$

$$\frac{(\overline{Y} - \overline{\mu})}{\sqrt{\frac{\overline{\sigma^2}}{n}}} \xrightarrow{d} N(0,1),$$

nas quais $\overline{\mu} = \sum_i^n \mu_i / n$ e $\overline{\sigma^2} = \sum_i^n \sigma_i^2 / n$ são a média das médias e variâncias das variáveis aleatórias. No caso do item, as variáveis aleatórias têm a mesma média e variância. Assim:

$\overline{\mu} = \sum_i^n \mu_i / n = \sum_i^n \mu / n = n\mu / n = \mu$

$\overline{\sigma^2} = \sum_i^n \sigma_i^2 / n = \sum_i^n \sigma^2 / n = n\sigma^2 / n = \sigma^2$

Assim, o TLC afirma, para o caso deste item, que:

$$\frac{(\overline{Y} - \overline{\mu})}{\sqrt{\frac{\sigma^2}{n}}} \xrightarrow{d} N(0,1).$$

O item afirma que a média amostral (m = $\overline{Y}$) segue uma distribuição Normal. O erro aqui é bem sutil. O que o TLC afirma é que o lado esquerdo da expressão acima (e não a média amostral) converge para uma distribuição Normal quando n tende para o infinito.

Observação: O que poderíamos dizer é que, a partir da expressão acima, $\overline{Y}$ segue **aproximadamente** uma Normal para um n grande, ou seja:

$\overline{Y} \approx N(\mu, \sigma^2 / n)$.

Questão 14

O tempo de utilização de um telefone celular durante um dia qualquer é uma variável aleatória Normal, com média desconhecida e desvio padrão de 10 minutos. Por quantos dias se deve anotar os tempos de utilização do celular para que o intervalo de confiança de 95% para a média tenha amplitude de 2 minutos? Transcreva para a folha de respostas apenas a parte inteira do resultado.

Resolução:

Essa questão foi anulada.

Calculando o IC, teremos:

$$IC = \left[\bar{x} \pm 1.96 \frac{\sigma}{\sqrt{n}} \right]$$

A amplitude de todo o intervalo deve ser de 2 minutos. Assim, devemos ter que:

$$1.96 \frac{\sigma}{\sqrt{n}} = 1 \Rightarrow 1.96\sigma = \sqrt{n} \Rightarrow (1.96\sigma)^2 = n \Rightarrow n = (1.96 \cdot 10)^2 \approx 384.16$$

Então, a parte inteira do resultado seria 384. Por isso, a questão foi anulada.

PROVA DE 2007

Questão 11

Julgue as afirmativas:

- ⓪ O valor p de um teste de hipótese é a probabilidade de a hipótese nula ser rejeitada.
- ① O poder de um teste de hipótese é a probabilidade de se rejeitar corretamente uma hipótese nula falsa.
- ② Considere n variáveis aleatórias independentes. Pela Lei dos Grandes Números, quando n cresce, a média amostral converge em distribuição para uma variável aleatória Qui-quadrada.
- ③ Pela desigualdade de Chebyshev, a probabilidade mínima de que o valor de uma variável aleatória X esteja contido no intervalo $\mu \pm \sigma h$ é $1-1/h^2$.
- ④ Se duas variáveis aleatórias X e Y têm covariância nula, então elas são independentes.

Resolução:

(2) Falsa. Por dois motivos: (i) Para aplicarmos a LGN as variáveis devem ser *iid*, ou seja, faltou dizer que são identicamente distribuídas, e (ii) a média amostral converge em probabilidade para a média populacional.

(3) Verdadeira. Pela Tchebycheff, observe que:

$$P\left[\left|\overline{X}-\mu\right|<h\sigma\right]\geq 1-\frac{1}{h^2}$$

$$P\left[-h\sigma<\overline{X}-\mu<h\sigma\right]\geq 1-\frac{1}{h^2}$$

$$P\left[\mu-h\sigma<\overline{X}<\mu+h\sigma\right]\geq 1-\frac{1}{h^2}$$

(4) Falsa. O inverso é válido, ou seja, duas variáveis aleatórias independentes têm covariância nula. A afirmação só seria válida se X e Y fossem distribuídas segundo uma normal bivariada.

PROVA DE 2008

Questão 3

Sejam $X_1, X_2, \ldots X_n$ n variáveis aleatórias independentes, igualmente distribuídas, com distribuição Poisson dada por $p_x(x)=\begin{cases}\dfrac{e^\lambda \lambda^x}{x!}, & x=0,1,2,\ldots \\ 0, & \text{caso contrário}\end{cases}$.

Julgue as afirmativas:

⓪ Pela Lei dos Grandes Números $T=\dfrac{1}{n}\sum_{i=1}^{n}X_i$ aproxima-se da distribuição Normal quando n tende para o infinito.

① Suponha que $n>5$. $T=\dfrac{1}{5}\sum_{i=1}^{5}X_i+\dfrac{1}{n-5}\sum_{i=6}^{n}X_i$ é um estimador consistente de $E(X_i)$.

② $T=\left(\dfrac{1}{n}\sum_{i=1}^{n}X_i\right)^2-\dfrac{1}{n}\sum_{i=1}^{n}X_i$ é um estimador tendencioso de λ^2.

③ Pelo Teorema Central do Limite, $T=\dfrac{1}{n}\sum_{i=1}^{n}X_i$ é um estimador consistente de $V(X_i)$.

④ $T=\dfrac{1}{n}\sum_{i=1}^{n}X_i$ é o estimador de máxima verossimilhança do parâmetro λ.

Resolução:

(0) Falsa. É pelo TLC que a média se aproxima da Normal quando n tende para o infinito, ou seja,

$T \approx N(\lambda, \lambda / n)$

PROVA DE 2009

Questão 8

Verifique se as afirmativas abaixo são verdadeiras:

(0) Em uma pesquisa de opinião a proporção de pessoas favoráveis a uma determinada medida governamental é dada por $\hat{p} = \sum X_i/n$. O menor valor de n para o qual a desigualdade de Tchebycheff resultará em uma garantia que $P(|\hat{p}-p| \geq 0{,}01) \leq 0{,}01$ é 200.000.

(1) Quando o número de graus de liberdade δ cresce, a distribuição χ_δ^2 aproxima-se de uma distribuição normal com média δ e desvio padrão 2δ.

(2) Um intervalo de confiança de 99% para a média μ de uma população, calculado para uma amostra aleatória, como [2,75;8,25], pode ser interpretado como: a probabilidade de μ estar no intervalo calcular é de 99%.

(3) Seja $X_1, X_2, ..., X_n$ uma amostra aleatória simples proveniente de uma população com distribuição de Pareto cuja função de densidade é dada por $f(x) = \theta(1+x)^{-(\theta+1)}$, $0 < x < \infty, \theta > 1$. Então o estimador de máxima verossimilhança para θ é $\dfrac{n}{\sum \log(1+x_i)}$.

(4) Se existente, todo estimador de máxima verossimilhança calculado para uma amostra aleatória possui distribuição Normal em grandes amostras.

Resolução:

(0) Falsa. Lembrando que a variância da proporção é:

$$Var(\hat{p}) = \frac{1}{n^2} Var\left(\sum_{i=1}^{n} X_i\right) = \frac{1}{n^2} n\sigma^2 = \frac{\sigma^2}{n} = \frac{p(1-p)}{n}$$

Logo:

$$P\left[|\hat{p} - \mu| \geq k\frac{\sigma}{\sqrt{n}}\right] \leq \frac{1}{k^2}$$

Assim:

$\dfrac{1}{k^2} = 0.01$

$k = 10$

$$k\frac{\sigma}{\sqrt{n}} = 0.01$$

$$\frac{\sigma}{\sqrt{n}} = \frac{1}{1000}$$

$$\frac{\sqrt{p(1-p)}}{\sqrt{n}} = \frac{1}{1000}$$

$$n = p^2(1-p)^2(1000)^2,$$

onde p é a probabilidade de uma pessoa ser favorável a uma determinada medida governamental. Para termos $n = 200000$ dependerá de p. Assumindo que $p = \frac{1}{2}$, valor que torna a variância máxima (cenário mais conservador), temos que

$$n = p^2(1-p)^2(1000) = \left(\frac{1}{2}\right)^2\left(\frac{1}{2}\right)^2 1000000 = \frac{1000000}{16} = 62500.$$

(1) Falsa. O TLC não vale para aproximar a χ_δ^2 para a normal, visto que ela é o quadrado de normais padronizadas. A aproximação que podemos afirmar é que:

Para $\delta \geq 30$, a v.a. $\sqrt{2Y} - \sqrt{(2\delta-1)} \approx N(0,1)$, onde $Y \sim \chi_\delta^2$.

PROVA DE 2010

Questão 4

Responda se verdadeiro ou falso:

◎ A diferença entre as medianas de uma distribuição $F_{(a,b)}$ e de uma distribuição χ_a^2 diminui à medida que $b \to \infty$.

① O Teorema Central do Limite justifica a afirmação: "Seja T uma variável aleatória, tal que $T \sim t_{k-1}$, em que t representa uma distribuição t de Student, com $k-1$ graus de liberdade, em que k é fixo. Então T converge em distribuição para uma Normal Padrão".

② Sejam $s_1^2 = \sum_{i=1}^{n}(x_i - \bar{x})^2/n$ e $s_2^2 = \sum_{i=1}^{n}(x_i)^2/n$. Ambos estimadores podem ser demonstrados consistentes para σ^2, supondo uma amostra aleatória de $X \sim N(\mu, \sigma^2)$.

③ Uma moeda justa foi jogada 300 vezes e observou-se cara em 188 destas. A Lei dos Grandes Números justifica a afirmação: P(cara na 301ª jogada | 188 caras em 300 jogadas) < 0,5.

④ Se um estimador convergir em média quadrática para o parâmetro, ele será consistente (convergirá em probabilidade para o parâmetro).

Resolução:

(1) Falso. Para que t_{k-1} convirja para $N(0,1)$, K precisa tender para o infinito, independentemente do Teorema do Limite Central.

(3) Falso. As jogadas de uma moeda justa são independentes. Então:
Pr(*Cara na* 301ª *jogada* | 188 *caras em* 300 *jogadas*) = Pr(*Cara na* 301ª *jogada*) = 1/2

ou seja, como os eventos (jogadas) são independentes, ter ocorrido 188 caras nas jogadas anteriores não afeta a probabilidade do evento cara na 301ª jogada.

Questão 5

São corretas as afirmativas:

- ⓪ Considere dois estimadores não tendenciosos, $\hat{\theta}_1$ e $\hat{\theta}_2$, de um parâmetro θ. $\hat{\theta}_1$ é eficiente relativamente a $\hat{\theta}_2$ se var$(\hat{\theta}_1)$ < var$(\hat{\theta}_2)$;
- ① Um estimador $\hat{\theta}$ de um parâmetro θ é consistente se $\hat{\theta}$ converge em probabilidade para θ;
- ② Um estimador $\hat{\theta}$ de um parâmetro θ é consistente se, e somente se, $\hat{\theta}$ é não viesado e a variância de $\hat{\theta}$ converge para 0 à medida que o tamanho da amostra tende ao infinito;
- ③ Suponha que $X_1, X_2, ..., X_{10}$ sejam variáveis aleatórias independentes e distribuídas de forma idêntica, e que $X_i \sim \chi_2^2, i = 1, 2...10$. Defina $\overline{X} = \sum_{i=1}^{10} X_i / 10$. Então $P(1 < \overline{X} < 3) = 0{,}55$;
- ④ Suponha que $X_1, X_2, ..., X_n$ sejam variáveis aleatórias independentes e identicamente distribuídas e que $X_i \sim$ Poisson(λ), $\forall i$. Seja $\overline{X} = \sum_{i=1}^{n} X_i / n$. À medida que $n \to \infty$, aproxima-se de uma distribuição normal padrão.

Resolução:

(3) Falsa. Note que:
$$\overline{X} = \frac{1}{10}(X_1 + X_2 + ... + X_{10})$$

Como $X_1,...,X_{10}$ são variáveis independentes que seguem uma distribuição χ_2^2, logo, a soma também seguirá uma Qui-quadrado
$$10\overline{X} \sim \chi_v^2,$$

cujos graus de liberdade será a soma dos graus de liberdade de cada X_i:
$v = 10 \cdot 2 = 20$.

Então, $E(10\overline{X}) = 20$ e $v(10\overline{X}) = 40$, o que implica que $E(\overline{X}) = 2$ e $v(\overline{X}) = 4$.

Assim, essa questão também pode ser feita usando o Teorema de Chebyshev.

$$P[1 < \bar{X} < 3] = P[-1 < \bar{X} - 2 < 1] = P[|\bar{X} - 2| < 1] \geq 1 - \frac{\sigma^2}{n} = 1 - \frac{4}{10} = 0.75.$$

Portanto, a afirmação é falsa.

(4) Verdadeira. Note primeiro que a média e a variância serão:

$$E(\bar{X}) = E\left(\sum_{i=1}^{n} \frac{X_i}{n}\right) = \frac{1}{n} E\left(\sum_{i=1}^{n} X_i\right) =$$

$$= \frac{1}{n} \sum_{i=1}^{n} E(X_i) = \frac{1}{n} n\lambda = \lambda$$

$$Var(\bar{X}) = Var\left(\sum_{i=1}^{n} \frac{X_i}{n}\right) = \frac{1}{n^2} Var\left(\sum_{i=1}^{n} X_i\right)$$

Como $X_i, i = 1,...,n$ são independentes, então: $Var\left(\sum_{i=1}^{n} X_i\right) = \sum_{i=1}^{n} Var(X_i) = n\lambda$. Assim:

$$Var(\bar{X}) = \frac{1}{n^2} n\lambda = \frac{\lambda}{n}.$$

Como cada $X_1 \sim Poisson(\lambda)$, independentes entre si, então qualquer combinação linear entre elas ainda seguirá uma Poisson, com parâmetros dados pela soma ponderada. Ou seja:

$$\bar{X} = \frac{1}{n} \sum_{i=1}^{n} X_i \sim Poisson\left(\frac{1}{n} \underbrace{(\lambda + ... + \lambda)}_{n \text{ termos}}\right)$$

$$\bar{X} \sim Poisson\left(\frac{1}{n} n\lambda\right)$$

$$\bar{X} \sim Poisson(\lambda)$$

Assim, pelo TLC, teremos que:

$$\frac{\bar{X} - \mu}{\sqrt{\sigma^2/n}} \xrightarrow{d} N(0,1)$$

onde, neste caso:

$$\mu = \sigma^2 = \lambda$$

PROVA DE 2011

Questão 4

São corretas as afirmativas:

⓪ Suponha que $X_1, X_2, \ldots, X_n$ sejam variáveis aleatórias independentes e identicamente distribuídas e que $X_i \sim N(\mu, \sigma^2)$. Então $\bar{x} = \sum_{i=1}^{n} x_i$ é um estimador eficiente de μ.

① Suponha que $X_1, X_2, \ldots, X_n$ sejam variáveis aleatórias independentes e identicamente distribuídas e que $X_i \sim N(\mu, \sigma^2)$. Então, se definirmos $\bar{x} = \sum_{i=1}^{n} x_i$ $P(|\bar{X} - \mu| > \varepsilon) \leq \frac{\sigma^2}{\varepsilon^2}$ *para* $\forall \varepsilon > 0$.

② Se um estimador $\hat{\theta}$ de um parâmetro θ é não viesado e a variância de $\hat{\theta}$ converge para 0 à medida que o tamanho da amostra tende a infinito, então $\hat{\theta}$ é consistente.

③ Suponha que $X_1, X_2, \ldots, X_n$ sejam variáveis aleatórias independentes e identicamente distribuídas e que $X_i \sim Poisson(\lambda), \forall i$. Seja $\bar{x} = \sum_{i=1}^{n} x_i$. Pela lei dos grandes números, à medida que $n \to \infty$, $\bar{X}$ converge para λ.

④ Suponha que $X_1, X_2, \ldots, X_n$ sejam variáveis aleatórias independentes e identicamente distribuídas e que $X_i \sim X_v^2$, $\forall i$. Seja $\bar{x} = \sum_{i=1}^{n} x_i$. À medida que $n \to \infty$, $(\bar{X} - v)/(\sqrt{2v/n})$ aproxima-se de uma distribuição normal padrão.

Resolução:

(1) Falsa (Discordância do Gabarito da Anpec). A expressão dada é exatamente a desigualdade de Tchebycheff, mas a variância de $\bar{X}$ é σ^2/n, ou seja, faltou n no denominador do lado direito.

(2) Verdadeira. Esta é uma propriedade decorrente da desigualdade de Tchebycheff. Para provarmos que um estimador é consistente, usando a desigualdade de Tchebycheff discutida acima, basta provar que

$$\lim_{n\to\infty} E\left(\hat{\theta}_n\right) = \theta$$

$$\lim_{n\to\infty} Var\left(\hat{\theta}_n\right) = 0,$$

na qual o subscrito n serve para destacar que o estimador depende do tamanho amostral. Como a afirmação diz que o estimador já é não viesado então:

$$\lim_{n\to\infty} E\left(\hat{\theta}_n\right) = \lim_{n\to\infty} \theta = \theta$$

ou seja, o limite de uma constante (parâmetro) é a própria constante. Esta propriedade já foi utilizada em provas anteriores, como no item 2, questão 4, de 2002.

(3) Verdadeira.

Pela LGN, à medida que n → ∞, então,

$\overline{X} \xrightarrow{p} \lambda$ ou

$\lim \Pr\left(\left|\overline{X} - \lambda\right| < \varepsilon\right) = 1$,

na qual λ é a média populacional. Note-se que seria mais correto afirmar que $\overline{X}$ converge em probabilidade, ao invés de simplesmente "converge". Ou seja, à medida que n → ∞, pela desigualdade de Tchebycheff, $\overline{X}$ vai se tornando uma variável aleatória degenerada igual a λ. Intuitivamente isto faz sentido, pois conforme n cresce, a amostra contempla mais elementos da população, aproximando-se da própria população. $\overline{X}$, que é a média amostral, torna-se cada vez mais próxima da média populacional.

(4) Verdadeira. Esta é uma aplicação do TLC, ou seja:

$$\frac{\overline{X} - \mu}{\sigma / \sqrt{n}} \xrightarrow{d} N(0,1)$$

onde $\mu = v$, $\sigma^2 = 2v$.

4 Inferência Estatística

PROVA DE 2002

Questão 4

Seja X uma variável aleatória com distribuição de probabilidade que dependa do parâmetro desconhecido θ, tal que $E(X) = \theta$. Seja também $x_1, x_2, ..., x_n$ uma amostra aleatória de X.

(0) Para amostras suficientemente grandes, o estimador de máxima verossimilhança de θ, caso exista, segue uma distribuição Normal.

(1) Se $\hat{\theta} = \sum_{i=1}^{n} c_i x_i$ é um estimador de θ, este não será viciado desde que $\sum_{i=1}^{n} c_i = 1$. Além do mais, $\hat{\theta}$ terá variância mínima se $c_i = 1/n$ para todo i.

(2) Se $\hat{\theta} = \frac{1}{n}\sum_{i=1}^{n} x_i$ é um estimador não viciado de θ, então $\hat{\theta}^2$ também será um estimador não viciado de θ^2.

(3) Se a variável aleatória X é uniformemente distribuída no intervalo $[0,\theta]$, com $\theta > 0$, então $\hat{\theta} = \frac{n+1}{n}$ máximo$[x_1, x_2, ..., x_n]$ não é um estimador consistente de θ.

(4) Se $\hat{\theta}_1$ e $\hat{\theta}_2$ são dois estimadores do parâmetro θ em que $E(\hat{\theta}_1) = \theta_1$ e $E(\hat{\theta}_2) \neq \theta_2$ mas $Var(\hat{\theta}_2) < Var(\hat{\theta}_1)$, então o estimador $\hat{\theta}_2$ deve ser preferível a $\hat{\theta}_1$.

Resolução:

(0) Verdadeiro. Uma das propriedades do Estimador de Máxima Verossimilhança (EMV) é que ele tem distribuição assintótica Normal.

(1) Verdadeiro. Primeiro vamos provar que $\hat{\theta}$ é não viesado, ou seja:

$$E(\hat{\theta}) = E\left(\sum_{i=1}^{n} c_i x_i\right) = \sum_{i=1}^{n} c_i E(x_i)$$
$$= \sum_{i=1}^{n} c_i \theta$$
$$= \theta \sum_{i=1}^{n} c_i = \theta \Leftrightarrow \sum_{i=1}^{n} c_i = 1$$

Em relação à variância, note que:

$$V(\hat{\theta}) = V\left(\sum_{i=1}^{n} c_i x_i\right) = \sum_{i=1}^{n} c_i^2 V(x_i)$$
$$= \sum_{i=1}^{n} c_i^2 \sigma^2 = \sigma^2 \sum_{i=1}^{n} c_i^2$$

, sob a hipótese de independência, aplicada na segunda igualdade.

Imagine que o valor que torna a variância mínima é dado por uma coleção de c_i, $i = 1,..., n$, tais que $c_i = \frac{1}{n} + b_i$, $b_i \neq 0$. Desta forma, como:

$$\sum_{i=1}^{n} c_i = \sum_{i=1}^{n} \frac{1}{n} + \sum_{i=1}^{n} b_i$$
$$= n \cdot \frac{1}{n} + \sum_{i=1}^{n} b_i$$
$$= 1 + \sum_{i=1}^{n} b_i, \text{ e } \sum_{i=1}^{n} c_i = 1,$$
$$= \sum_{i=1}^{n} b_i = 0$$

Tomando a soma dos quadrados, teremos $\sum_{i=1}^{n} c_i^2 = \sum_{i=1}^{n} \left(\frac{1}{n}\right)^2 + 2\left(\frac{1}{n}\right)\sum_{i=1}^{n} b_i + \sum_{i=1}^{n} b_i^2$.

Como $\sum_{i=1}^{n} b_i = 0$ e $\sum_{i=1}^{n} b_i^2$ é sempre positivo, temos que $c_i = \frac{1}{n}, i = 1,...n$, ou seja, $b_i = 0$ torna mínima a variância.

(2) Falso. Notem que:

$$E(\hat{\theta}^2) = E\left[\left(\frac{(\sum_i x_i)}{n}\right)^2\right]$$
$$= \frac{1}{n^2} E(\Sigma_i x_i)^2 \neq \frac{1}{n} \Sigma_i E(x_i)^2 = \theta^2$$

(3) Falso. Como X segue uma Uniforme, então cada observação de sua amostra aleatória X_i, $i = 1,...n$, também seguirá uma Uniforme, ou seja:

$X_i \sim U[0, \theta]$

Assim, a f.d.p. do máximo (LARSON 1982, p. 318) será dada por:

$$f(t) = \begin{cases} n\dfrac{x^{n-1}}{t^n}, & t \in [0,\theta] \\ 0, & c.c. \end{cases}$$

A esperança e a variância do estimador proposto são dados por:

$$E(\hat{\theta}) = \frac{n}{n+1}\theta ,$$

$$V(\hat{\theta}) = \left(\frac{n}{n+1} - \frac{n^2}{(n+1)^2}\right)\theta^2$$

tomando-se o limite das expressões acima, quando n vai ao infinito, temos que:

$$\lim_{n\to\infty} E(\hat{\theta}_n) = \theta \text{ e}$$
$$\lim_{n\to\infty} Var(\hat{\theta}_n) = 0$$

o que implica que o estimador proposto é consistente.

(4) Falso. No caso de um estimador ser não viesado e outro ser viesado, devemos utilizar o Erro Quadrático Médio (EQM), para comparar a performance entre ambos e decidir qual é preferível.

Questão 5

Indique se as seguintes considerações sobre a teoria dos testes de hipótese são verdadeiras (V) ou falsas (F).

◎ O erro do tipo II é definido como a probabilidade de não se rejeitar uma hipótese nula quando esta for falsa e o erro do tipo I é definido como a probabilidade de se rejeitar a hipótese nula quando esta for verdadeira.

① No teste de hipótese para proporções, se a variância da proporção populacional for desconhecida, a estatística t de Student com n-1 graus de liberdade (n é o tamanho da amostra) é a indicada para o teste.

② Num teste de hipótese bicaudal, o valor-p (ou valor de probabilidade) é igual a duas vezes a probabilidade da região extrema delimitada pelo valor calculado da estatística do teste.

③ Não se pode realizar um teste de hipótese para a variância populacional pois a estatística do teste, que segue uma distribuição Qui-quadrado com n -1 graus de liberdade (n é tamanho da amostra), não é simétrica.

④ No teste de hipótese para a média (H_0: $\mu = 0$ contra H_a: $\mu \neq 0$), ao nível de significância α, se o intervalo de confiança com 1-α de probabilidade não contiver $\mu = 0$, não se poderá rejeitar H_0.

Resolução:

(0) Verdadeira. São as definições de cada tipo de erro.

(1) Falsa. A distribuição indicada é a Normal através da aplicação do Teorema Central do Limite. Seria válido se afirmasse que a população segue uma Normal.

(2) Falsa. Seria verdadeiro se a estatística de teste fosse uma variável aleatória contínua. No caso de variáveis aleatórias discretas, tal afirmativa é inválida. Como exemplo, tome o teste para proporções com *n* pequeno, que se baseia na distribuição binomial.

(3) Falsa. A distribuição não precisa ser simétrica para se fazer testes de hipóteses baseados nela.

(4) Falsa. Se não contiver $\mu = 0$, então se poderá rejeitar H_0.

Questão 6

Indique se as seguintes considerações sobre a Lei dos Grandes Números, Desigualdade de Tchebycheff e Teorema do Limite Central são verdadeiras (V) ou falsas (F).

⓪ De acordo com a desigualdade de Tchebycheff, se a variância de uma variável aleatória X for muito próxima de zero, a maior parte da distribuição de X estará concentrada próxima de sua média.

① O teorema do Limite Central afirma que, para uma amostra grande o suficiente, a distribuição de uma amostra aleatória de uma população Qui-quadrado se aproxima da Normal.

② As condições suficientes para identificar a consistência de um estimador são baseadas na Lei dos Grandes Números.

③ Em n repetições independentes de um experimento, se f_A é a frequência relativa da ocorrência de A, então $P\{|f_A - P| < \varepsilon\} \leq 1 - \dfrac{P(1-P)}{n\varepsilon^2}$, em que P é a probabilidade constante do evento A e ε é qualquer número positivo.

④ Se uma variável aleatória X tem distribuição Binomial com parâmetros n = 20 e P = 0,5, então $P\{X \leq a\} \approx \Phi\left(\dfrac{a-10}{\sqrt{5}}\right)$ em que $\Phi(\bullet)$ é a função de distribuição Normal padrão.

Resolução:

(2) Verdadeira. As condições para se identificar a consistência de um estimador são dadas pela suas condições de convergência em probabilidade, que são basicamente as condições da Lei (Fraca) dos Grandes Números.

PROVA DE 2003

Questão 2

Sejam: $X_1, X_2, ..., X_n$ variáveis aleatórias independentes e normalmente distribuídas com média μ e variância σ^2; $\overline{X} = n^{-1}\sum_{i=1}^{n} X_i$; e $Z = \sum_{i=1}^{n} Y_i^2$, em que $Y_i = \sigma^{-1}(X - \mu)$. É correto afirmar que:

⓪ $\overline{X}$ é um estimador tendencioso da média μ.

① Z é uma variável aleatória com distribuição χ^2 com n graus de liberdade.

② $s^2 = n^{-1}\sum_{i=1}^{n}(X_i - \overline{X})^2$ é um estimador tendencioso da variância σ^2.

③ $n\overline{X}$ é uma variável aleatória normalmente distribuída com média $n\mu$ e variância σ^2.

④ a variável aleatória $W_i = \dfrac{Y_i}{\sqrt{\dfrac{Z}{n}}}$ possui distribuição F com n_1 e n_2 graus de liberdade, em que $n_1 = 1$ e $n_2 = 2n$.

Resolução:

(0) Falso. Veja o item 1, questão 4, da prova da Anpec de 2002.

(1) Verdadeiro. Por equivalência de distribuições, a soma de normais padronizadas ao quadrado é uma Qui-quadrado, com os graus de liberdade sendo igual ao número de Normais somadas (no caso do item, seria n).

(2) Verdadeiro. Seja o estimador:
$$s^2 = \dfrac{1}{n}\sum_{i=1}^{n}(X_i - \overline{X})^2$$

Reformulando-o:

$$s^2 = \frac{1}{n}\sum_{i=1}^{n}(X_i - \bar{X})^2 = \frac{1}{n}\sum_{i=1}^{n}(X_i - \bar{X} - \mu + \mu)^2$$

$$= \frac{1}{n}\sum_{i=1}^{n}\left((X_i - \mu) + (\mu - \bar{X})\right)^2$$

$$= \frac{1}{n}\left(\sum_{i=1}^{n}\left[(X_i - \mu)^2 + 2(\mu - \bar{X})(X_i - \mu) + (\mu - \bar{X})^2\right]\right)$$

$$= \frac{1}{n}\left(\sum_{i=1}^{n}(X_i - \mu)^2 + \sum_{i=1}^{n}2(\mu - \bar{X})(X_i - \mu) + \sum_{i=1}^{n}(\mu - \bar{X})^2\right)$$

$$= \frac{1}{n}\left(\sum_{i=1}^{n}(X_i - \mu)^2 + 2(\mu - \bar{X})\sum_{i=1}^{n}(X_i - \mu) + n(\mu - \bar{X})^2\right)$$

$$= \frac{1}{n}\left(\sum_{i=1}^{n}(X_i - \mu)^2 + 2(\mu - \bar{X})\left(\sum_{i=1}^{n}X_i - \sum_{i=1}^{n}\mu\right) + n(\mu - \bar{X})^2\right)$$

$$= \frac{1}{n}\left(\sum_{i=1}^{n}(X_i - \mu)^2 + 2(\mu - \bar{X})(n\bar{X} - n\mu) + n(\mu - \bar{X})^2\right)$$

$$= \frac{1}{n}\left(\sum_{i=1}^{n}(X_i - \mu)^2 + 2\left[-(\bar{X} - \mu)\right]n(\bar{X} - \mu) + n(\mu - \bar{X})^2\right)$$

$$= \frac{1}{n}\left(\sum_{i=1}^{n}(X_i - \mu)^2 - 2n(\bar{X} - \mu)^2 + n(\mu - \bar{X})^2\right)$$

$$= \frac{1}{n}\left(\sum_{i=1}^{n}(X_i - \mu)^2 - n(\bar{X} - \mu)^2\right)$$

Tomando sua esperança, temos:

$$E(s^2) = \frac{1}{n}E\left(\sum_{i=1}^{n}(X_i - \mu)^2 - n(\bar{X} - \mu)^2\right)$$

$$E(s^2) = \frac{1}{n}\left(\sum_{i=1}^{n}E(X_i - \mu)^2 - nE(\bar{X} - \mu)^2\right)$$

e sabemos que $E(X_i - \mu)^2 = Var(X_i) = \sigma^2$ e $E(\bar{X} - \mu)^2 = Var(\bar{X}) = \frac{\sigma^2}{n}$. Assim:

$$E(s^2) = \frac{1}{n}\left(n\sigma^2 - n\frac{\sigma^2}{n}\right)$$

$$= \frac{1}{n}(n-1)\sigma^2$$

Logo, tal estimador é viesado. Se fosse $\hat{\sigma}^2 = (n-1)^{-1}\sum_{i=1}^{n}(X_i - \overline{X})^2$ não seria tendencioso. Pois:

$$\hat{\sigma}^2 = \frac{1}{n-1}\sum_{i=1}^{n}(X_i - \overline{X})^2 = \frac{n}{n-1}\frac{1}{n}\sum_{i=1}^{n}(X_i - \overline{X})^2$$

$$\hat{\sigma}^2 = \frac{n}{n-1}s^2$$

onde $s^2 = \frac{1}{n}\sum_{i=1}^{n}(X_i - \overline{X})^2$. Tomando a esperança:

$$E(\hat{\sigma}^2) = \frac{n}{n-1}E(s^2) = \frac{n}{n-1}\frac{1}{n}(n-1)\sigma^2 = \sigma^2.$$

(3) Falso. Pelo TLC:

$$\overline{X} \approx N\left(\mu, \frac{\sigma^2}{n}\right)$$

$$n\overline{X} \approx N(n\mu, n\sigma^2)$$

(4) Falso. Seja Y_i uma Normal padronizada, Z uma Qui-quadrada, independentes entre si. Então W_i segue uma t-Student com n graus de liberdade. Poderíamos dizer que W_i^2 segue uma F com 1 e n graus de liberdade.

Questão 5

Com relação a testes de hipótese, é correto afirmar que:
- ⓪ O p-valor de um teste representa a probabilidade de aceitação da hipótese nula.
- ① O nível de significância de um teste é a probabilidade de se cometer o erro tipo I.
- ② A potência do teste é a probabilidade de se cometer o erro tipo II.
- ③ Em um modelo de regressão linear utiliza-se um teste bilateral para verificar se determinado coeficiente é estatisticamente diferente de zero.
- ④ O nível de significância de um teste de hipótese cresce com o tamanho da amostra.

Resolução:

(0) Falso. (Anulada pela Anpec.) Uma interpretação mais apropriada para o p-valor é: a probabilidade do valor da estatística de teste T assumir, sob a hipótese nula, um valor que ofereça tanto ou mais evidência contra a hipótese nula do que o valor observado da estatística na amostra.

(1) Verdadeiro, por definição.

(2) Falso. Poder de um teste é igual $1 - \beta$, onde $\beta = Pr$ (*Erro do tipo II*), ou seja, é a probabilidade de se rejeitar corretamente a hipótese nula.

(3) Verdadeiro. Por exemplo, um teste bastante utilizado para este fim é o teste t.

(4) Falso. O nível de significância do teste de hipóteses é sempre escolhido e fixado pelo pesquisador.

Observação: O que poderia ser dito além disso é que com o aumento da amostra podemos reduzir a probabilidade do erro tipo II (aumentando o poder do teste), sem precisar aumentar a probabilidade do erro tipo I (nível de significância).

PROVA DE 2004

Questão 2

Sejam X_1, X_2, ..., X_n variáveis aleatórias independentes e normalmente distribuídas com média μ e variância σ^2. Em relação ao teste de hipótese da média $H_0 : \mu = \mu_0$ contra $H_a : \mu < \mu_0$, são corretas as afirmativas:

- ⓪ Se o *p*-valor do teste for menor que o nível de significância, α, a hipótese H_0 deve ser rejeitada.
- ① Se a variância σ^2 for conhecida, a estatística do teste segue a distribuição t-Student. Caso contrário, a distribuição do teste será a Normal padrão.
- ② Dados os parâmetros da população: $\mu_0 = 50$ e $\sigma^2 = 900$, suponha que a média de uma amostra aleatória de tamanho 36 retirada desta população seja $\bar{X} = 47$. Neste caso, o nível de significância do teste, α, será igual a 0,2743.
- ③ A função-potência para este teste de hipótese será uma função decrescente da média μ.
- ④ Se a hipótese alternativa fosse $H_a : \mu > \mu_0$, ainda assim a função-potência seria decrescente com a média μ.

Resolução:

(0) Verdadeira. O nível de significância é o valor determinado pelo pesquisador, o qual toma como referência para comparar o p-valor calculado do teste

para rejeitar ou não a hipótese nula. Se o p-valor do teste for menor que o nível de significância, então a hipótese nula será rejeitada.

(1) Falsa. O contrário é válido. Ou seja, se a variância σ^2 for conhecida, a estatística do teste segue a distribuição Normal padrão. Caso contrário, a distribuição será a t-Student.

(2) Falsa. Primeiro notem que o teste pode ser escrito como:

$$\frac{(\overline{X}-\mu)}{\sigma/\sqrt{n}} = \frac{(47-50)}{30/6} = -0.6$$

E pela tabela da Normal, o valor da área acima deste valor crítico é 0.2743. Mas este é o p-valor. O nível de significância é sempre predeterminado pelo pesquisador.

(3) Verdadeira. Quanto maior a média, menor a probabilidade de rejeitar H_0, quando ela é falsa.

(4) Falsa. Neste caso, quanto maior a média, maior a potência.

Questão 6

Seja X uma variável aleatória normalmente distribuída com média μ e variância conhecida $\sigma^2 = 1$, da qual se obtém a amostra aleatória $X_1, X_2, ..., X_n$ (com n observações). É correto afirmar que:

- ⓪ A média amostral é uma variável aleatória normalmente distribuída com média μ e variância 1/n.
- ① A probabilidade de o intervalo de confiança $[\overline{X} - 1,96/\sqrt{n}, \overline{X} + 1,96/\sqrt{n}]$ conter a média da população, μ, é de 95%.
- ② A probabilidade de o intervalo de confiança $[\overline{X} - 1,96/\sqrt{n}, \overline{X} + 1,96/\sqrt{n}]$ conter a média amostral é de 95%.
- ③ O intervalo de 95% para a média populacional independe do tamanho da amostra.
- ④ Em um intervalo de confiança de 95% para a média populacional, μ, espera-se que, extraindo-se todas as amostras de mesmo tamanho dessa população, esse intervalo conterá μ 95% das vezes.

Resolução:

(0) Verdadeiro. Sabemos que:

$$E(\bar{X}) = E\left(\frac{\sum_{i=1}^{n} X_i}{n}\right) = \frac{1}{n} E\left(\sum_{i=1}^{n} X_i\right)$$

$$= \frac{1}{n} \sum_{i=1}^{n} E(X_i) = \frac{1}{n} n\mu = \mu.$$

E a variância:

$$Var(\bar{X}) = Var\left(\frac{\sum_{i=1}^{n} X_i}{n}\right) = \frac{1}{n^2} Var\left(\sum_{i=1}^{n} X_i\right)$$

$$\stackrel{X_i\text{'s independentes}}{=} \frac{1}{n^2} \sum_{i=1}^{n} Var(X_i) = \frac{1}{n^2} n\sigma^2 = \frac{\sigma^2}{n}$$

Como $\sigma^2 = 1$, então, neste caso $Var(\bar{X}) = 1/n$.

(1) Falso. Seja o estimador $\bar{X}$ da média populacional μ. Como as variáveis são normalmente distribuídas, sabemos que a distribuição de $\bar{X}$ é dada por:

$$\bar{X} \approx N\left(\mu, \frac{\sigma^2}{n}\right)$$

Assim:

$$\bar{X} - \mu \approx N\left(0, \frac{\sigma^2}{n}\right)$$

Então, podemos medir a probabilidade de se cometer erros de certos graus, ou seja:

$$P\left(\left|\frac{\bar{X} - \mu}{\frac{\sigma}{\sqrt{n}}}\right| < 1.96\right) = 0.95$$

que pode ser escrito como:

$$P\left(\bar{X} - 1.96 \frac{\sigma}{\sqrt{n}} < \mu < \bar{X} + 1.96 \frac{\sigma}{\sqrt{n}}\right) = 0.95$$

ou, neste caso de $\sigma^2 = 1$, teremos:

$$P\left(\overline{X}-1.96\frac{1}{\sqrt{n}} < \mu < \overline{X}+1.96\frac{1}{\sqrt{n}}\right) = 0.95$$

Importante: μ não é uma variável aleatória, mas um parâmetro. A interpretação correta da expressão acima é: se construíssemos uma quantidade grande de intervalos de confiança da forma $\left(\overline{X}-1.96\frac{1}{\sqrt{n}} < \mu < \overline{X}+1.96\frac{1}{\sqrt{n}}\right)$, todos com amostras de tamanho n, então 95% deles conteriam o parâmetro μ.

Ou, ainda, se repetíssemos a amostragem de n observações um número muito grande de vezes (infinito), em 95% dessas repetições o IC conteria o valor verdadeiro da média populacional.

A rigor, não podemos dizer que seria a probabilidade de que o intervalo, já construído, contenha μ. Pois, se ele já foi construído, ele contém ou não contém μ, e, assim, a probabilidade deste evento seria um ou zero, respectivamente.

(2) Falso. Além da explicação dada no item acima, que tornaria o item falso, note que o intervalo é construído a partir de $\overline{X}$, ou seja, ele sempre contém a média amostral. Assim, tal probabilidade seria igual a 1.

(3) Falso. Pelo intervalo de confiança mostrado no item 1, quanto maior n, menor o intervalo de confiança, pois n está no denominador da expressão da variância de $\overline{X}$.

(4) Verdadeiro. Veja a explicação do item 1.

Questão 8

Com respeito a inferência e estimação de parâmetros populacionais, é correto afirmar:

◎ Suponha que a variável X tenha distribuição exponencial com densidade $f(x) = \beta e^{-\beta x}$, $x > 0$. As estatísticas $\overline{X}$ e $mínimo[X_1, X_2,........, X_n]$ são estimadores não viciados de $1/\beta$, mas a segunda é preferível à primeira por apresentar menor variância.

① O valor esperado da estatística $\frac{1}{n}\sum_{i=1}^{n}(x_i - \overline{x})^2$ é igual a $(\frac{n-1}{n})\sigma^2$, em que σ^2 é a variância da população. Então, um estimador não tendencioso de σ^2 será $\frac{1}{n-1}\sum_{i=1}^{n}(x_i - \overline{x})^2$.

② Suponha que a variável aleatória x seja uniformemente distribuída no intervalo $[0, \beta]$, em que β é um parâmetro desconhecido. O estimador de máxima verossimilhança de β será $\hat{\beta} = mínimo[X_1, X_2,........, X_n]$.

③ Se dois intervalos de confiança que estão sendo comparados apresentam o mesmo coeficiente de confiança, então se deve preferir aquele que apresenta a maior amplitude.

④ Suponha que x tenha distribuição $N(\mu; \sigma^2)$ em que σ^2 seja desconhecido. O intervalo de confiança para a média da população, μ, será $P\{\bar{x} - z\frac{\sigma}{\sqrt{n}} \leq \mu \leq \bar{x} + z\frac{\sigma}{\sqrt{n}}\} = 2\Phi(z) - 1$ em que $\Phi(z)$ é a função de distribuição Normal padrão.

Resolução:

(0) Falso. Note que

$$E(\bar{X}) = \frac{1}{\beta}.$$

Segundo Larson (1982, p. 319-20), o mínimo de uma amostra aleatória exponencial segue também uma distribuição exponencial, mas com parâmetros $n\beta$ e não β. Logo, sua média será:

$$E\left(\min\{X_1,..,X_n\}\right) = \frac{1}{n\beta}$$

E as variâncias serão:

$$Var(\bar{X}) = \frac{\sigma^2}{n} = \frac{1/\beta^2}{n}.$$

$$Var\left(\min\{X_1,..,X_n\}\right) = \frac{1}{n\beta^2}.$$

Ou seja, ambas estatísticas têm a mesma variância, mas o mínimo da amostra é um estimador viciado para o parâmetro de interesse.

(1) Verdadeiro. Veja o item 2, questão 2, da prova da Anpec de 2003.

(2) Falso. Se tivéssemos o caso mais geral $X \sim U[a, b]$, então a função densidade seria:

$$f(x;a,b) = \frac{1}{b-a}$$

Para obtermos os EMV de *a* e *b* devemos maximizar tal função. Graficamente ela seria:

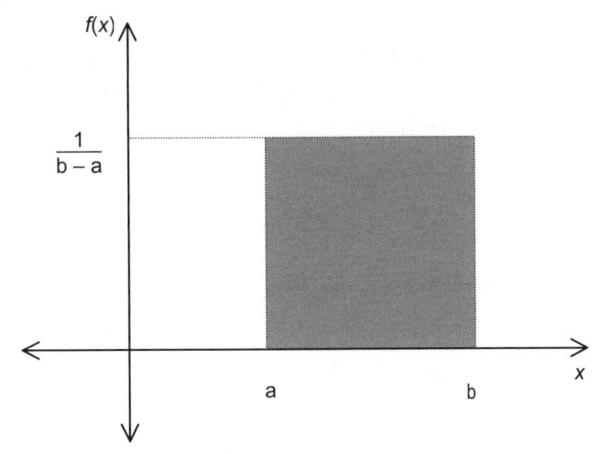

Os valores da amostra que têm maior chance de ser os extremos (a e b) são justamente o mínimo e o máximo obtidos da amostra, ou seja:

$\hat{a} = \min \{x_1,..., x_n\}$
$\hat{b} = \max \{x_1,..., x_n\}$

Para o caso específico do item, que temos a=0, o item é falso, pois deveríamos ter $\hat{\beta} = \max\{x_1,..., x_n\}$.

(3) Falso. É preferível o de menor amplitude, que é mais preciso.

(4) Falso. No caso da variância populacional σ^2 ser desconhecida, utiliza-se a t-Student.

PROVA DE 2005

Questão 4

Duas fábricas, A e B, produzem determinado tipo de lâmpada. Um comprador dessas lâmpadas decide verificar a origem de seu estoque. Para isso, seleciona uma amostra aleatória de 100 unidades (de seu estoque) e verifica a duração de cada uma delas. Se a duração média for maior do que 170 horas, conclui que a lâmpada foi fabricada pela empresa B; caso contrário, que a lâmpada veio da empresa A. Os dois fabricantes asseguram que a duração de suas lâmpadas segue distribuição Normal: a de A com média μ_A = 169 horas e a da B com média μ_B = 171 horas. As duas distribuições têm o mesmo desvio padrão σ = 10 horas. Usando a tabela da Normal padrão, anexa, julgue as afirmativas:

ⓞ A probabilidade do erro tipo I é 0,1587.
① A probabilidade do erro tipo II é diferente de 0,1587.

② A regra de decisão, ao nível de significância de 5%, será: se a duração média for maior que 170,64 horas, as lâmpadas foram fabricadas pela empresa B; do contrário, pela empresa A.
③ A probabilidade do erro do tipo II, para o nível de significância de 5%, é 0,70.
④ Para este teste de hipótese, a função poder do teste é crescente com a média μ, da distribuição sob a hipótese nula.

Resolução:

(0) Verdadeira. O erro do tipo I é rejeitar a hipótese nula quando esta é verdadeira. Dessa forma, tal probabilidade pode ser calculada como segue:

$$P(\bar{X} > 170 \mid \mu = \mu_A = 169) = P(\bar{X} - \mu_A > 170 - \mu_A \mid \mu = \mu_A = 169) =$$

$$P\left(\frac{\bar{X} - \mu_A}{\sigma/\sqrt{n}} > \frac{\bar{x} - 169}{\sigma/\sqrt{n}} \mid \mu = \mu_A = 169\right) = P\left(Z > \frac{\bar{X} - 169}{10/\sqrt{100}} \mid \mu = \mu_A = 169\right) =$$

$$P\left(Z > \frac{170 - 169}{10/10} \mid \mu = \mu_A = 169\right) = P(Z > 1 \mid \mu = \mu_A = 169) = 0{,}1587,$$

onde Z é a variável aleatória Normal padrão.

(1) Falsa. O erro do tipo II é a probabilidade de não rejeitar a hipótese nula quando ela é falsa. Dessa forma, esta probabilidade pode ser calculada como segue:

$$P(\bar{X} < 170 \mid \mu = \mu_B = 171) = P(\bar{X} - \mu_B < 170 - \mu_A \mid \mu = \mu_B = 171) =$$

$$P\left(\frac{\bar{X} - \mu_B}{\sigma/\sqrt{n}} < \frac{\bar{x} - 171}{\sigma/\sqrt{n}}\right) = P\left(\bar{Z} < \frac{\bar{x} - 171}{10/\sqrt{100}}\right) =$$

$$P\left(\bar{Z} < \frac{170 - 171}{10/10}\right) = P(\bar{Z} < -1 \mid \mu = \mu_A = 169) = 0{,}1587.$$

(2) Verdadeira. Esta região crítica pode ser determinada utilizando o erro do tipo I cuja probabilidade é dada como segue:

$0,05 = P(\bar{X} > \text{ponto crítico} \mid \mu = \mu_A = 169) = P(\bar{X} - \mu_A > \text{ponto crítico} - \mu_A \mid \mu = \mu_A = 169) =$

$$P\left(\frac{\bar{X} - \mu_A}{\sigma/\sqrt{n}} > \frac{\text{ponto crítico} - 169}{\sigma/\sqrt{n}}\right) = P\left(Z > \frac{\text{ponto crítico} - 169}{10/\sqrt{100}}\right) =$$

$P(Z > \text{ponto crítico} - 169).$

Igualando-se ponto crítico − 169 ao quantil de probabilidade 0,95 (note-se que 0,95 = 1 − 0,005 = 1 − $P(Z > q_{0,95})$, da normal padrão), temos

Ponto crítico = 169 + 1,64 = + 170,64.

Isto implica que a região crítica é R.C. = [170,64, ∞)

(3) Falsa. O erro do tipo II é a ação de não se rejeitar a hipótese nula quando esta é falsa. A probabilidade do erro do tipo II pode ser calculada como segue:

$P(\bar{X} < 170{,}64 \mid \mu = \mu_B = 171) = P(\bar{X} - \mu_B < 170{,}64 - \mu_B \mid \mu = \mu_B = 171) =$

$$P\left(\frac{\bar{X} - \mu_B}{\sigma/\sqrt{n}} < \frac{170{,}64 - 171}{\sigma/\sqrt{n}}\right) = P\left(Z < \frac{170{,}64 - 171}{10/\sqrt{100}}\right) =$$

$P(Z < -0.36) = 0.3594.$

(4) Falsa. A função poder é, para cada valor de μ_B, a probabilidade de se rejeitar corretamente a hipótese nula quando esta é falsa. Pode ser escrita, para cada valor de μ_B, como Poder(μ_B) = 1 − $\beta(\mu_B)$, sendo que $\beta(\mu_B)$ é a probabilidade do erro do tipo II quando a verdadeira esperança é μ_B. Nesta questão, a função poder é crescente para com a média μ da hipótese alternativa, μ_B. Observe que:

Poder(μ_B) = 1 − $\beta(\mu_B)$ = 1 − $P(Z < 170{,}5 - \mu_B)$,

é, evidentemente, crescente em μ_B.

Questão 5

São corretas as afirmativas:

⓪ Uma variável aleatória X tem média zero e variância 36. Então, pela desigualdade de Tchebychev, $P(|X| \geq 10) \leq 0{,}36$.

① Pela Lei dos Grandes Números a distribuição da média amostral de n variáveis aleatórias independentes, para n suficientemente grande, é aproximadamente Normal.

② O estimador de um determinado parâmetro é dito consistente se convergir, em probabilidade, para o valor do parâmetro verdadeiro.

③ A Lei dos Grandes Números está relacionada com o conceito de convergência em probabilidade, enquanto que o Teorema Central do Limite está relacionado com convergência em distribuição.

④ Um estimador é dito não tendencioso se a sua variância for igual à variância do parâmetro estimado.

Resolução:

(2) Verdadeira. Definição de consistência.

(4) Falsa. Um estimador é dito não tendencioso se sua **média** for igual ao parâmetro verdadeiro.

Questão 6

Seja $X_1, X_2, X_3, \ldots, X_n$ uma amostra aleatória de tamanho n de uma população normal com média μ e variância σ^2. Julgue as afirmativas:

⓪ A probabilidade de a média populacional, μ, estar contida no intervalo de confiança $[\bar{X} - 1{,}96\dfrac{\sigma}{\sqrt{n}}, \bar{X} + 1{,}96\dfrac{\sigma}{\sqrt{n}}]$ é igual a 95%.

① Se a variância σ^2 é desconhecida, o intervalo de confiança de 95% para a média μ será $[\bar{X} - t_c\dfrac{s}{\sqrt{n}}, \bar{X} + t_c\dfrac{s}{\sqrt{n}}]$, em que s é o desvio padrão da amostra, t_c é calculado de forma que $P(|t| < t_c) = 0{,}95$, e t segue uma distribuição de Student com n-1 graus de liberdade.

② Se construirmos vários intervalos de confiança para a média μ com amostras de idêntico tamanho, mesma variância σ^2 e mesma margem de confiança, estes terão extremos aleatórios, mas todos terão a mesma amplitude.

③ Num teste de hipótese: $H_0 : \mu = \mu_0$ contra $H_a : \mu \neq \mu_0$, se o intervalo de confiança estimado para a média μ não contiver o valor de μ_0, então deve-se aceitar a hipótese de que $\mu = \mu_0$.

④ Se a amostra aleatória $X_1, X_2, X_3, \ldots, X_n$ não provém de uma distribuição normal, não se pode construir um intervalo de confiança para a média μ, ainda que a amostra seja muito grande.

Resolução:

(0) Falsa. Veja o item 1, questão 3, da prova da Anpec de 2004.

(1) Verdadeira. Atenção apenas para dois pontos: (i) os n-1 graus de liberdade estão corretos, e não n graus de liberdade; e (ii) s é o estimador não tendencioso de σ^2.

(2) Verdadeira. Esta é a descrição do processo de construção do IC, sendo que com a variância conhecida, a amplitude do intervalo não varia com a amostra.

(3) Falsa. O correto seria: "(...) então **não** deve-se aceitar a hipótese (...)"

(4) Falsa. Pelo TLC sabemos que $\overline{X}$, um estimador para μ, segue aproximadamente uma normal e, portanto, podemos construir um IC para μ.

PROVA DE 2006

Questão 4

Com relação a testes de hipóteses, julgue as afirmativas:

⓪ Em um teste de hipóteses, comete-se um erro do tipo I quando se rejeita uma hipótese nula verdadeira.
① O poder de um teste de hipóteses é medido pela probabilidade de se cometer o erro tipo II.
② A soma das probabilidades dos erros tipo I e tipo II é igual a 1.
③ Quanto maior for o nível de significância de um teste de hipóteses maior será o *valor-p* a ele associado.
④ Se o *valor-p* de um teste de hipóteses for igual 0,015, a hipótese nula será rejeitada a 5%, mas não a 1%.

Resolução:

(0) Verdadeira. O Erro do Tipo I é rejeitar a Hipótese Nula quando ela é verdadeira. A probabilidade α de se cometer tal erro é:

$\alpha = P(Erro\ do\ tipo\ I) = P(rejeitar\ H_0\ |\ H_0\ é\ verdadeira)$

Esse α é o nível de significância, e é definido *a priori*, ou seja, é arbitrário.

(1) Falsa. Potência = $1 - P(Erro\ tipo\ II) = 1 - \beta$.

(2) Falsa. Um teste de hipóteses é dito não viesado se:

$1 - \beta > \alpha$

Poder do teste $> P(ErroI) = significância$,

ou seja,

$\alpha + \beta < 1$

Assim, não necessariamente, a soma destes parâmetros é igual a um.

(3) Falsa. O nível de confiança é determinado pelo construtor do teste. O p-valor é determinado por uma função da amostra obtida.

(4) Verdadeira. Apesar de ser impreciso, podemos interpretar tal p-valor como sendo 1,5% o menor nível de significância máximo pelo qual a hipótese nula seria rejeitada.

Questão 5

São corretas as afirmativas:

⓪ O teorema de Tchebychev é útil para se calcular o limite inferior para a probabilidade de uma variável aleatória com distribuição desconhecida quando se tem apenas a variância da população.

① Um estimador não tendencioso pode não ser consistente.

② Um estimador consistente pode não ser eficiente.

③ Sejam $Y_1,...,Y_n$ variáveis aleatórias independentes com média μ e variância finita. Pela Lei dos Grandes Números, $E(m) = \mu$, em que $m = \dfrac{1}{n}\sum_{i=1}^{n} Y_i$.

④ Sejam $Y_1,...,Y_n$ variáveis aleatórias independentes com média μ e variância finita. Pelo Teorema do Limite Central, a distribuição da média amostral m converge para uma distribuição Normal.

Resolução:

(1) Verdadeira. A propriedade de não viés não tem uma associação direta com a propriedade de consistência. Um teorema útil para mostrar que um estimador $\hat{\theta}$ é consistente é verificar se:

$$\lim_{n \to \infty} E\left(\hat{\theta}_n\right) = \theta$$
$$\lim_{n \to \infty} Var\left(\hat{\theta}_n\right) = 0$$

O máximo que podemos dizer é que um estimador não tendencioso satisfaz a primeira condição acima, mas não podemos dizer que tal estimador atenderá necessariamente à segunda condição.

(2) Verdadeira. Da mesma forma que no item 1, a propriedade de consistência não tem uma associação direta com a propriedade de eficiência. Ou seja, um estimador pode ser consistente, mas não apresentar a menor variância possível na classe de estimadores que está sendo comparado.

PROVA DE 2007

Questão 2

Considere uma amostra aleatória de n variáveis $x_1, x_2, ..., x_n$, normalmente distribuídas com média μ e variância σ^2. Sejam $\bar{x} = \frac{1}{n}\sum_{i=1}^{n} x_i$ e $s^2 = \frac{1}{n}\sum_{i=1}^{n}(x_i - \bar{x})^2$. É correto afirmar que:

- ⓪ $\bar{x}$ e s^2 são estimadores de máxima verossimilhança de μ e σ^2, respectivamente.
- ① $\bar{x}$ e s^2 são não viesados.
- ② $\bar{x}$ e s^2 são consistentes.
- ③ Apenas $\bar{x}$ é consistente.
- ④ Apenas $\bar{x}$ é não viesado.

Resolução:

(0) Verdadeiro. Veja o item 1, questão 4, da prova da Anpec de 2002, para uma prova da derivação de tais estimadores.

(1) Falso. s^2 é viesado e foi provado no item 2, questão 2, na prova da Anpec de 2003.

(2) Verdadeiro. Vamos utilizar a propriedade enunciada no item 1, questão 5, de 2006. Verificando primeiro que:

$$\lim E(\overline{x}) = \lim \mu = \mu,$$

pois segundo o item 1, $E(\overline{x}) = \mu$. E:

$$\lim Var(\overline{x}) = \lim \sum_{i=1}^{n}(x_i - \overline{x})^2 / n = 0$$

pois devemos considerar que $\sum_{i=1}^{n}(x_i - \overline{x})^2 < \infty$, para que a variância exista, ou seja, para que $Var(\overline{x}) < \infty$. Assim, provamos que $\overline{x}$ é um estimador consistente de μ.

Agora, em relação a s^2, foi provado (ver item 1) que:

$$E(s^2) = \frac{n-1}{n}\sigma^2$$

Assim:

$$\lim_{n \to \infty} E(s^2) = \sigma^2$$

Seja $\hat{\sigma}^2 = \frac{1}{n-1}\sum_{i=1}^{n}(x_i - \overline{x})^2$, um estimador de σ^2, que é não viesado. Não provaremos aqui, mas pode ser mostrado que:

$$Var(\hat{\sigma}^2) = \frac{2\sigma^4}{n-1}$$

Como $s^2 = \frac{1}{n}\sum_{i=1}^{n}(x_i - \overline{x})^2 = \frac{n-1}{n}\frac{1}{n-1}\sum_{i=1}^{n}(x_i - \overline{x})^2 = \frac{n-1}{n}\hat{\sigma}^2$, então:

$$Var(\widehat{\sigma^2}) = \left(\frac{n-1}{n}\right)^2 Var(s^2) = \frac{n-1}{n^2}2\sigma^4$$

E, portanto,

$$\lim_{n \to \infty} Var(\widehat{\sigma^2}) = 0$$

Assim, mostramos que s^2 é assintoticamente não viesado e sua variância é assintoticamente nula. Portanto, apesar de s^2 ser viesado, ele é um estimador consistente.

(3) Falso. Veja item anterior.

(4) Verdadeiro. Veja item 1.

Questão 11

Julgue as afirmativas:

(0) O valor p de um teste de hipótese é a probabilidade de a hipótese nula ser rejeitada.

(1) O poder de um teste de hipótese é a probabilidade de se rejeitar corretamente uma hipótese nula falsa.

(2) Considere n variáveis aleatórias independentes. Pela Lei dos Grandes Números, quando n cresce, a média amostral converge em distribuição para uma variável aleatória Qui-quadrada.

(3) Pela desigualdade de Chebyshev, a probabilidade mínima de que o valor de uma variável aleatória X esteja contido no intervalo $\mu \pm \sigma h$ é $1-1/h^2$.

(4) Se duas variáveis aleatórias X e Y têm covariância nula, então elas são independentes.

Resolução:

(0) Falsa. O p-valor é a probabilidade, sob a hipótese nula, de que a estatística de teste assuma um valor que dê a mesma ou mais evidência contra a hipótese nula do que o valor assumido por ela no presente teste.

(1) Verdadeira. Poder de um teste é igual a $1 - \beta$, onde $\beta = P(Erro\ do\ tipo\ II)$, ou seja, rejeitar corretamente uma hipótese nula falsa.

PROVA DE 2008

Questão 3

Sejam $X_1, X_2, \ldots, X_n$, n variáveis aleatórias independentes, igualmente distribuídas, com distribuição Poisson dada por $p_x(x) = \begin{cases} \dfrac{e^{\lambda}\lambda^x}{x!} & , x=0,1,2,\ldots \\ 0 & , \text{caso contrário} \end{cases}$.

Julgue as afirmativas:

(0) Pela Lei dos Grandes Números $T = \dfrac{1}{n}\sum_{i=1}^{n} X_i$ aproxima-se da distribuição normal quando n tende para o infinito.

(1) Suponha que $n > 5$. $T = \dfrac{1}{5}\sum_{i=1}^{5} X_i + \dfrac{1}{n-5}\sum_{i=6}^{n} X_i$ é um estimador consistente de $E(X_i)$.

(2) $T = \left(\dfrac{1}{n}\sum_{i=1}^{n} X_i\right)^2 - \dfrac{1}{n}\sum_{i=1}^{n} X_i$ é um estimador tendencioso de λ^2.

(3) Pelo Teorema Central do Limite, $T = \dfrac{1}{n}\sum_{i=1}^{n} X_i$ é um estimador consistente de $V(X_i)$.

(4) $T = \dfrac{1}{n}\sum_{i=1}^{n} X_i$ é o estimador de máxima verossimilhança do parâmetro λ.

Resolução:

(1) Falsa.
$$E(T) = \frac{5\lambda}{5} + \left(\frac{n-5}{n-5}\right)\lambda = \lambda$$

Utilizando a propriedade enunciada no item 1, questão 5, de 2006:
$\lim E(T) = \lambda$

E:
$$Var(T) = \frac{5}{25}\lambda + \frac{n-5}{(n-5)^2}\lambda = \frac{\lambda}{5} + \frac{\lambda}{n-5}.$$

Assim,
$$\lim Var(T) = \lim \frac{\lambda}{5} + \frac{\lambda}{n-5} = \frac{\lambda}{5}.$$

Logo, a variância de T não converge para zero. Então, T não é estimador consistente.

(2) Verdadeira.
$$E(T) = E\left[\left(\frac{1}{n}\sum_i X_i\right)^2\right] - E\left(\frac{1}{n}\sum_i X_i\right)$$
$$E(T) = E(\overline{X}^2) - E(\overline{X})$$

Assim,
$$E(T) = \left[Var(\overline{X}) + E^2(\overline{X})\right] - E(\overline{X})$$
$$= \left[\frac{\lambda}{n} + \lambda^2\right] - \lambda$$
$$= \lambda^2 + \lambda\left(\frac{1}{n} - 1\right)$$

onde, na segunda linha, utilizamos o fato de que $Var(\overline{X}) = \sigma^2/n = \lambda/n$ e $E(\overline{X}) = \mu = \lambda$. Assim, $E(T) \neq \lambda^2$.

Observação: A rigor, este item seria Falso, pois dever-se-ia garantir que $n > 1$. Para $n = 1$, teríamos que $E(T) = \lambda^2$. Este seria um contraexemplo do que seria um estimador não viesado.

(3) Falsa. É pela LGN.

(4) Verdadeira. Montando a função de máxima verossimilhança:

$$L = \prod_i^n \frac{e^{-\lambda}\lambda^{x_i}}{x_i!}$$

$$\log L = \sum_i^n \log\left(\frac{e^{-\lambda}\lambda^{x_i}}{x_i!}\right)$$

$$= \sum_i^n \left(-\lambda + x_i \log \lambda - \log x_i!\right)$$

$$= -n\lambda + \sum_i^n x_i \log \lambda - \sum_i^n \log x_i!$$

Maximizando esta função, obtemos como CPO:

$$\frac{d \log L}{d\lambda} = -n + \frac{\sum_i^n x_i}{\widehat{\lambda}} = 0$$

$$T = \widehat{\lambda} = \frac{\sum_i^n x_i}{n}$$

Questão 4

A respeito de testes de hipótese, é correto afirmar:

- ⓪ Potência de um teste é a probabilidade de se rejeitar a hipótese nula quando esta for falsa.
- ① O nível de significância de um teste é a probabilidade de se cometer um erro tipo 1.
- ② O teste F de significância conjunta dos parâmetros em um modelo de regressão linear é unilateral.
- ③ Se uma variável é significativa ao nível de 1%, então ela é significativa ao nível de 5%.
- ④ p-valor = $1 - P(H_0 \text{ falsa})$, em que $P(A)$ é a probabilidade do evento A ocorrer.

Resolução:

(0) Verdadeiro. Veja o item 1, questão 11, da prova da Anpec de 2007.

(1) Verdadeiro. Veja, item 0, questão 4, da prova da Anpec de 2006.

(2) Falso. O teste F de significância conjunta é sempre bilateral.

(3) Verdadeiro. Ao nível de significância de 5%, estamos sendo menos exigentes, ou seja, menos precisos.

(4) Falso. O p-valor é a probabilidade, sob a hipótese nula, de que a estatística de teste assuma um valor que dê a mesma ou mais evidência contra a hipótese nula do que o valor assumido por ela no presente teste.

PROVA DE 2009
Questão 8
Verifique se as afirmativas abaixo são verdadeiras:

◎ Em uma pesquisa de opinião a proporção de pessoas favoráveis a uma determinada medida governamental é dada por $\hat{p} = \sum X_i/n$. O menor valor de n para o qual a desigualdade de Tchebycheff resultará em uma garantia que $P(|\hat{p} - p| \geq 0,01) \leq 0,01$ é 200.000.

① Quando o número de graus de liberdade δ cresce, a distribuição χ_δ^2 aproxima-se de uma distribuição normal com média δ e desvio padrão 2δ.

② Um intervalo de confiança de 99% para a média μ de uma população, calculado para uma amostra aleatória, como [2,75;8,25], pode ser interpretado como: a probabilidade de μ estar no intervalo calcular é de 99%.

③ Seja $X_1, X_2, ..., X_n$ uma amostra aleatória simples proveniente de uma população com distribuição de Pareto cuja função de densidade é dada por $f(x) = \theta(1+x)^{-(\theta+1)}$, $0 < x < \infty$, $\theta > 1$. Então o estimador de máxima verossimilhança para θ é $\dfrac{n}{\sum \log(1+x_i)}$.

④ Se existente, todo estimador de máxima verossimilhança calculado para uma amostra aleatória possui distribuição Normal em grandes amostras.

Resolução:
(2) Falsa. Ver o item 1, questão 6, da prova da Anpec de 2004.

(3) Verdadeira. Devemos montar a função de máxima verossimilhança:
$$\begin{aligned}
L(\theta, x_1, ..., x_n) &= f(x_1, ..., x_n; \theta) \\
&= \Pi_{i=1}^n f(x_i; \theta) \\
&= \Pi_{i=1}^n \theta(1+x_i)^{-(\theta+1)} \\
&= \theta^n \Pi_{i=1}^n (1+x_i)^{-(\theta+1)}
\end{aligned}$$

Assim, devemos resolver o problema de maximização. Para isso, façamos uma transformação monótona sobre a função verossimilhança, por exemplo, passando o logaritmo:

$$\ln L(\theta, x_1, ..., x_n) = \ln\left[\theta^n \Pi_{i=1}^n (1+x_i)^{-(\theta+1)}\right]$$

$$= \ln \theta^n + \ln\left[\Pi_{i=1}^n (1+x_i)^{-(\theta+1)}\right]$$

$$= \ln \theta^n + \sum_{i=1}^n \ln\left[(1+x_i)^{-(\theta+1)}\right]$$

$$= \ln \theta^n + \sum_{i=1}^n -(\theta+1)\left[\ln(1+x_i)\right]$$

$$= \ln \theta^n - (\theta+1)\sum_{i=1}^n \ln(1+x_i)$$

Maximizando tal função:

$$\max_{\theta} \ln \theta^n - (\theta+1)\sum_{i=1}^n \ln(1+x_i)$$

A CPO será

$$n\frac{\hat{\theta}^{n-1}}{\hat{\theta}^n} - \sum_{i=1}^n \ln(1+x_i) = 0$$

$$n\frac{1}{\hat{\theta}} - \sum_{i=1}^n \ln(1+x_i) = 0$$

$$\hat{\theta} = \frac{n}{\sum_{i=1}^n \ln(1+x_i)}$$

que é a expressão pedida no item.

(4) Verdadeira. Uma das propriedades dos EMVs são que eles têm distribuição assintótica Normal.

Questão 9

Avalie se as afirmações abaixo são verdadeiras ou falsas:

◎ Para uma amostra de tamanho fixo, ao aumentar a probabilidade do erro tipo 1 aumentamos também o poder do teste.

① O valor p é o menor nível de significância para o qual o valor observado da estatística teste é significativo.

② Se a estatística teste é $z = 2,75$ e o valor crítico é $z = 2,326$, consequentemente o valor p é maior do que o nível de significância em um teste bicaudal e bilateral.

③ O poder de um teste de hipóteses é a probabilidade de rejeitar corretamente uma hipótese nula falsa.

④ Para um teste de hipótese de média com variância conhecida e igual a 4 para uma amostra aleatória de tamanho 16 e uma região crítica dada por [4,5, ∞[, o poder do teste para $H_a: \mu = 5$ é 0,84 (arredondando para duas casas decimais).

Resolução:

(0) Verdadeira. Se aumentarmos α, P(*ErroI*) aumenta, mas diminui a P(*ErroII*). É o clássico problema da coberta curta, ou seja, se a puxarmos para cobrir a cabeça descobrimos os pés e vice-versa. A única forma de reduzirmos tal problema seria aumentar a coberta. Ou seja, se aumentarmos a amostra, a variância amostral se reduz (caudas mais finas) e a P(*ErroII*) pode ser reduzida, sem alterar a P(*ErroI*).

(1) Falsa. Mesmo problema que foi visto em Questão sobre o p-valor, em provas da Anpec, em anos anteriores. Essa é uma interpretação que auxilia no entendimento do p-valor, mas está errada. Uma interpretação correta foi dada no item 4, questão 4, na prova da Anpec de 2008, por exemplo.

(2) Falsa. Não se sabe qual é a hipótese nula, assim é impossível determinar o p-valor do teste.

(3) Verdadeira. Definição. Já feito em anos anteriores. Ver, por exemplo, item 2, questão 5, da prova da Anpec de 2003.

(4) Anulada, possivelmente porque esqueceram de informar que X tem distribuição Normal. Além disso, o uso do TLC aqui é inapropriado, devido ao pequeno tamanho da amostra. Supondo que X seja normal, a questão pode ser resolvida como segue: o poder do teste é a probabilidade de se rejeitar H0, dado que ela é falsa, ou seja, dado que Ha é válida. Supondo que Ha é válida, então $\mu = 5$. Assim, devemos calcular:

$$\Pr(\bar{X} > 4.5) = \Pr\left(\frac{\bar{X}-5}{2/4} > \frac{4.5-5}{2/4}\right) = \Pr(z > -1) = \Pr(z < 1) = 0.8413$$

que seria o poder do teste. Logo, o item seria verdadeiro.

PROVA DE 2010

Questão 4

Responda se verdadeiro ou falso:

⓪ A diferença entre as medianas de uma distribuição $F_{(a,b)}$ e de uma distribuição χ_a^2 diminui à medida que $b \to \infty$.

① O Teorema Central do Limite justifica a afirmação: "Seja T uma variável aleatória, tal que $T \sim t_{k-1}$, em que t representa uma distribuição t de Student, com $k-1$ graus de liberdade, em que k é fixo. Então T converge em distribuição para uma Normal Padrão".

② Sejam $s_1^2 = \sum_{i=1}^{n}(x_i - \bar{x})^2/n$ e $s_2^2 = \sum_{i=1}^{n}(x_i)^2/n$. Ambos estimadores podem ser demonstrados consistentes para σ^2, supondo uma amostra aleatória de $X \sim N(\mu, \sigma^2)$.

③ Uma moeda justa foi jogada 300 vezes e observou-se cara em 188 destas. A Lei dos Grandes Números justifica a afirmação: P(cara na 301ª jogada| 188 caras em 300 jogadas)<0,5.

④ Se um estimador convergir em média quadrática para o parâmetro, ele será consistente (convergirá em probabilidade para o parâmetro).

Resolução:

(2) Falso. Para s_1^2 foi provado que tal estimador, apesar de viesado, é consistente (ver item 2, questão 2, da prova da Anpec de 2007). Agora, para s_2^2, note que:

$$E(s_2^2) = E\left[\frac{1}{n}\sum_{i=1}^{n}(x_i)^2\right]$$

$$= \frac{1}{n}\sum_{i=1}^{n}E\left[(x_i)^2\right]$$

$$= \frac{1}{n}\sum_{i=1}^{n}\left[Var(x_i) + (E(x_i))^2\right]$$

$$= \frac{1}{n}\sum_{i=1}^{n}\left[\sigma^2 + \mu^2\right] = \frac{1}{n}n\left[\sigma^2 + \mu^2\right]$$

$$E(s_2^2) = \left[\sigma^2 + \mu^2\right]$$

na qual usamos o fato de que $Var(x_i) = \sigma^2$ e $E(x_i) = \mu$, na quarta linha (Se X, que representa a variável, tem uma distribuição populacional, então cada observação de sua amostra aleatória também terá a mesma distribuição e momentos.) Assim, utilizando a propriedade enunciada no item 4 a seguir:

$$\lim_{n \to \infty} E(s_2^2) = \left[\sigma^2 + \mu^2\right],$$

ou seja, tal estimador é assintoticamente viesado e, portanto, já podemos dizer que ele é inconsistente.

(4) Verdadeiro. Isso segue da seguinte propriedade: um estimador n é dito consistente se:

$$\lim_{n \to \infty} E(\hat{\theta}_n) = \theta$$
$$\lim_{n \to \infty} Var(\hat{\theta}_n) = 0$$

ou

$$\lim EQM(\hat{\theta}_n) = 0$$

onde $EQM(\hat{\theta}_n) = Var(\hat{\theta}_n) + vies^2(\hat{\theta}_n)$, EQM é o Erro Quadrático Médio. Ou seja, convergência em média quadrática significa que o limite do EQM é zero. E isso implica que o estimador é consistente (ou seja, converge em probabilidade para o parâmetro populacional verdadeiro).

Comentário: Cuidado, consistência do EQM implica consistência do $\hat{\theta}_n$. E na maioria dos casos o inverso vale, mas não em todos. Assim, consistência do estimador (convergência em probabilidade) pode não implicar consistência do EQM (convergência em média quadrática).

Questão 5

São corretas as afirmativas:

⓪ Considere dois estimadores não tendenciosos, $\hat{\theta}_1$ e $\hat{\theta}_2$, de um parâmetro θ. $\hat{\theta}_1$ é eficiente relativamente a $\hat{\theta}_2$ se $var(\hat{\theta}_1) < var(\hat{\theta}_2)$.

① Um estimador $\hat{\theta}$ de um parâmetro θ é consistente se $\hat{\theta}$ converge em probabilidade para θ.

② Um estimador $\hat{\theta}$ de um parâmetro θ é consistente se, e somente se, $\hat{\theta}$ é não viesado e a variância de $\hat{\theta}$ converge para 0 à medida que o tamanho da amostra tende a infinito.

③ Suponha que $X_1, X_2, ..., X_{10}$ sejam variáveis aleatórias independentes e identicamente distribuídas e que $X_i \sim \chi_2^2, i = 1, 2 ... 10$. Defina $\bar{X} = \sum_{i=1}^{10} X_i / 10$.

Então $P(1 < \bar{X} < 3) = 0{,}55$.

④ Suponha que $X_1, X_2, ..., X_n$ sejam variáveis aleatórias independentes e identicamente distribuídas e que $X_i \sim Poisson(\lambda)$, $\forall i$. Seja $\bar{X} = \sum_{i=1}^{n} X_i / n$. À medida que $n \to \infty$, $(\bar{x} - \lambda)/\sqrt{(\lambda/n)}$ aproxima-se de uma distribuição Normal padrão.

Resolução:

(0) Verdadeira. Quando dois estimadores são não tendenciosos, basta compararmos suas variâncias para verificar qual é mais eficiente.

Observação: No caso mais geral, para quaisquer dos estimadores, utilizamos o EQM. Quando ambos são não viesados, o EQM se reduz à variância do estimador.

(1) Verdadeira. Esta é a definição de consistência. Um estimador $\hat{\theta}_n$ é dito consistente se:

$$\lim_{n \to \infty} P\left(\left|\hat{\theta}_n - \theta\right| < \varepsilon\right) = 1$$

$$i.e., p\lim \hat{\theta}_n = \theta$$

$$i.e., \hat{\theta}_n \xrightarrow{p} \theta$$

Observação: Para saber se um estimador é consistente, basta examinar se a LGN se verifica para ele.

(2) Falsa. Veja o item 4, questão 4, deste mesmo ano.

Questão 6

Suponha que Y_1 e Y_2 sejam variáveis aleatórias independentes, com média μ e variâncias $V(Y_1) = 75$ e $V(Y_2) = 25$. O valor de μ é desconhecido, e é proposto estimar μ por uma média ponderada de Y_1 e Y_2, isto é, por:

$\alpha Y_1 + (1 - \alpha)Y_2$

Qual o valor de α produz o estimador com a menor variância possível na classe dos estimadores não viesados? Multiplique o resultado por 100.

Resolução:

Primeiramente, note que o estimador (que denotaremos por T) satisfaz à condição de pertencer à classe de estimadores não viesados, ou seja:

$$T = \alpha Y_1 + (1 - \alpha)Y_2$$
$$E(T) = \alpha E(Y_1) + (1 - \alpha)E(Y_2)$$
$$= \alpha\mu + (1 - \alpha)\mu = \mu.$$

Sua variância será:
$$Var(T) = Var(\alpha Y_1 + (1-\alpha)Y_2)$$
$$= \alpha^2 Var(Y_1) + (1-\alpha)^2 Var(Y_2)$$
$$= \alpha^2 75 + (1-\alpha)^2 25$$

na qual utilizamos o fato de Y_1 e Y_2 serem independentes na segunda linha. Assim, devemos escolher α, que minimiza tal variância, ou seja, resolver o seguinte problema:

$$\min_{\alpha} 75\alpha^2 + 25(1-\alpha)^2$$

A CPO será:
$$2 \cdot 75 \cdot \alpha + 2 \cdot 25 \cdot (1-\alpha) = 0$$
$$150\alpha + 50\alpha = 50$$
$$\alpha = \frac{50}{200} = \frac{1}{4} = 0.25$$

Multiplicando o resultado por 100 obtemos a resposta final 25.

PROVA DE 2011

Questão 1

Considere as seguintes afirmativas acerca de um teste de hipótese:

Ⓞ   O erro tipo I é definido como a probabilidade de não rejeitar a hipótese nula quando a hipótese nula é falsa.

①   O poder do teste é definido como a probabilidade de não rejeitar a hipótese nula quando a hipótese nula é verdadeira.

②   O erro tipo II é definido como a probabilidade de não rejeitar a hipótese nula quando a hipótese alternativa é verdadeira.

③   O p-valor de um teste é a probabilidade, sob a hipótese nula, de obter um valor da estatística pelo menos tão extremo quanto o valor observado.

④   Se um intervalo de confiança de 95% para a média amostral, calculado a partir de uma amostra aleatória, excluir o valor 0, pode-se rejeitar a hipótese de que a média populacional seja igual a 0 ao nível de significância de 5%.

Resolução:

(0) Falsa. O Erro do tipo I é um **evento** (e não uma probabilidade) definido como rejeitar a hipótese nula quando esta for verdadeira.

(1) Falsa. O poder do teste é definido como 1 − P(Erro tipo II), probabilidade de se rejeitar a hipótese nula quando a alternativa for verdadeira (ou seja, quando a nula for falsa).

(2) Falsa. Da mesma forma que no item 0, o erro do tipo II é um evento definido como não rejeitar a hipótese nula quando a alternativa for verdadeira (ou seja, quando a nula for falsa).

(3) Verdadeira. Esta é a definição exata do p-valor, como consta, na página 348 do Bussab e Morettin (2010).

(4) Verdadeira. Como exemplo, vejamos que um intervalo de confiança para a média populacional (μ) ao nível de confiança de 95%, supondo-se que a distribuição de X é normal, é construído através da expressão

$$\overline{x} - z_{2.5\%} \frac{\sigma}{\sqrt{n}} \leq \mu \leq \overline{x} + z_{2.5\%} \frac{\sigma}{\sqrt{n}},$$

onde $z_{2,5\%}$ é o valor crítico de uma normal para um nível de confiança de 95%.

Fazendo alguns algebrismos na expressao acima, obtemos:
$$-z_{2.5\%} \leq \frac{(\overline{x} - \mu)}{\sigma / \sqrt{n}} \leq z_{2.5\%}.$$

O valor do meio é a estatística de teste, escrita sob a hipotese nula, quando queremos realizar algum teste de hipótese sobre a média populacional, para um nível de significância de 5%. Assim, como no caso do item, se quisermos testar

$H_0 : \mu = 0$
$H_a : \mu \neq 0$

devemos calcular a estatística do teste acima (novamente, usando como valor de μ o seu valor sob a hipotese nula):
$$\frac{(x - 0)}{\sigma / \sqrt{n}}.$$

E aí verificamos se tal estatística situa-se entre $-z_{2,5\%}$ e $z_{2,5\%}$, que é a região de aceitação da hipótese nula, ou fora deste intervalo, que se a região de rejeição. Estar na região de rejeição, ou seja, fora da região de aceitação é a mesma coisa de estar fora do IC como definido na primeira expressão. Ou seja, é como se o valor $\mu = 0$ estivesse fora do $IC = \left(\overline{x} - z_{2,5\%}\frac{\sigma}{\sqrt{n}} \leq \mu \leq \overline{x} + z_{2,5\%}\frac{\sigma}{\sqrt{n}}\right)$.

Comentário 1: No exemplo acima, fizemos supondo um teste bilateral (e também um IC bilateral). Mas no caso de um teste unilateral, por exemplo:
$$H_a : \mu > 0$$

O IC seria:
$$\mu \geq \overline{x} + z_{5\%}\frac{\sigma}{\sqrt{n}}$$

O teste de hipótese seria:
$$\frac{(\overline{x} - \mu)}{\sigma/\sqrt{n}} \leq z_{5\%}$$

Como ele diz que o IC exclui o valor da hipótese nula $\mu = 0$, então vale a conclusão também de que a estatística calculada:
$$\frac{\overline{x}}{\sigma/\sqrt{n}}$$

não se encontra na região de aceitação, ou seja, abaixo de $z_{5\%}$.

Comentário 2: Os exemplos foram feitos para um teste de hipótese para a média populacional, supondo que σ^2 (variância populacional) é conhecida. Mas as mesmas conclusões são obtidas se σ^2 fosse desconhecida. Neste caso, deveríamos apenas substituir σ^2 pela variância amostral $s^2 = \sum_i \left(X_i - \overline{X}\right)/(n-1)$ e utilizar os valores críticos da distribuição t – student no lugar dos valores críticos da normal (z).

Questão 4

São corretas as afirmativas:

⓪ Suponha que $X_1, X_2,..., X_n$ sejam variáveis aleatórias independentes e identicamente distribuídas e que $X_i \sim N(\mu, \sigma^2)$. Então $\bar{x} = \sum_{i=1}^{n} x_i/n$ é um estimador eficiente de μ.

① Suponha que $X_1, X_2,..., X_n$ sejam variáveis aleatórias independentes e identicamente distribuídas e $X_i \sim N(\mu, \sigma^2)$. Então, se definirmos $\bar{x} = \sum_{i=1}^{n} x_i/n$,

$P(\bar{X} - \mu | > \varepsilon) \leq \dfrac{\sigma^2}{\varepsilon^2}$ para $\forall \varepsilon > 0$.

② Se um estimador $\hat{\theta}$ de um parâmetro θ é não viesado e a variância de $\hat{\theta}$ converge para 0 à medida que o tamanho da amostra tende a infinito, então $\hat{\theta}$ é consistente.

③ Suponha que $X_1, X_2,..., X_n$ sejam variáveis aleatórias independentes e identicamente distribuídas e que $X_i \sim Poisson(\lambda), \forall i$. Seja $\bar{x} = \sum_{i=1}^{n} x_i/n$. Pela lei dos grandes números, à medida que $n \rightarrow \infty$, $\bar{X}$ converge para λ.

④ Suponha que $X_1, X_2,..., X_n$ sejam variáveis aleatórias independentes e identicamente distribuídas e que $X_i \sim \chi_v^2(\lambda), \forall i$. Seja $\bar{x} = \sum_{i=1}^{n} x_i/n$. À medida que $n \rightarrow \infty$, $(\bar{X} - v)/(\sqrt{2v/n})$ aproxima-se de uma distribuição normal padrão.

Resolução:

(0) Verdadeiro. Por definiçao, o estimador $\hat{\theta}$ é eficiente para um parâmetro θ quando $E(\hat{\theta}) = \theta$ e a variância de $\hat{\theta}$ atinge o limite mínimo da desigualdade de Cramer-Rao. $\bar{X}$ é eficiente para μ, nesse caso. Larson (1982, p. 373) trata desta e de outras propriedades desejáveis de estimadores.

Questão 6

Sejam $X_1, X_2,..., X_n$ variáveis aleatórias independentes e normalmente distribuídas, com média 0 e variância σ^2.

⓪ Se $\sigma = 1$, a variável $Y = (X_1^2 + X_2^2)/(2X_3^2)$ possui uma distribuição F com n_1 e n_2 graus de liberdade, para $n_1 = 1$ e $n_2 = 2$.

① A variável $W = \dfrac{X_1}{(x_1^2 + x_3^2)/2}$ possui uma distribuição t com 2 graus de liberdade.

② Defina $Z = (X_1^2 + X_2^2)/\sigma^2$. Então $E(Z - 2)^3 = 0$.

③ Suponha que $\sigma = 1$ e que H seja uma variável aleatória independente de X_1 e que $P(H = 1) = P(H = -1) = 0,5$. Então $Y = HX_1 \sim N(0, 1)$.

④ Sabemos que $Pr(Z > 5165,615) = 0,05$. Em que Z é uma variável aleatória com distribuição χ_{5000}^2. Suponha que $n = 5001$. Defina $\bar{x} = n^{-1}\sum_{i=1}^{n}X_i$ e $S^2 = \sum_{i=1}^{n}(X_i - \bar{X})^2/(n-1)$. Se $S^2 = 5,3$, pode-se rejeitar a hipótese nula de que $\sigma^2 = 5$ ao nível de significância de 5%.

Resolução:

(4) Verdadeiro. A hipótese nula será
$$H_0 : \sigma^2 = 5.$$
A estatística para se testar uma hipótese sobre a variância é dada por
$$Z = \frac{(n-1)S^2}{\sigma^2} \sim \chi^2_{n-1}.$$
Substituindo os valores, o valor da estatística é dado por
$$\frac{5000 \cdot 5.3}{5} = 5300.$$
Se considerarmos um teste unilateral, ou seja,
$$H_0 : \sigma^2 > 5,$$
então a região crítica a um nível de significância de 5% será
$$[5165.615, \infty)$$
segundo os dados do enunciado.

Como o valor da estatística foi de 5300, então situa-se dentro desta região e, portanto, rejeita-se H_0, ao nível de significância de 5%.

Comentário 1: Se considerarmos um teste bilateral, ou seja:
$$H_0 : \sigma^2 \neq 5$$

Então, pelo valor dado no item, podemos construir uma região crítica a um nível de significância de 10% que será:
$$[0, Z_{inf}] \cup [5165.615, \infty)$$
onde desconhecemos o valor crítico Z_{inf}. Então, rejeitamos H_0 a 10%. Mas, o valor crítico $Z_{sup} = 5165.615$, não é o valor correto para um teste bilateral a um nível de significância de 5%. Neste caso, deveríamos ter:
$$P(Z > Z_{sup}) = 0.025$$

E tal valor será, com certeza, maior do que 5165.615, pois a área a direita deve ser menor. Neste caso, com os dados do item, não podemos concluir se tal hipótese é rejeitada ou não. Assim, o item poderia ter sido anulado.

Comentário 2: Apenas por curiosidade, para que $P(Z > Z_{sup}) = 0.02$ o valor de Z_{sup} deve ser igual a 5198. Assim, rejeitaríamos mesmo assim H_0. Mas o aluno não é obrigado a saber esta informação.

5 Análise de Regressão I: Modelos de Uma Equação

PROVA DE 2002

Questão 9

Pode-se afirmar sobre o modelo de regressão linear clássico $y_t = \beta_1 + \beta_2 x_t + u_t$:

(0) A reta de regressão passa pelas médias amostrais de y e x, mesmo que o modelo não tenha intercepto.

(1) Na presença de heterocedasticidade, o estimador de MQO é viesado e não se pode confiar nos procedimentos de testes usuais (F e t), já que o estimador, além de viesado, é ineficiente.

(2) Na presença de autocorrelação dos resíduos, os estimadores de MQO são não viesados e consistentes.

(3) Quanto maior for a variação da variável explicativa, maior será a precisão com que o coeficiente angular pode ser estimado.

(4) Se R^2 (coeficiente de determinação) for zero, então a melhor previsão para um valor de y é sua média amostral.

Resolução:

(0) Falso. Somente a regressão com intercepto tem a propriedade de sempre passar pelo ponto médio. Seja a reta da regressão (que é a variável dependente predita):

$$\hat{y}_t = \hat{\beta}_1 + \hat{\beta}_2 x_t.$$

O que devemos avaliar é se, quando a função é avaliada no ponto $x_t = \bar{x}$, ela será $y_t = \bar{y}$. Assim, vamos avaliar a função em $x_t = \bar{x}$:

$$\hat{y}_t = \hat{\beta}_1 + \hat{\beta}_2 \bar{x}.$$

Além disso, necessita-se do estimador do intercepto, que é:

$$\hat{\beta}_1 = \overline{y} - \hat{\beta}_2 \overline{x},$$

que vem da Condição de Primeira Ordem (*CPO*) do problema de minimização dos Mínimos Quadrados Ordinários (*MQO*) em relação ao intercepto (veja comentário abaixo). Substituindo-o na equação anterior, teremos:

$$\hat{y}_t = \overline{y} - \hat{\beta}_2 \overline{x} + \hat{\beta}_2 \overline{x}$$
$$y_t = \overline{y}.$$

Logo, o modelo com intercepto passa, necessariamente, pelas médias amostrais de *y* e *x*. Se o modelo não tiver intercepto, tal resultado não valerá, necessariamente, pois, considerando o modelo sem intercepto,

$$\hat{y}_t = \hat{\beta}_2 x_t.$$

Avaliando em $x_t = \overline{x}$, teremos

$$\hat{y}_t = \hat{\beta}_2 \overline{x}.$$

E como o estimador *MQO* da inclinação (no caso sem intercepto) é:
$$\frac{\sum_{i=1}^{n} x_i y_i}{\sum_{i=1}^{n} x_i^2},$$

chegamos a $\hat{y}_t = \hat{\beta}_2 \overline{x} \neq \overline{y}$, ou seja, $\hat{y}_t$ não vale necessariamente $\overline{y}$.

Logo a reta da regressão não passa, necessariamente, pelas médias amostrais *x* e *y* no caso sem intercepto.

Observação: As *CPOs* do *MQO* serão mencionadas em outras Questões. Então, vale a pena derivá-las aqui, para o caso mais geral, ou seja, para o modelo de regressão linear múltipla:

$$y_i = \beta_0 + \beta_1 x_{1i} + \beta_2 x_{2i} + \ldots + \beta_k x_{ki} + u_i,$$

onde, temos *k* variáveis explicativas.

Os estimadores MQO são obtidos através do seguinte problema de minimização:

$$\min_{\{\beta_0,\beta_1,\ldots,\beta_k\}} \sum_{i=1}^{n} u_i^2 = \min_{\{\beta_0,\beta_1,\ldots,\beta_k\}} \sum_{i}^{n} \left(y_i - \beta_0 - \beta_1 x_{1i} - \beta_2 x_{2i} - \ldots - \beta_k x_{ki} \right)^2$$

As CPOs serão:

$$\beta_0 : -2 \sum_{i=1}^{n} \left(y_i - \hat{\beta}_0 - \hat{\beta}_1 x_{1i} - \hat{\beta}_2 x_{2i} - \ldots - \hat{\beta}_k x_{ki} \right) = 0$$

$$\beta_1 : -2 \sum_{i=1}^{n} \left(y_i - \hat{\beta}_0 - \hat{\beta}_1 x_{1i} - \hat{\beta}_2 x_{2i} - \ldots - \hat{\beta}_k x_{ki} \right) x_{1i} = 0$$

.
.
.

$$\beta_k : -2 \sum_{i=1}^{n} \left(y_i - \hat{\beta}_0 - \hat{\beta}_1 x_{1i} - \hat{\beta}_2 x_{2i} - \ldots - \hat{\beta}_k x_{ki} \right) x_{ki} = 0$$

Outra forma útil das CPOs pode ser obtida ao substituirmos o somatório dos resíduos $\sum_{i=1}^{n} \hat{u}_i = \sum_{i=1}^{n} \left(y_i - \hat{\beta}_0 - \hat{\beta}_1 x_{1i} - \hat{\beta}_2 x_{2i} - \ldots - \hat{\beta}_k x_{ki} \right)$, nas equações acima:

$$\beta_0 : \sum_{i=1}^{n} \hat{u}_i = 0$$

$$\beta_1 : \sum_{i=1}^{n} \hat{u}_i x_{1i} = 0$$

.
.
.

$$\beta_k : \sum_{i=1}^{n} \hat{u}_i x_{ki} = 0$$

Mais uma forma também útil é separar o somatório de cada equação das primeiras CPOs obtidas:

$$n\hat{\beta}_0 + \hat{\beta}_1 \sum_{i=1}^{n} x_{1i} + \ldots + \hat{\beta}_k \sum_{i=1}^{n} x_{ki} = \sum_{i=1}^{n} y_i$$

$$\hat{\beta}_0 \sum_{i} x_{1i} + \hat{\beta}_1 \sum_{i} x_{1i}^2 + \ldots + \hat{\beta}_k \sum_{i} x_{1i} x_{ki} = \sum_{i} y_i x_{1i}$$

.
.
.

$$\hat{\beta}_0 \sum_{i=1}^{n} x_{ki} + \hat{\beta}_1 \sum_{i=1}^{n} x_{1i} x_{ki} + \ldots + \hat{\beta}_k \sum_{i=1}^{n} x_{ki}^2 = \sum_{i=1}^{n} y_i x_{ki}$$

A primeira CPO acima pode ser escrita ainda como:
$$n\hat{\beta}_0 + \hat{\beta}_1 n\bar{x}_1 + ... + \hat{\beta}_k n\bar{x}_k = n\bar{y} \Rightarrow$$
$$\hat{\beta}_0 + \hat{\beta}_1 \bar{x}_1 + ... + \hat{\beta}_k \bar{x}_k = \bar{y} \Rightarrow$$
$$\hat{\beta}_0 = \bar{y} - \hat{\beta}_1 \bar{x}_1 - ... - \hat{\beta}_k \bar{x}_k,$$

sendo que a última expressão, para o caso de $k = 1$, foi utilizada neste item.

(1) Falso. Estimador é ainda não viesado, sob heterocedasticidade. Já as estimativas de suas variâncias, se obtidas sob uma não verificada hipótese de homocedasticidade, são viesadas, o que invalida os testes t e F usuais.

(2) Verdadeiro. Mesmo caso da heterocedasticidade do item anterior.

(3) Verdadeiro. Observe que a variância do coeficiente angular, estimado por MQO, é
$$Var\left(\hat{\beta}_1\right) = \frac{\sigma^2}{\sum_{i=1}^{n}(x_i - \bar{x})^2} = \frac{\sigma^2}{SQT_x}.$$

Assim, quanto maior a variação de x, menor a variância, e, assim, maior a precisão.

(4) Verdadeiro. Desse modo, o modelo de regressão deverá ter apenas uma constante como variável explicativa, de forma que
$$y_i = \hat{\beta}_1 + \hat{u}_i.$$

Tomando-se a média, tem-se:
$$E(y_i) = E(\hat{\beta}_1) = \beta_1,$$

na qual o EMQ do intercepto é não viesado, pois, segundo o enunciado, estamos considerando um modelo de regressão linear clássico e as hipóteses clássicas assumem que $E(u_i) = 0$.

Uma estimativa de β_1 será:
$$\bar{y} = \hat{\beta}_1$$

Observação 1: Outra forma de se verificar isso é através do próprio R^2, tal que:

$$R^2 = \frac{SQE}{SST} = \frac{\sum_{i=1}^{n}(\hat{y}_i - \overline{y})^2}{\sum_{i=1}^{n}(y_i - \overline{y})^2}$$

Assim, se $R^2 = 0$, então $\sum_{i=1}^{n}(\hat{y}_i - \overline{y})^2 = 0 \Rightarrow \hat{y}_i = \overline{y}$.

Observação 2: Outra solução: A forma pela qual derivamos $\overline{y} = \hat{\beta}_1$ no começo do item é denominada método dos momentos. Uma outra forma de derivar tal estimador seria minimizar a soma dos quadrados dos erros (ou seja, obter via método MQO):

$$\min_{\beta_1} \sum_{i=1}^{n} u_i^2 \Leftrightarrow \min_{\beta_1} \sum_{i=1}^{n} (y_i - \beta_1)^2.$$

A CPO será:

$$-2\sum_{i=1}^{n}(y_i - \hat{\beta}_1) = 0$$

$$\Rightarrow \sum_{i=1}^{n} y_i - n\hat{\beta}_1 = 0$$

$$\Rightarrow \hat{\beta}_1 = \frac{\sum_{i=1}^{n} y_i}{n} = \overline{y}$$

Questão 10

É correto afirmar a respeito do modelo de regressão linear clássico multivariado: $Y = X\gamma + \varepsilon$, com n observações e $k > 2$ variáveis explicativas, incluindo-se o intercepto.

- ◎ Os coeficientes de inclinação não se alteram quando se modificam as unidades de medida de Y e X multiplicando-os por uma constante, por exemplo, transformando-se seus valores de reais para dólares.
- ① Se o modelo for estimado com apenas $k-1$ variáveis explicativas (mas mantendo o intercepto), os coeficientes estimados poderão ser viesados e inconsistentes.
- ② Quando os coeficientes γ's estimados forem altamente significativos, individualmente, mas a estatística F e o R^2 indicarem que o modelo como um todo tem um baixo poder explicativo, pode-se desconfiar da presença de multicolinearidade.
- ③ Para testar a hipótese conjunta de que $\gamma_2 = \gamma_3 = ... = \gamma_k = 0$, pode-se utilizar o teste $F_{\alpha;(k-1),(n-k)} = \frac{R^2(k-1)}{[(1-R^2)(n-k)]}$, em que R^2 é o coeficiente de determinação do modelo.
- ④ Sempre que o modelo tiver pelo menos duas variáveis explicativas além do intercepto, o R^2 será maior ou igual ao R^2 ajustado.

Resolução:

(0) Verdadeiro. O modelo está especificado em termos matriciais, então usaremos a fórmula do EMQ matricial:

$$\hat{\gamma} = (X'X)^{-1} X'y$$

Este é o EMQ para o modelo dado no enunciado. Se multiplicarmos y e X por uma constante w, o novo modelo será:

$wy = wX\gamma + \varepsilon$

$y^* = X^*\gamma + \varepsilon$

na qual onde $y^* = wy$ e $X^* = wX$. O EMQ será

$$\hat{\gamma}_1 = (X^{*'} X^*)^{-1} X^{*'} y^*$$
$$= (wX'wX)^{-1} wX'wy$$
$$= (w^2 X'X)^{-1} w^2 X'y$$
$$= w^{-2} (X'X)^{-1} w^2 X'y$$
$$= (X'X)^{-1} X'y = \hat{\gamma}$$

na terceira linha, usamos o fato de que $(wX)' = wX'$, pois, como w é uma constante, ela é igual a seu valor transposto ($w = w'$), e pode tanto pré como pós-multiplicar a matriz, ou seja, $wX' = X'w$.

(1) Verdadeiro. Estaremos com uma variável omitida que pode gerar problemas de endogeneidade, pois ela estará no erro e, assim, o novo erro da regressão poderá ser correlacionado com alguma das variáveis explicativas. Problemas de endogeneidade tornam o EMQ viesado e inconsistente.

Observação: Mas aqui vale ressaltar um ponto. Se tivermos um modelo com três variáveis, como, por exemplo:

$y = \beta_0 + \beta_1 x_1 + \beta_2 x_2 + \beta_3 x_3 + u$

Suponha que omitimos x_3. As mesmas conclusões derivam se x_1 e x_2 forem correlacionados com x_3, ou seja, o EMQ de ambos será viesado e inconsistente.

(Desde que também $\beta_3 \neq 0$, pois, caso contrário, estaremos omitindo uma variável não relevante para o modelo.)

Mas suponha que x_1 é correlacionado com x_3, mas x_2 não é. O estimador de x_2 também será viesado se ele for correlacionado com x_1. Ou seja, o viés de endogeneidade contamina também x_2, através de x_1. Mas, caso x_2 não seja correlacionado com x_1, então o EMQ de x_2 não será viesado e inconsistente.

(2) Falso. É válido o contrário: um indicativo de multicolinearidade é estatísticas t não significativas, e teste F significativo e R^2 alto. Isso porque a variância dos estimadores será muito elevada, dada a alta correlação entre eles.

Observação: Uma forma de notar isso é lembrando da fórmula da variância do EMQ para um modelo de regressão linear múltipla (RLM) em termos de somatório:

$$Var(\hat{\gamma}_j) = \frac{\sigma^2}{SQT_j(1-R_j^2)}$$

onde aqui $\hat{\gamma}_j$ expressa o estimador do coeficiente da j-ésima variável explicativa, $SQT_j = \sum(x_{ji} - \bar{x}_j)^2$ e R_j^2 é o R^2 da regressão de x_j contra os demais regressores. Se houver o problema de multicolinearidade, ou seja, se existir correlação alta entre os regressores (por exemplo, correlação alta entre x_j e um conjunto dos demais), o R_j^2 será alto e, assim, a variância também será alta.

A estatística t, que é $\hat{\gamma}_j / \sqrt{Var(\hat{\gamma}_j)}$, será baixa, e os estimadores serão pouco significativos. A estatística F e R^2 do modelo de regressão de y contra x não depende da correlação entre os regressores (apenas do SQR e SQT, ou seja, da soma dos quadrados dos resíduos e da variável dependente) e, assim, se tivermos regressores relevantes para explicar y, então a estatística F e R^2 indicarão que o modelo como um todo terá um alto poder explicativo.

(3) Falso. O certo seria:

$$F = \frac{R^2/(k-1)}{(1-R^2)/(n-k)} = \frac{R^2(n-k)}{(1-R^2)(k-1)}$$

Atenção: Note que, neste item, o número de regressores é definido como k menos 1. Se k fosse o número de regressores, então o correto seria:

$$F = \frac{R^2/(k)}{(1-R^2)/(n-k-1)} = \frac{R^2(n-k-1)}{(1-R^2)(k)}$$

(4) Verdadeiro. Note que:

$$R^2 = 1 - \frac{SQR}{SQT} \geq \bar{R}^2 = 1 - \frac{SQR/(n-k-1)}{SQT/(n-1)}, \text{ para } k \geq 2.$$

ou:

$$\bar{R}^2 = 1 - \frac{(1-R^2)(n-1)}{(n-k-1)}$$

na qual k é agora o número de regressores.

PROVA DE 2003

Questão 6

Considere o modelo de regressão linear múltipla para dados seccionais
$y_i = \beta_0 + \beta_1 x_{1i} + \beta_2 x_{2i} + ... + \beta_k x_{ki} + u_i$, $i = 1, ..., n$.
É correto afirmar que:

- (0) Para que os estimadores de mínimos quadrados sejam os melhores estimadores lineares não tendeciosos é necessário que os erros sejam normalmente distribuídos.
- (1) A hipótese que $Var(u_i \mid x_{1i}, x_{2i}, ..., x_{ki}) = \sigma^2$, $i = 1, ..., n$, não é necessária para que os estimadores de mínimos quadrados sejam consistentes.
- (2) A inclusão de uma nova variável explicativa no modelo reduzirá o coeficiente de determinação R^2.
- (3) Para que as estatísticas t e F sejam válidas assintoticamente é necessário que os erros sejam normalmente distribuídos.
- (4) Se $Cov(x_{1i}, x_{3i}) \neq 0$, $i = 1, ..., n$ os estimadores de Mínimos Quadrados Ordinários da regressão $y_i = \beta_0 + \beta_1 x_{1i} + \beta_2 x_{2i} + ... + \beta_k x_{ki} + u_i$, $i = 1, ..., n$, serão tendenciosos.

Resolução:

(0) Falso. Essa hipótese é necessária para que MQO seja eficiente na classe de estimadores não viesados. Na classe de estimadores **lineares** não viesados (que

é mais restrita), não é necessária a hipótese de normalidade dos erros. Este resultado se deve ao teorema de Gauss-Markov.

(1) Verdadeiro. Não é necessária a hipótese de homocedasticidade. Na prova da consistência utilizamos as hipóteses de linearidade dos parâmetros, amostra aleatória, $E(u \mid x) = 0$ (que implica também que a média dos erros é zero e que a covariância entre u e x é nula), e não existe multicolinearidade perfeita (Wooldridge, 2006, p.160). A prova pode ser encontrada em Johnston (1997, p. 177).

(2) Falso. Com a inclusão de um novo regressor, o R^2 não reduz. Provemos: seja a função RLM amostral:

$$y_i = \hat{\beta}_0 + \hat{\beta}_1 x_{1i} + \ldots + \hat{\beta}_k x_{ki} + \hat{u}_i$$

Quando falamos que adicionamos um regressor no modelo, significa que tal regressor é retirado do erro da regressão, ou seja, se adicionamos x_{k+1} ao modelo:

$$y_i = \hat{\beta}_0 + \hat{\beta}_1 x_{1i} + \ldots + \hat{\beta}_k x_{ki} + \hat{\beta}_{k+1} x_{k+1i} + \hat{\varepsilon}_i$$

Sendo que no modelo anterior havia, então, $\hat{u}_i = \hat{\beta}_{k+1} x_{k+1i} + \hat{\varepsilon}_i$. Computando o R^2 do primeiro modelo (sem o regressor adicional):

$$R_1^2 = 1 - \frac{SQR_1}{SQT}$$

na qual:

$$SQR_1 = \sum_{i=1}^{n} \hat{u}_i^2 = \sum_{i=1}^{n} \left(\hat{\beta}_{k+1} x_{k+1i} + \hat{\varepsilon}_i \right)^2$$

$$= \sum_{i=1}^{n} \hat{\beta}_{k+1}^2 x_{k+1i}^2 + \sum_{i=1}^{n} 2\hat{\beta}_{k+1} x_{k+1i} \hat{\varepsilon}_i + \sum_{i=1}^{n} \hat{\varepsilon}_i^2$$

$$= \sum_{i=1}^{n} \hat{\beta}_{k+1}^2 x_{k+1i}^2 + 2\hat{\beta}_{k+1} \sum_{i=1}^{n} x_{k+1i} \hat{\varepsilon}_i + \sum_{i=1}^{n} \hat{\varepsilon}_i^2$$

o termo do meio $\sum_{i=1}^{n} x_{k+1i} \hat{\varepsilon}_i = 0$, pois vem da CPO (derivada do comentário do item 0, questão 9, da prova da Anpec de 2002) do problema de minimização do MQO (veja comentário abaixo). Assim,

$$SQR_1 = \sum_{i=1}^{n} \hat{\beta}_{k+1}^2 x_{k+1i}^2 + \sum_{i=1}^{n} \hat{\varepsilon}_i^2 \geq \sum_{i=1}^{n} \hat{\varepsilon}_i^2 = SQR_2,$$

na qual SQR_2 é o SQR do segundo modelo (adicionado do regressor x_{k+1}). Note que o primeiro termo do SQR_1 é uma soma de termos não negativos. Assim, o R^2 dos dois modelos será

$$R_2^2 = 1 - \frac{SQR_2}{SQT} \geq 1 - \frac{SQR_1}{SQT} = R_1^2,$$

pois $SQR_1 \geq SQR_2$ (note que o SQT é igual para os dois modelos, porque ambos utilizam a mesma variável dependente).

Observação: A expressão $\sum_{i=1}^{n} x_{k+1i} \hat{\varepsilon}_i$ pode ser escrita como

$$\sum_{i=1}^{n} x_{k+1i} \hat{\varepsilon}_i = \sum_{i=1}^{n} x_{k+1i} \hat{\varepsilon}_i - \overline{x}_{k+1} \sum_{i=1}^{n} \hat{\varepsilon}_i,$$

pois $\sum_{i=1}^{n} \hat{\varepsilon}_i = 0$, que vem também de uma das CPOs do MQO (que significa que a média dos resíduos $\overline{\hat{\varepsilon}}$ é zero). Assim,

$$\sum_{i=1}^{n} x_{k+1i} \hat{\varepsilon}_i = \sum_{i=1}^{n} x_{k+1i} \hat{\varepsilon}_i - \sum_{i=1}^{n} \overline{x}_{k+1} \hat{\varepsilon}_i$$
$$= \sum_{i=1}^{n} (x_{k+1i} - \overline{x}_{k+1}) \hat{\varepsilon}_i,$$

que é zero. Esta última expressão representa a covariância entre o regressor e o resíduo, que é nula.

(3) Falso. Mesmo que os erros não sejam normais, os testes serão válidos assintoticamente. Isso ocorre porque a normalidade assintótica dos estimadores MQO também implica que as estatísticas t e F têm distribuição t e F aproximada em amostras grandes, o que os torna válidos. Mas, para isso, devem ser válidas as hipóteses do modelo clássico, com exceção, logicamente, de que os erros são normalmente distribuídos.

(4) Falso. Existência de correlação diferente de zero entre os regressores não viola nenhuma das hipóteses do modelo clássico de regressão linear. O que não

pode ocorrer é colinearidade perfeita (um ou mais regressores serem combinações lineares dos demais).

Questão 7

O método dos Mínimos Quadrados Ordinários foi empregado para estimar o modelo de regressão abaixo, cujo objetivo é explicar as variações de renda entre 526 indivíduos:

$$\log(renda) = 0{,}417 - 0{,}297\,sexo + 0{,}080\,educ + 0{,}029\,exper - 0{,}00058\,exper^2 + u,$$
$${\scriptstyle (0{,}099)}{\scriptstyle (0{,}036)}{\scriptstyle (0{,}007)}{\scriptstyle (0{,}005)}{\scriptstyle (0{,}00010)}$$

$$R^2 = 0{,}441, \quad n = 526,$$

em que *sexo* é uma variável dicotômica (valor 1, se for homem, e 0, caso contrário), *educ* é o número de anos de escolaridade, *exper* é experiência profissional, também medida em anos. Os números entre parêntesis são os erros padrões das estimativas (s_{b_i}, $i = 0, 1, \ldots, 4$). Com base nos resultados acima, é correto afirmar:

- ⓪ A regressão não é estatisticamente significante pois o coeficiente de determinação é menor do que 0,5.
- ① A diferença de renda entre homens e mulheres não é estatisticamente significante.
- ② Um ano a mais de escolaridade, mantidos constantes todos os demais fatores, aumenta em 0,08% a renda de um indivíduo do sexo feminino.
- ③ A significância conjunta das variáveis *educ* e *exper* não pode ser medida por meio da estatística *t*. Para isto, o teste F deve ser utilizado.
- ④ O modelo é incapaz de captar diferenças nos retornos da educação entre homens e mulheres.

Resolução:

(0) Falso. O R^2 mede o poder explicativo da regressão, ou seja, quanto da variação total da variável dependente é explicada pelo modelo. Para se testar se a regressão é significante (ou seja, se todos os regressores são conjuntamente significantes) deve-se utilizar o teste *F*.

(1) Falso. A estatística *t* para a variável "sexo" será

$$t = \frac{-0.297}{0.036} = 8.25,$$

a qual é bem elevada, se comparada à tabela da distribuição *t* de Student com 521 = 526-5 graus de liberdade e, portanto, a variável será significativa.

(2) Falso. O efeito aproximado será

$$\left.\frac{\partial \log renda}{\partial edu}\right|_{sexo=0} \simeq 0.08,$$

para as mulheres, que, em termos percentuais, será aproximadamente 8%. Ou seja, um aumento de 1 ano de estudo gera um aumento médio estimado de 8% no nível da renda das mulheres

Observação: O efeito é aproximado, pois a variável *educ* não é contínua. Se se quiser o valor exato em termos percentuais, então deve-se medir o efeito em termos de variação, ou seja,

$$\log renda_1 - \log renda_0 = 0{,}08\Delta educ,$$

em que $\log renda_0$ é o log da renda inicial e o com o subscrito 1 é o log da renda final. Assim,

$$\log \frac{renda_1}{renda_0} = 0.08\Delta educ$$

$$\exp\left(\log \frac{renda_1}{renda_0}\right) = \exp(0.08\Delta educ)$$

$$\frac{renda_1}{renda_0} = \exp(0.08\Delta educ)$$

$$\frac{renda_1}{renda_0} - 1 = \exp(0.08\Delta educ) - 1$$

$$\frac{renda_1 - renda_0}{renda_0} = \exp(0.08\Delta educ) - 1,$$

na qual o lado esquerdo é a variação da renda em termos decimais. Assim, multiplicando por 100%,

$$\left(\frac{renda_1 - renda_0}{renda_0}\right)100\% = \left[\exp(0.08\Delta educ) - 1\right]100\%.$$

Tem-se agora o impacto na renda em termos percentuais. Como o enunciado tratou de um aumento de 1 ano de escolaridade, então, temos $\Delta educ = 1$, que será

$$\left(\frac{renda_1 - renda_0}{renda_0}\right)100\% = \left[\exp(0.08) - 1\right]100\% = 8.33\%.$$

Portanto, o impacto exato no nível da renda de um aumento de 1 ano de escolaridade seria de 8.33%.

(3) Verdadeiro. Esta é justamente a função do teste *F*: testar hipóteses sobre restrições lineares múltiplas. Nesse caso, estaríamos testando se os coeficientes de *educ* e *exper* são conjuntamente iguais a zero, contra a alternativa de pelo menos um ser não significativo.

(4) Verdadeiro. Para captar isso, o modelo deveria ter incluído uma variável de interação: *sexo · educ*.

Observação: Neste caso, o modelo seria:
$$\log renda = \beta_0 + \beta_1 sexo + \beta_2 educ + \beta_3 exper + \beta_4 exper^2 + \beta_5 (sexo \cdot educ) + u.$$

Assim, para captar diferenças nos retornos da educação entre homens e mulheres, deve-se estimar:
$$\begin{cases} E[\log renda \mid sexo = 1, educ = s+1, x] - E[\log renda \mid sexo = 1, educ = s, x] \\ -\left(E[\log renda \mid sexo = 0, educ = s+1, x] - E[\log renda \mid sexo = 0, educ = s+1, x]\right) \end{cases}$$

nas quais *x* são os outros regressores (*exper* e *exper²*), que estão sendo mantidos fixos. A primeira linha da expressão acima é o diferencial médio do log da renda dos homens quando esses têm s+1 e s anos de estudo. A segunda linha refere-se ao mesmo diferencial, só que para as mulheres. Assim, a diferença da primeira para a segunda linha está medindo as diferenças nos retornos da educação entre homens e mulheres. Computando esta diferença, teremos:

$$\begin{cases} E[\log renda \mid sexo = 1, educ = s+1, x] - E[\log renda \mid sexo = 1, educ = s, x] \\ -\left(E[\log renda \mid sexo = 0, educ = s+1, x] - E[\log renda \mid sexo = 0, educ = s+1, x]\right) \end{cases} =$$

$$\begin{cases} [\beta_1 + \beta_2(s+1) + \beta_5(s+1)] - [\beta_1 + \beta_2 s + \beta_5 s] \\ -(\beta_2(s+1) - \beta_2 s) \end{cases} =$$

$$\beta_5(s+1) - \beta_5 s =$$
$$\beta_5.$$

Então, o coeficiente da variável de interação (*sexo · educ*) mede justamente tal efeito.

PROVA DE 2004
Questão 11

Considere o modelo de regressão linear múltipla para dados seccionais:
$y_i = \beta_0 + \beta_1 x_{1i} + \beta_2 x_{2i} + ... + \beta_k x_{ki} + u_i$, $i = 1, ..., n$.

É correto afirmar que:

- ⓪ Para que os estimadores de mínimos quadrados sejam lineares não tendeciosos de menor variância (BLUE) é necessário que os erros sejam homocedásticos.
- ① A hipótese que $Var(u_i \mid x_{1i}, x_{2i}, ..., x_{ki}) = \sigma^2$, $i = 1, ..., n$, é necessária para que os estimadores de mínimos quadrados sejam não tendenciosos.
- ② As estatísticas t e F continuam válidas assintoticamente mesmo que os erros da regressão sejam heterocedásticos.
- ③ Se $Cov(x_{1i}, x_{3i}) \neq 0$, $i = 1, ..., n$, os estimadores de Mínimos Quadrados Ordinários da regressão $y_i = \beta_0 + \beta_1 x_{1i} + \beta_2 x_{2i} + \beta_4 x_{4i} + ... + \beta_k x_{ki} + u_i$, $i = 1, ..., n$, serão consistentes.
- ④ Se $Cov(x_{1i}, x_{3i}) = 0$, os $i = 1, ..., n$, estimadores de Mínimos Quadrados Ordinários da regressão $y_i = \beta_0 + \beta_1 x_{1i} + \beta_2 x_{2i} + \beta_4 x_{4i} + ... + \beta_k x_{ki} + u_i$, $i = 1, ..., n$, serão consistentes.

Resolução:

(0) Verdadeiro. Essa é uma das hipóteses para que seja válido o Teorema de Gauss-Markov. Mostramos aqui uma prova de tal teorema para o caso de RLS.

Teorema de Gauss-Markov: Seja o modelo de regressão linear simples $y_i = \beta_0 + \beta_1 + u_i$, tal que $E(u_i) = 0$ e $V(u_i) = \sigma^2 \; \forall \; i = 1, ..., n$ e $E(u_i u_j) = 0 \; \forall \; i \neq j$; e x_i não estocástico $\forall_i = 1, ..., n$, *dentro da classe dos estimadores lineares e não viesados*, os EMQ são os que apresentam a menor variância.

Prova: Seja a RLS:
$y_i = \beta_0 + \beta_1 x_i + u_i$.

O EMQ pode ser escrito como:

$$\hat{\beta}_1 = \frac{\sum_{i=1}^{n}(x_i - \bar{x})y_i}{\sum_{i=1}^{n}(x_i - \bar{x})^2} = \sum_{i=1}^{n}\frac{(x_i - \bar{x})}{\sum_{i=1}^{n}(x_i - \bar{x})^2}y_i$$

$$= \sum_{i=1}^{n}d_i y_i, \text{ onde } d_i = \frac{x_i - \bar{x}}{\sum_{i=1}^{n}(x_i - \bar{x})^2}.$$

Tome-se um outro estimador $\tilde{\beta}_1 = \sum_{i=1}^{n} w_i y_i$, o qual é linear (pois é uma combinação linear dos $y_i's$) e não viesado. Para este ser não viesado, devemos observar que:

$$\tilde{\beta}_1 = \sum_{i=1}^{n} w_i y_i$$
$$= \sum_{i=1}^{n} w_i (\beta_0 + \beta_1 x_i + u_i)$$
$$= \beta_0 \sum_{i=1}^{n} w_i + \beta_1 \sum_{i=1}^{n} w_i x_i + \sum_{i=1}^{n} w_i u_i.$$

Para que este outro estimador seja não viesado, deve-se ter que:

$$E(\tilde{\beta}_1) = \beta_1.$$

Para ocorrer isso, devem valer as seguintes condições:

$$\sum_{i=1}^{n} w_i = 0 \text{ e}$$
$$\sum_{i=1}^{n} w_i x_i = 1$$

Assim, o estimador pode ser escrito como:

$$\tilde{\beta}_1 = \beta_1 + \sum_{i=1}^{n} w_i u_i.$$

Como estamos supondo que X é não estocástico (ou seja, fixo), então

$$E\left(\sum_{i=1}^{n} w_i u_i\right) = \sum_{i=1}^{n} E(w_i u_i) = \sum_{i=1}^{n} w_i E(u_i) = 0$$

visto que w_i é função de x_i, o qual é não estocástico.

Analisando a variância de $\tilde{\beta}_1$:

$$Var(\tilde{\beta}_1) = E\left[\left(\tilde{\beta}_1 - E(\tilde{\beta}_1)\right)^2\right]$$

$$= E\left[\left(\tilde{\beta}_1 - \beta_1\right)^2\right]$$

$$= E\left[\left(\sum_{i=1}^n w_i u_i\right)^2\right]$$

$$= E\left[\left(w_1 u_1 + ... + w_n u_n\right)^2\right]$$

$$= E\left(w_1^2 u_1^2\right) + ... + E\left(w_n^2 u_n^2\right)$$

$$= w_1^2 E\left(u_1^2\right) + ... + w_n^2 E\left(u_n^2\right)$$

$$Var(\tilde{\beta}_1) = \sigma^2 \sum_{i=1}^n w_i^2$$

na qual, na quarta linha, foi usada a hipótese de autocorrelação nula dos erros, ou seja, $E(u_i u_j) = 0$, para todo $i, j, i \neq j$, e na última linha foi utilizada a hipótese de homocedasticidade, ou seja, $E(u_i^2) = \sigma^2$, para todo i.

Agora, vejamos qual o w_i que gera a menor variância. Para isso:

$$\min_{w_i} \sum_{i=1}^n w_i^2$$

s.t.

$$\sum_{i=1}^n w_i = 0$$

$$\sum_{i=1}^n w_i x_i = 1$$

$$L = \sum_{i=1}^n w_i^2 - \lambda_1 \sum_{i=1}^n w_i - \lambda_2 \left(\sum_{i=1}^n w_i x_i - 1\right).$$

As CPOs serão:

$$CPO_1: \frac{\partial L}{\partial w_i} = 2w_i - \lambda_1 - \lambda_2 x_i = 0 \Rightarrow 2w_i = \lambda_1 + \lambda_2 x_i,$$

$$CPO_2: \sum_{i=1}^n w_i = 0$$

$$CPO_3: \sum_{i=1}^n w_i x_i = 1.$$

Passando o somatório na primeira CPO_1 acima, teremos:

$$2\sum_{i=1}^{n} w_i = \sum_{i=1}^{n} \lambda_1 + \lambda_2 \sum_{i=1}^{n} x_i$$

$$\sum_{i=1}^{n} w_i = n\lambda_1 + \lambda_2 \sum_{i=1}^{n} x_i.$$

Substituindo a CPO_2 na expressão acima, teremos:

$$0 = n\lambda_1 + \lambda_2 \sum_{i=1}^{n} x_i$$

$$\lambda_1 = -\lambda_2 \frac{\sum_{i=1}^{n} x_i}{n} = -\lambda_2 \bar{x}.$$

Substituindo w_i da CPO_1 em CPO_3, teremos:

$$\underbrace{\sum_{i=1}^{n} w_i x_i}_{1} = \sum_{i=1}^{n} \underbrace{\frac{(\lambda_1 + \lambda_2 x_i)}{2}}_{w_i} x_i$$

$$1 = \frac{1}{2}\left(\lambda_1 \sum_{i=1}^{n} x_i + \lambda_2 \sum_{i=1}^{n} x_i^2\right)$$

$$2 = \left(\lambda_1 \sum_{i=1}^{n} x_i + \lambda_2 \sum_{i=1}^{n} x_i^2\right)$$

Substituindo $\lambda_1 = -\lambda_2 \bar{x}$ na expressão acima, teremos:

$$-\lambda_2 \bar{x} \sum_{i=1}^{n} x_i + \lambda_2 \sum_{i=1}^{n} x_i^2 = 2$$

$$\lambda_2 \left(-\bar{x} \sum_{i=1}^{n} x_i + \sum_{i=1}^{n} x_i^2\right) = 2$$

$$\lambda_2 \left(-\bar{x} n \bar{x} + \sum_{i=1}^{n} x_i^2\right) = 2$$

$$\lambda_2 \left(\sum_{i=1}^{n} x_i^2 - n\bar{x}^2\right) = 2$$

Agora, relembre que:

$$\sum_{i=1}^{n}(x_i - \bar{x})^2 = \sum_{i=1}^{n}\left(x_i^2 - 2x_i\bar{x} + \bar{x}^2\right) = \sum_{i=1}^{n} x_i^2 - 2\bar{x}\sum_{i=1}^{n} x_i + \sum_{i=1}^{n} \bar{x}^2$$

$$= \sum_{i=1}^{n} x_i^2 - 2\bar{x}n\bar{x} + n\bar{x}^2$$

$$\sum_{i=1}^{n}(x_i - \bar{x})^2 = \sum_{i=1}^{n} x_i^2 - n\bar{x}^2$$

Então, podemos substituir esta expressão em $\lambda_2 \left(\sum_{i=1}^{n} x_i^2 - n\bar{x}^2 \right) = 2$, obtendo

$$\lambda_2 \sum_{i=1}^{n} (x_i - \bar{x})^2 = 2$$

$$\lambda_2 = \frac{2}{\sum_{i=1}^{n} (x_i - \bar{x})^2}$$

Substituindo esta expressão em $\lambda_1 = -\lambda_2 \bar{x}$, teremos

$$\lambda_1 = \frac{-2\bar{x}}{\sum_{i=1}^{n} (x_i - \bar{x})^2}.$$

Substituindo os valores de λ_1 e λ_1 na CPO$_1$, teremos:

$$w_i = \frac{1}{2}(\lambda_1 + \lambda_2 x_i)$$

$$w_i = \frac{1}{2} \left(\frac{-2\bar{x}}{\sum_{i=1}^{n}(x_i - \bar{x})^2} + \frac{2x_i}{\sum_{i=1}^{n}(x_i - \bar{x})^2} \right)$$

$$w_i = \left(\frac{-\bar{x}}{\sum_{i=1}^{n}(x_i - \bar{x})^2} + \frac{x_i}{\sum_{i=1}^{n}(x_i - \bar{x})^2} \right)$$

$$w_i = \frac{x - \bar{x}}{\sum_{i=1}^{n}(x_i - \bar{x})^2} = d_i$$

Então, o próprio d_i gera a menor variância. Logo, $\hat{\beta}_1 = \sum_{i=1}^{n} d_i y_i$ (EMQ) é o estimador que possui menor variância, dentro da classe de estimadores lineares não viesados.

(1) Falso. Essa hipótese é de homocedasticidade. Não é necessária tal hipótese, pois na prova de não tendenciosidade do estimador foram utilizadas as hipóteses de linearidade dos parâmetros, amostra aleatória, $E(u \mid x) = 0$ (que implica também que a média dos erros é zero e que a covariância entre u e x é nula), e de que não existe multicolinearidade perfeita (Wooldridge, 2006, p.160).

(2) Falso. Veja o item 3, questão 6, da prova da Anpec de 2003.

(3) Falso. Note que x_{3i} foi omitida da equação. Então, o estimador de x_1 será viesado e inconsistente, e os demais poderão ser contaminados (se tornando viesados e inconsistentes) se suas variáveis forem correlacionadas com x_1.

Observação: Veja o item 1, questão 10, da prova da Anpec de 2002, para uma exposição deste problema.

(4) Falso. Pois nada é mencionado sobre a covariância entre x_3 e as demais variáveis (além de x_1).

Questão 14

Um pesquisador estimou uma regressão múltipla com 5 variáveis independentes e n = 56, mas, na pressa, não imprimiu os resultados e anotou apenas o valor do R^2 = 0,90, o coeficiente de determinação. Este pesquisador precisa verificar se a regressão é significante. Ajude-o, calculando o valor da estatística do teste a ser empregado.

Resolução:

Empregando o teste F:

$$F = \frac{R^2 / k}{(1-R^2)/(n-k-1)} = \frac{0.9/5}{0.1/(56-6)} = 90,$$

onde k é o número de regressores (excluindo a constante).

PROVA DE 2005

Questão 10

A respeito do modelo de regressão múltipla:

$Y_i = \beta_0 + \beta_1 X_{1i} + \beta_2 X_{2i} + e_i$

em que e_i tem média zero e variância σ^2, são corretas as afirmativas:

- ⓪ No caso de uma forte colinearidade entre X_{1i} e X_{2i}, tende-se a aceitar a hipótese nula de que $\beta_2 = 0$, pois a estatística t é subestimada.
- ① Se os erros são autocorrelacionados, ainda assim os estimadores de Mínimos Quadrados Ordinários de β_1 e β_2 são lineares e não tendenciosos.
- ② Se os erros são heterocedásticos, ainda assim os testes usuais t e F podem, sem prejuízo algum, ser empregados para se testar a significância dos parâmetros do modelo, caso estes sejam estimados por Mínimos Quadrados Ordinários.

③ Erros de medida da variável dependente reduzem as variâncias dos estimadores de Mínimos Quadrados Ordinários de $\hat{\beta}_1$ e $\hat{\beta}_2$.

④ A omissão da variável explicativa relevante, X_2, para explicar a variável dependente, Y_i, torna a estimativa dos coeficientes β_0 e β_1 tendenciosa e inconsistente, se somente se, a variável omitida X_2, for correlacionada com a variável incluída, X_1.

Resolução:

(0) Verdadeiro. Retomando a fórmula da variância:

$$Var(\hat{\beta}_2) = \frac{\sigma^2}{SQT_2(1-R_2^2)}$$

onde $SQT_2 = \sum_{i=1}^{n}(X_{2i} - \overline{X}_2)$ e R_2^2 são o coeficiente de determinação da regressão de X_2 contra X_1. No caso de uma forte colinearidade entre ambos, o R_2^2 tende a ser alto e, consequentemente, a variância de β_2 será maior. Assim, a estatística t, dada por:

$$t_{\beta_2} = \frac{\hat{\beta}_2}{\sqrt{Var(\hat{\beta}_2)}}$$

tenderá a ser subestimada, pois o denominador será maior e, portanto, a hipótese nula $H_0 : \beta_2 = 0$ tenderá a não ser rejeitada, ou seja, X_2 tenderá a ser não significativa.

Observação: O mesmo raciocínio vale para $\hat{\beta}_1$, e sua estatística t tenderá a ser subestimada também.

(1) Verdadeira. Tal hipótese não é necessária na prova de não viés, conforme visto em Questão anteriores.

(2) Falsa. Porque os estimadores das variâncias dos parâmetros serão viesados, invalidando os testes t e F usuais.

(3) Falsa. Seja y^*, a variável correta do modelo, mas suponha que tenhamos apenas uma medida imperfeita dela, denotada como y. O erro de medida seria:

$$e_0 = y - y^*$$

O modelo verdadeiro seria:
$$y^* = \beta_0 + \beta_1 x_1 + ... + \beta_k x_k + u$$

que satisfaz as hipóteses de Gauss-Markov.

Mas o modelo que é passível de estimação será:
$$y = \beta_0 + \beta_1 x_1 + ... + \beta_k x_k + u + e_0$$

Se e_0 e u são não correlacionados, então $Var(u+e_0) = \sigma_u^2 + \sigma_{e_0}^2 > \sigma_u^2$, o que implica variância dos estimadores maior. (Se eles fossem correlacionados, então $Var(u+e_0) = \sigma_u^2 + \sigma_{e_0}^2 + 2Cov(u,e_0) \neq \sigma_u^2$, e será menor só se a correlação entre e_0 e u for negativa o suficiente para reduzir a variância do erro $(u + e_0)$ abaixo de σ_u^2.)

(4) Verdadeira. Este é um problema de endogeneidade. Veja o item 1, questão 10, da prova da Anpec de 2002, para uma exposição deste problema.

Questão 11

É dada a seguinte função de produção para determinada indústria:
$\ln(Y_i) = \beta_0 + \beta_1 \ln(L_i) + \beta_2 \ln(k_i) + u_i$,
em que Y é o valor adicionado por firma (em reais), L é o trabalho empregado, K é o valor do capital (em reais), e u é o termo aleatório. Uma amostra aleatória de 27 observações leva às seguintes estimativas:

$\ln(Y_i) = 1{,}1755 + 0{,}6022\ln(L_i) + 0{,}3856\ln(K_i)$

$SQR = \sum_{i=1}^{27} \hat{u}_i^2 = 0{,}84$

$R^2 = 0{,}76$

São corretas as afirmativas:

Ⓞ Se Y passasse a ser medido em mil reais, somente o valor estimado do intercepto da regressão seria alterado.

① Ao nível de 5%, os coeficientes associados ao trabalho e ao capital são conjuntamente iguais a zero.

② Se o desvio padrão do estimador de β_2 for 0,0854, o intervalo de confiança a 95% para o efeito sobre Y de um aumento de 1% no estoque de capital será $\dfrac{0{,}95 \times 0{,}3856}{0{,}0854}$.

③ Os valores estimados permitem concluir que, para aquela indústria, a produtividade marginal do trabalho é menor que a produtividade média do mesmo fator.

④ Qualquer outra forma funcional que leve a um R^2 maior que 0,76 será preferível à utilizada.

Resolução:

(0) Falso. Considere o novo $Z_i = wY_i$, onde $w = 1/1000$. Note que o modelo agora será dado por

$$\ln(Y_i) = \beta_0 + \beta_1 \ln(L_i) + \beta_2 \ln(K_i) + u_i \Rightarrow$$
$$\ln(w) + \ln(Y_i) = \underbrace{(\beta_0 + \ln(w))}_{\alpha} + \beta_1 \ln(L_i) + \beta_2 \ln(K_i) + u_i \Rightarrow$$
$$\ln(wY_i) = \underbrace{(\beta_0 + \ln(w))}_{\alpha} + \beta_1 \ln(L_i) + \beta_2 \ln(K_i) + u_i.$$

Logo, para a equação populacional, está claro que apenas o intercepto muda. Verifiquemos agora as expressões dos estimadores. Antes contudo, faz-se necessária a apresentação de alguma notação. Sejam $\bar{Y} = 1/n \sum_{i=1}^{n} \ln(Y_i)$, $y_i = (\ln(Y_i) - \bar{Y})$, $\bar{Z} = 1/n \sum_{i=1}^{n} \ln(Z_i)$, $z_i = (\ln(Z_i) - \bar{Z})$, $\bar{L} = 1/n \sum_{i=1}^{n} \ln(L_i)$, $l_i = (\ln(L_i) - \bar{L})$, $\bar{K} = 1/n \sum_{i=1}^{n} \ln(K_i)$ e $k_i = (\ln(K_i) - \bar{K})$.

Conforme em Gujarati(2006), que apresenta as equações dos estimadores de MQO para o modelo com duas variáveis explicativas, o estimador de MQO para o coeficiente $ln(L_i)$ no para o modelo modificado podem ser escritas como segue:

$$\tilde{\beta}_2 = \left(\sum_{i=1}^{n} z_i l_i\right)\left(\sum_{i=1}^{n} k_i^2\right) - \left(\sum_{i=1}^{n} z_i k_i\right)\left(\sum_{i=1}^{n} k_i l_i\right)\left(\sum_{i=1}^{n} l_i^2\right)\left(\sum_{i=1}^{n} k_i^2\right) - \left(\sum_{i=1}^{n} k_i l_i\right)^2.$$

Abrindo a expressão, obtemos

$$\tilde{\beta}_2 = \left(\sum_{i=1}^{n} (w+y_i)l_i\right)\left(\sum_{i=1}^{n} k_i^2\right) - \left(\sum_{i=1}^{n} (w+y_i)k_i\right)\left(\sum_{i=1}^{n} k_i l_i\right)\left(\sum_{i=1}^{n} l_i^2\right)\left(\sum_{i=1}^{n} k_i^2\right) - \left(\sum_{i=1}^{n} k_i l_i\right)^2$$

$$= \left[\left(\sum_{i=1}^{n} wl_i\right) + \left(\sum_{i=1}^{n} y_i l_i\right)\right]\left(\sum_{i=1}^{n} k_i^2\right) -$$

$$\left[\left(\sum_{i=1}^{n} wk_i\right) + \left(\sum_{i=1}^{n} y_i k_i\right)\right]\left(\sum_{i=1}^{n} k_i l_i\right)\left(\sum_{i=1}^{n} l_i^2\right)\left(\sum_{i=1}^{n} k_i^2\right) - \left(\sum_{i=1}^{n} k_i l_i\right)^2$$

$$= w\left(\sum_{i=1}^{n} l_i\right)\left(\sum_{i=1}^{n} k_i^2\right) -$$

$$w\left(\sum_{i=1}^{n} k_i\right)\left(\sum_{i=1}^{n} k_i l_i\right)\left(\sum_{i=1}^{n} l_i^2\right)\left(\sum_{i=1}^{n} k_i^2\right) - \left(\sum_{i=1}^{n} k_i l_i\right)^2 +$$

$$\left(\sum_{i=1}^{n} y_i l_i\right)\left(\sum_{i=1}^{n} k_i^2\right) -$$

$$\left(\sum_{i=1}^{n} y_i k_i\right)\left(\sum_{i=1}^{n} k_i l_i\right)\left(\sum_{i=1}^{n} l_i^2\right)\left(\sum_{i=1}^{n} k_i^2\right) - \left(\sum_{i=1}^{n} k_i l_i\right)^2$$

$$= 0 + \hat{\beta}_2,$$

pois $\left(\sum_{i=1}^{n} l_i\right) = 0$ e $\left(\sum_{i=1}^{n} k_i\right) = 0$, são afastamentos das observações amostrais em relação à média amostral. Logo, não há mudança no estimador dos demais coeficientes de inclinação (as contas são análogas para o coeficiente de $ln(K_i)$. A estimativa do intecepto, no entanto, é alterada visto que

$$\tilde{\alpha} = \bar{Z} - \hat{\beta}_2 \bar{L} - \hat{\beta}_3 \bar{K} = \bar{Y} + w - \hat{\beta}_2 \bar{L} - \hat{\beta}_3 \bar{K} = w + \bar{Y} - \hat{\beta}_2 \bar{L} - \hat{\beta}_3 \bar{K} = w + \hat{\beta}_1$$

(1) Falsa. Utilizando o teste F:

$$F = \frac{R^2 / k}{(1-R^2)/(n-k-1)} = \frac{0.76/2}{0.24/(27-3)} = 38,$$

que é bem elevada, se comparada com o quantil de probabilidade $1 - \alpha$ da distribuição F de Snedecor com 2 e 24 graus de liberdade. Assim, rejeita a H_0 dos coeficientes serem conjuntamente nulos.

(2) Falsa. O IC será:

$$\left[\hat{\beta}_2 \pm t_{(1-\alpha/2, 24)} \sigma_{\hat{\beta}_2}\right],$$

onde 24 = n-k-1, que são os graus de liberdade. Pela tabela t, dada no final da prova, o intervalo de confiança a 95% será:

$$\left[\hat{\beta}_2 \pm 2.06\sigma\right] = \left[0.3856 - 2.06 \cdot 0.0854, 0.3856 + 2.06 \cdot 0.0854\right].$$

(3) Verdadeira. Note que:

$$\frac{\partial \ln Y}{\partial L} = \frac{\partial Y}{\partial L}\frac{L}{Y} = \frac{\partial Y / \partial L}{Y / L}$$

$$= \frac{PMgL}{PMe} = 0.6 < 1$$

$$\Rightarrow PMgL < PMe.$$

(4) Falsa. Quando comparamos formas funcionais diferentes (ou seja, com conjunto de regressores diferentes), devemos utilizar o $\bar{R}^2$ (R^2 ajustado). Assim, será preferível se tiver um $\bar{R}^2$ maior.

Observação: Só usamos o R^2 no caso de as regressões que estamos comparando terem o mesmo número de regressores, o que não é necessariamente o caso deste item.

Questão 12

Um pesquisador estima o seguinte modelo de regressão simples: $Y_i = \beta_0 + \beta_1 X_i + e$. Outro pesquisador estima o mesmo modelo, mas com escalas diferentes para Y_i e X_i. O segundo modelo é: $Y_i^* = \beta_0^* + \beta_1^* X_i^* + e_i^*$, em que: $Y_i^* = w_1 Y_i$, $X_i^* = w_2 X_i$ e w_1 e w_2 são constantes maiores que zero.

⓪ Os estimadores de Mínimos Quadrados Ordinários de β_0 e β_1 são iguais aos de β_0^* e β_1^*.
① Se $\hat{\sigma}^{*2}$ é a variância estimada de e_i^* e $\hat{\sigma}^2$ é a variância estimada de e_i, então $\hat{\sigma}^{*2} = w_1^2 \hat{\sigma}^2$.
② As variâncias dos estimadores dos parâmetros do primeiro modelo são maiores do que as variâncias dos estimadores do segundo modelo.
③ Os coeficientes de determinação são iguais nos dois modelos.
④ A transformação de escala de (Y_i, X_i) para (Y_i^*, X_i^*) não afeta as propriedades dos estimadores de Mínimos Quadrados Ordinários dos parâmetros.

Resolução:

(0) Falso. Usando a notação do enunciado, note que:

$$\beta_1^* = \frac{\sum_i (x_i^* - \bar{x}^*) y_i^*}{\sum_i (x_i^* - \bar{x}^*)^2} = \frac{w_1 w_2}{w_1^2} \frac{\sum_i (x_i - \bar{x}) y_i}{\sum_i (x_i - \bar{x})^2} = \frac{w_1 w_2}{w_1^2} \beta_1.$$

(1) Verdadeiro. Note que:

$$y_i^* = \beta_0^* + \beta_1^* x_i^* + e_i^*$$
$$w_1 y_i = \beta_0^* + \beta_1^* w_2 x_i + e_i^*$$
$$y_i = \frac{\beta_0^*}{w_1} + \beta_1^* \frac{w_2}{w_1} x_i + \frac{e_i^*}{w_1}.$$

Assim:

$$\sigma_y^2 = \sigma_e^2 = \frac{\sigma_{e^*}^2}{w_1^2} \Rightarrow w_1^2 \sigma_e^2 = \sigma_{e^*}^2.$$

(2) Falso. As variâncias serão:

$$Var(\beta^*) = \frac{\sigma_{e^*}^2}{\sum_i (x_i^* - \overline{x}^*)^2} = \frac{\sigma_e^2 w_1^2}{w_2^2 \sum_i (x_i - \overline{x})^2} = \frac{w_1^2}{w_2^2} Var(\beta)$$

ou seja, a variância vai depender do fator $\frac{w_1^2}{w_2^2} = \left(\frac{w_1}{w_2}\right)^2$. A afirmação será verdadeira dependendo se $\frac{w_1}{w_2}$ é menor ou maior que 1.

(3) Verdadeiro. Os coeficientes de determinação serão:

$$R^{*2} = 1 - \frac{\sum_{i=1}^{n} e_i^{*2}}{\sum_{i=1}^{n} (y_i^* - \overline{y}^*)^2} = 1 - \frac{w_1^2 \sum_{i=1}^{n} e_i^2}{w_1^2 \sum_{i=1}^{n} (y_1 - \overline{y})^2} = R^2.$$

(4) Verdadeiro. Note que nenhuma das hipóteses do modelo clássico é violada.

Dentre elas:
1. $E(e_i^* \mid x_i^*) = E\left(\frac{e_i^*}{w_1}, x_i^*\right) = 0$

2. $\sigma_{e^*}^2 = w_1^2 \sigma_e^2$, ou seja, homocedasticidade.

Questão 14

Considere o seguinte modelo para a população: $Y = 2 + 4X - 5Z + u$, em que u é o termo aleatório e $E(u \mid X, Z) = E(u) = 0$. A partir de uma amostra de n indivíduos, estimaram-se os parâmetros deste modelo, tendo, todavia, sido omitida a variável Z. Ou seja, o modelo estimado foi: $\hat{Y}_i = \hat{\theta}_0 + \hat{\theta}_1 X_i$. Suponha, ainda, que, para a amostra em questão, tenham sido obtidos os seguintes resultados:

$$\frac{\sum_{i=1}^{n}(Z_i-\bar{Z})(X_i-\bar{X})}{\sum_{i=1}^{n}(X_i-\bar{X})^2}=0{,}7, \text{ em que } \bar{X}=\frac{1}{n}\sum_{i=1}^{n}X_i \text{ e } \bar{Z}=\frac{1}{n}\sum_{i=1}^{n}Z_i.$$

Calcule $E(\hat{\theta}_1 \mid X)$. **Multiplique o resultado por 10.**

Resolução:

O estimador será:

$$\hat{\theta}_1 = \frac{\sum_i (X_i-\bar{X})(Y_i-\bar{Y})}{\sum_i (X_i-\bar{X})^2} = \frac{\sum_i x_i y_i}{\sum_i x_i^2}$$

$$= \frac{\sum_i x_i(4x_i - 5z_i + u_i)}{\sum_i x_i^2} = 4 - 5\frac{\sum_i x_i z_i}{\sum_i x_i^2} + \sum_i x_i u_i$$

$$E(\hat{\theta}_1 \mid X) = 4 - 5 \cdot 0.7 - 0 = 4 - 3.5 = 0.5.$$

Logo, o resultado será 0.5 que, multiplicando por 10, obtém-se o valor final de 5.

PROVA DE 2006

Questão 6

Julgue as afirmativas. A respeito dos estimadores de Mínimos Quadrados Ordinários (MQO), em um modelo de regressão linear múltipla:

- ⓪ Se a variância do erro não for constante, as estimativas dos parâmetros serão não viesadas.
- ① Se $E(\varepsilon) \neq 0$, os estimadores de todos os parâmetros, com exceção do intercepto, serão viesados.
- ② Se o erro não seguir a distribuição Normal as estimativas por MQO são consistentes.
- ③ Sob as hipóteses do modelo de regressão clássica, com erros na forma de ruído branco com distribuição Normal, os estimadores de MQO serão os mais eficientes possíveis.
- ④ A presença de colinearidade imperfeita entre as variáveis explicativas gera estimadores viesados.

Resolução:

(0) Falsa (Discordância do gabarito da Anpec). Não é necessária a hipótese de homocedasticidade para que as estimativas dos parâmetros sejam não viesadas. Mas tem outras hipóteses necessárias que não são mencionadas no item, tais como: linearidade dos parâmetros, amostragem aleatória, $E(u \mid x) = 0$ e colinearidade não perfeita entre os regressores.

Observação: Seria verdadeiro, se considerássemos que esses pressupostos fossem válidos. Mas note que, no item 3, a banca do exame teve o cuidado de assumir as hipóteses do modelo de regressão clássica. Isso é mais um motivo para que o item seja falso.

(1) Falsa. Todos serão viesados. São necessárias as hipóteses enunciadas na solução do item 0 para que o estimador seja não viesado. Violando $E(u) = 0$, estaremos violando $E(u \mid x) = 0$

Observação 1: A hipóstese $E(u \mid x) = 0$, implica $E(u) = 0$. Seja:
$E(u \mid x) = 0$

Usando a Lei das Expectativas Iteradas, obtém-se:
$E(u) = E(E(u \mid x)) = E(0)$
$E(u) = 0$

Assim:
$E(u \mid x)) = 0 \Rightarrow E(u) = 0.$

Portanto, a negação do lado direito implica a negação do lado esquerdo (esse tipo de lógica é chamada de contraposição), ou seja:
$E(u) \neq 0 \Rightarrow E(u \mid x) \neq 0.$

Isso gera o problema chamado endogeneidade, ou seja, u será correlacionado com os regressores. Assim, os estimadores dos parâmetros dos regressores serão viesados (e inconsistentes). Como a estimativa do intercepto é função destes estimadores, ou seja:

$$\hat{\beta}_0 = \bar{y} - \hat{\beta}_1 x_1 - ... - \hat{\beta}_k x_k$$

ele também será viesado.

Observação 2: Outra forma de resolução é a seguinte: Suponha que o modelo correto seja, em notação matricial:

$$y = X_1 \beta_1 + X_2 \beta_2 + u,$$

no qual a matriz X foi dividida em duas partes, X_1 e X_2 com k_1 e k_2 colunas, respectivamente. Se for ignorado o segundo grupo de regressores e estimado o modelo sem X_2, obtém-se o estimador:

$$\hat{\beta}_1 = (X_1'X_1)^{-1} X_1'y = \beta_1 + (X_1'X_1)^{-1} X_1'X_2\beta_2 + (X_1'X_1)^{-1} X_1'u.$$

Tomando-se a esperança na expressão acima, tem-se:

$$E\left[\hat{\beta}_1 \mid X\right] = (X_1'X_1)^{-1} X_1'y = \beta_1 + (X_1'X_1)^{-1} X_1'X_2\beta_2,$$

ou seja, a não ser que $X_1'X_2 = 0$, ou $\beta_2 = 0$, $\hat{\beta}_1$ será viesado. No caso específico desta questão, a variável omitida é a constante, de forma que $X_2 = (1, ..., 1)'$. Assim, o estimador só não será viciado se as observações forem centradas em zero ou se o verdadeiro valor de intercepto for igual a zero.

(2) Falsa. Seria verdadeiro, se valessem as hipóteses enunciadas no item 1.

(3) Verdadeira. Os estimadores MQO são os mais eficientes na classe de estimadores não viesados (note que não precisa ser somente na classe de estimadores lineares, pois entre as hipóteses do modelo linear clássico inclui-se a normalidade dos erros).

(4) Falsa. Colinearidade imperfeita não gera estimadores viesados. Presença de colinearidade imperfeita não é quebra de pressuposto. Como visto em Questões anteriores, a sua única consequência no modelo de regressão linear é o aumento da variância dos estimadores. Se houver colinearidade perfeita (ou seja, se uma ou mais variáveis explicativas forem combinações lineares das demais), não é possível obter os estimadores de MQO, pois a matriz $X'X$ é não inversível.

Questão 8

Em um modelo de regressão múltipla, com erros que seguem uma distribuição Normal, identifique se os itens são corretos:

⓪ Os testes de heterocedasticidade de Breush-Pagan e de White podem ser calculados mediante regressões auxiliares com os quadrados dos resíduos.

① Caso a forma funcional da heteroscedasticidade seja conhecida, mínimos quadrados ponderados, estimados de modo interativo, serão menos eficientes que o estimador de Máxima Verossimilhança.

② Empiricamente não há como distinguir um modelo de expectativas adaptativas de primeira ordem de um modelo de ajustamento parcial de primeira ordem.

③ Se houver uma variável dependente defasada entre as variáveis explicativas, o teste apropriado para a autocorrelação de primeira ordem dos resíduos é o h de Durbin, e não o teste de Breush-Godfrey.

④ Os métodos de estimação do coeficiente de autocorrelação Cochrane-Orcutt e Durbin são diferentes em pequenas amostras.

Resolução:

(0) Verdadeiro. Os dois testes rodam regressões auxiliares dos resíduos ao quadrado contra os regressores apenas (teste BP) ou contra também seus termos ao quadrado e com interação entre eles (teste de White) ou ainda contra apenas os valores ajustados da variável dependente da regressão original (caso especial do teste de White). Para mais detalhes consulte Jonhston (1997, p.166-167).

(1) Verdadeiro. Como a forma funcional da variância é conhecida, deve-se incorporar esta informação no processo de estimação. Com o MQP, estimado de modo interativo, esta informação é desperdiçada.

Observação: Outra forma de interpretar é a seguinte: podemos escrever as expressões de tais estimadores como:

$$Var\left(\hat{\beta}_{MQG}\right) = \frac{e'e}{n-k}\left(X'\Omega^{-1}X\right)^{-1} > Var\left(\hat{\beta}_{MV}\right) = \frac{e'e}{n}\left(X'\Omega^{-1}X\right)^{-1},$$

onde MQG (Mínimos Quadrados Generalizados) é uma forma mais geral do que o MQP.

(2) Falso. Esta questão é muito bem tratada por Gujarati (2006, p.539-544). Empiricamente, ambos os modelos produzem o mesmo modelo de estiva final, exceção feita ao termo de erro, pois o modelo de expectativas adaptativas apresentará autocorrelação serial nos resíduos.

(3) Falso. A estatística h de Durbin é uma modificação da estatística DW usada para fazer o teste de Durbin-Watson sob as hipóteses clássicas. A estatística h de Durbin permite testar autocorrelação em regressões que tenham termos estocásticos como regressores, como é o caso de defasagens da variável dependente. Contudo, o teste h de Durbin tem a restrição de só testar padrões de correlação serial dadas por um AR(1). O Teste de Breush-Godfrey não sofre nenhuma das restrições que os testes de h de Durbin e Durbin-Watson sofrem, ou seja, não precisa de modificação para se testar presença de autocorrelação serial em modelo com regressores estocásticos nem para testar autocorrelação de ordem superior a 1.

Observação: Veja Johnston e Dinardo (1997, p.179-87) para uma abordagem de tais testes.

(4) Verdadeiro. Conforme apresentado em Johnston e Dinardo (1997, p. 80), a estatística de Durbin-Watson é dada por

$$DW = \frac{\sum_{t=2}^{n}(e_t - e_{t-1})^2}{\sum_{t=1}^{n} e_t^2} = \frac{\sum_{t=2}^{n} e_t^2 + \sum_{t=2}^{n} e_{t-1}^2 - 2\sum_{t=2}^{n} e_t e_{t-1}}{\sum_{t=1}^{n} e_t^2},$$

na qual e_t é o resíduo da regressão por MQO. Para n grande se torna, aproximadamente:

$$DW \cong 2(1 - \hat{\varphi}),$$

em que $\hat{\varphi} = \dfrac{\sum_{t=2}^{n} e_t e_{t-1}}{\sum_{t=1}^{n} e_t^2}$ é o coeficiente de autocorrelação amostral entre e_t e e_{t-1}. Logo, para pequenas amostras, os métodos de Durbin e Cochrane-Orcut são diferentes.

Questão 9

O método dos Mínimos Quadrados Ordinários foi empregado para estimar o modelo de regressão abaixo, cujo objetivo é explicar as variações de renda entre 526 indivíduos de uma amostra aleatória:

ln(renda) = 0,362 + 0,094 educ + 0,014 exper – 0,178 sexo – 0,010 exper x sexo + u

  (0,128)   (0,008)   (0,002)   (0,058)   (0,002)

$R^2 = 0{,}368 \quad n = 526$

em que *sexo* é uma variável dicotômica (valor 1, se for mulher e 0, caso contrário), *educ* é o número de anos de escolaridade ($0 \leq educ \leq 17$), *exper* são anos de experiência profissional ($0 \leq exper \leq 40$) e *u* é a estimativa do erro. Os números entre parênteses são os erros padrões das estimativas, robustos à heterocedasticidade. Com base nos resultados acima, é correto afirmar:

- ⓪ Ao nível de significância de 5%, o efeito de um ano a mais de experiência profissional para indivíduos do sexo masculino é estatisticamente maior do que o efeito para mulheres.
- ① Para um indivíduo com 10 anos de escolaridade, 1 ano adicional de estudo acarreta um aumento da renda de aproximadamente 9%.
- ② O efeito na renda de um aumento de 1 ano na experiência profissional para as mulheres é 1% menor do que para os homens.
- ③ Pela inspeção dos resultados da estimação fica claro que os erros do modelo são heterocedásticos.
- ④ Se a um nível de significância de 5%, o valor crítico do teste F para a regressão for 2,37, os coeficientes angulares serão conjuntamente diferentes de zero.

Resolução:

(0) Verdadeiro. Basta calcular:

$E[\ln renda \mid sexo = 0; educ; \exp] - E[\ln renda \mid sexo = 1; educ; \exp] = 0.178 + 0.01 \exp$

Esta é a diferença no lnrenda entre homem e mulher. Mas a questão pede o impacto de um ano a mais de experiência de homens em relação a mulheres. Logo, tiramos a diferença entre:

$$\begin{cases} \{E[\ln renda \mid sexo = 0; educ; \exp + 1] - E[\ln renda \mid sexo = 1; educ; \exp + 1]\} \\ \{E[\ln renda \mid sexo = 0; educ; \exp] - E[\ln renda \mid sexo = 1; educ; \exp]\} \end{cases}$$
$$= [0.178 + 0.01 \exp] - 0.178 + 0.01 (\exp + 1)] = 0.01$$

que é justamente o coeficiente da interação entre *exper* e sexo. O teste t será:
$$t = \frac{-0.010}{0.002} = -5$$

pertencendo à região crítica $(-\infty, -1{,}96) \cup (1{,}96, \infty)$, ao nível de significância de 5%.

(1) Verdadeiro. O efeito médio é de aproximadamente:
  0,094 · 100% = 9,4%,

que, arredondando, é aproximadamente 9%.

Observação: O efeito exato seria de:
  [exp 0,094 – 1]100% = 9,85%

Veja o comentário do item 2, questão 7, da prova da Anpec de 2004, para uma explicação mais detalhada.

(2) Falso (Neste item discorda-se do gabarito da Anpec). Um ano a mais de experiência para mulheres gera um ganho de 100% (0.014 – 0.01) =100%(0.004)=0.4%. Um ano a mais de experiência para homens gera um ganho de 100%(0.014) =1.4%. O efeito para as mulheres não é 1% menor, mas sim 1 ponto percentual menor, que em termos percentuais representa uma queda de mais de 70%.

(3) Falso. Para detectar heterocedasticidade é necessário realizar algum teste específico, como o teste de White ou Breusch-Pagan (já citados na prova deste mesmo ano, no item 0, questão 8) ou adotar algum procedimento de inspeção visual.

(4) Falso. Calculando a estatística F,

$$F = \frac{0.368/4}{(1-0.368)/(526-4-1)} = 75.84.$$

Note-se que a rejeição de H_0 implica que **pelo menos** um coeficiente angular é diferente de zero e **não necessariamente todos**.

PROVA DE 2007
Questão 4

Considere o modelo de regressão múltipla: $M_t = \alpha + \beta_1 Y_t^* + \beta_2 R_t^* + u_t$, em que M_t é a demanda real por moeda, Y_t^* é a renda real esperada, R_t^* é a taxa de juros esperada e u_t é o erro aleatório com média zero e variância constante. Nem Y_t^*, nem R_t^* são observáveis, mas podem ser construídas da seguinte forma:

$Y_t^* = \gamma_1 Y_{t-1}^* + (1-\gamma_1) Y_{t-1}, 0 < \gamma_1 < 1$

$R_t^* = \gamma_1 R_{t-1}^* + (1-\gamma_1) R_{t-1}, 0 < \gamma_2 < 1$

Seja L o operador defasagem tal que $LX_t = Xt_{-1}$. Y_t e R_t são a renda real e a taxa de juros observadas no instante t. É correto afirmar que:

⊚ O modelo, em sua versão observável, é: $M_t = \alpha + \beta_1 \frac{(1-\gamma_1)}{(1-\gamma_1 L)} Y_t + \beta_2 \frac{(1-\gamma_2)}{(1-\gamma_2 L)} R_t + u_t$.

① É necessária uma técnica de estimação não linear para o modelo observável.

② O modelo é linear nos parâmetros. Portanto, a técnica de Mínimos Quadrados Ordinários deve ser utilizada para a estimação.

③ O modelo observável apresenta erros autocorrelacionados.

④ O modelo observável apresenta heterocedasticidade.

Resolução:

(0) Verdadeiro. Note que:

$Y_t^*(1-\gamma_1 L) = (1-\gamma_1) Y_t$ e

$R_t^*(1-\gamma_2 L) = (1-\gamma_2) R_t$.

Substituindo no modelo original:

$$M_t = \alpha + \beta_1 \frac{(1-\gamma_1)}{(1-\gamma_1 L)} Y_t + \beta_2 \frac{(1-\gamma_2)}{(1-\gamma_2 L)} R_t + u_t.$$

(1) Verdadeiro. Ver item abaixo.

(2) Falso. O modelo não é linear nos parâmetros. Note que podemos escrevê-lo como:

$$M_t = \alpha + \left(\sum_{j=0}^{\infty} \beta_1 (1-\gamma_1) \gamma_1^j Y_{t-j} \right) + \left(\sum_{j=0}^{\infty} \beta_2 (1-\gamma_2) \gamma_2^j R_{t-j} \right) + u_t.$$

(3) Verdadeiro, se considerarmos o modelo a ser estimado. Observe que para escrever o modelo com um número finito de defasagens, temos que tomar as diferenças da equação:

$$M_{t-1} = \alpha + \left(\sum_{j=0}^{\infty} \beta_1 (1-\gamma_1) \gamma_1^j Y_{t-1-j} \right) + \left(\sum_{j=0}^{\infty} \beta_2 (1-\gamma_2) \gamma_2^j R_{t-1-j} \right) + u_t,$$

como se segue:

$$M_t - \gamma_1 M_{t-1} = (\alpha - \gamma_1 \alpha) + \beta_1(1 - \gamma_1)Y_t - \beta_2(1 - \gamma_2)\gamma_1 R_{t-1}$$
$$- \beta_2(1 - \gamma_2)\gamma_2 \gamma_1 R_{t-2} - \beta_2(1 - \gamma_2)\gamma_2^2 \gamma_1 R_{t-3} + \ldots + (u_t - \gamma_1 u_{t-1}),$$

$$\gamma_2(M_{t-1} - \gamma_1 M_{t-2}) = \gamma_2(\alpha - \gamma_1 \alpha) + \beta_1(1 - \gamma_1)\gamma_2 Y_{t-1} - \beta_2(1 - \gamma_2)\gamma_1 \gamma_2 R_{t-2}$$
$$- \beta_2(1 - \gamma_2)\gamma_2^2 \gamma_1 R_{t-3} - \beta_2(1 - \gamma_2)\gamma_2^3 \gamma_1 R_{t-4} + \ldots + \gamma_2(u_{t-1} - \gamma_1 u_{t-2}).$$

Tirando a diferença da primeira em relação à segunda expressão acima, obtemos:

$$[M_t - \gamma_1 M_{t-1} - \gamma_2(M_{t-1} - \gamma_1 M_{t-2})] = [(\alpha - \gamma_1 \alpha) - \gamma_2(\alpha - \gamma_1 \alpha)] + \beta_1(1 - \gamma_1)(Y_t - \gamma_2 Y_{t-1})$$
$$- \beta_2(1 - \gamma_2)\gamma_1 R_{t-1} + [(u_t - \gamma_1 u_{t-1}) - \gamma_2(u_{t-1} - \gamma_1 u_{t-2})].$$

Claramente, o termo de erro do modelo a ser estimado apresenta autocorrelação serial.

(4) Falso. Note que na construção do item anterior não se constrói estrutura de heterocedasticidade nos termos de erro.

Questão 8

Julgue as afirmativas:

⓪ Heterocedasticidade ocorre quando o erro aleatório em um modelo de regressão é correlacionado com uma das variáveis explicativas.

① Quando o erro aleatório em um modelo de regressão é correlacionado com alguma variável explicativa, os estimadores de mínimos quadrados não são consistentes.

② Na presença de heterocedasticidade, estimadores de Mínimos Quadrados Ordinários são ineficientes.

③ Os testes t e F usuais não são válidos na presença de heterocedasticidade.

④ Na presença de heterocedasticidade, estimadores de Mínimos Quadrados Ordinários são não viesados, mas são inconsistentes.

Resolução:

(0) Falsa. Este fenômeno chama-se endogeneidade. Heterocedasticidade é o fato dos termos de erro terem variância diferente.

(1) Verdadeira. Veja explicação no item 1, questão 10, da prova da Anpec de 2002.

(2) Verdadeira. Viola-se uma das hipóteses do Teorema de Gauss-Markov. Para uma prova de tal teorema, onde a hipótese de homocedasticidade é usada (e, portanto, necessária). Veja o item 0, questão 11, da prova da Anpec de 2004.

(3) Verdadeira. Como já feito anteriormente, as variâncias se tornam viesadas e os testes t e F se tornam inválidos.

(4) Falsa. A hipótese de homocedasticidade não é necessária na prova dos EMQ serem não viesados e consistentes.

Questão 15

A regressão abaixo foi estimada com o objetivo de explicar a diferença de salários entre homens e mulheres. As seguintes variáveis foram utilizadas:

sal = salário médio por hora, em reais;

homecas = 1 se homem e casado; = 0, caso contrário;

mulhcas = 1 se mulher e casada; = 0, caso contrário;

mulhsol = 1 se mulher e solteira; = 0, caso contrário;
edu = número de anos de educação formal;
exper = número de anos de experiência profissional;
empre = número de anos com o atual empregador.

Entre parênteses encontram-se os erros padrões calculados por Mínimos Quadrados Ordinários (MQO).

$\widehat{\log(sal)}$ = 0,300 + 0,200 *homecas* − 0,200 *mulhcas* − 0,100 *mulhsol* + 0,0800 *edu* +
  (0,100) (0,055)   (0,050)   (0,050)   (0,006)

+ 0,0200 *exper* + 0,0300 *empre*
 (0,005)   (0,006)

Suponha que um indivíduo do sexo masculino, com 15 anos de experiência profissional, se case. *Ceteris paribus*, qual a variação percentual esperada no seu salário dois anos após seu casamento em relação ao seu salário de solteiro? Suponha que o número de anos de educação formal do indivíduo não se tenha alterado e que ele não tenha trocado de emprego.

Resolução:

O que o item pede é a seguinte variação:

{$E[\log(sal) \mid homecas = 1, mulhcas = 0, mulhsol = 0, educ, exper = 17, empre = t + 2]$
$- E[\log(sal) \mid homecas = 0, mulhcas = 0, mulhsol = 0, educ, exper = 15, empre = t]$}
$= 0.2 + 0.02 \cdot 17 + 0.03 \cdot (t+2) - 0.02 \cdot 0 - 0.02 \cdot 15 - 0.03 \cdot t = 0.02 + 0.04 + 0.06$
$= 0.3$

Multiplicando por 100% teremos o impacto de 30%.

PROVA DE 2008

Questão 6

Um econometrista estimou o seguinte modelo de regressão para explicar a renda de 526 indivíduos:

log(*renda*) = 0,510 − 0,310*gênero* + 0,080*educ* + 0,030*exper* − 0,001*exper*^{2} + *u*
  (0,099) (0,036)   (0,03)   (0,005)   (0,00010)

$$R^2 = 0,441, \quad n = 526$$

em que *gênero* é uma variável dicotômica (=1 se mulher, =0 caso contrário), *educ* é o número de anos gastos com educação, *exper* é a experiência profissional do indivíduo, medida em anos. Os desvios padrões dos coeficientes estão entre parênteses. Com base nesses resultados, julgue as afirmativas:

⓪ O efeito de um ano a mais de experiência profissional na renda média de um indivíduo do sexo masculino é 0,030 unidades monetárias.
① As mulheres recebem salários 31% mais baixos que os dos homens, em média.
② De acordo com o modelo estimado, a hipótese de que o efeito médio de um ano a mais de educação na renda dos indivíduos seja diferente de 10% é rejeitada ao nível de significância de 5%.
③ Se $V(u|gênero, educ, exper) = a^2 + b^2 educ$, então os estimadores de mínimos quadrados são tendenciosos. Nota: $V(u|X)$ é a variância de u condicionada a X, a e b são parâmetros.
④ Em uma regressão do resíduo u em função de educação e gênero, o R^2 será zero.

Resolução:

(0) Falsa. O impacto será medido da seguinte forma:

$E[\log renda \mid genero = 0, exper + 1, educ] - E[\log renda \mid genero = 0, exper, educ]$
$= [0.030(exper + 1) - 0.001(exper + 1)^2] - [0.030(exper) - 0.001(exper)^2]$
$= 0.030 - 2 \cdot 0.001 \cdot exper - 0.001$
$= 0{,}029 - 0.002 \cdot exper$

na qual, na primeira linha, note-se que foi medido o efeito para os homens de um ano a mais de experiência, mantido fixo o nível educacional. Assim, o efeito seria sobre o log da renda média (e não sobre a renda média), e dependeria do nível de experiência.

Se fôssemos medir em termos de derivada parcial, o efeito seria:

$$\left. \frac{\partial E[\log renda]}{\partial exper} \right|_{genero=0} = 0.030 - 0.002 \cdot exper,$$

em que tal efeito mediria o impacto de uma variação infinitesimal da *exper* sobre o log da renda. Poder-se-ia afirmar que para níveis de experiência baixo, tal efeito sobre o log da renda (e não sobre o nível da renda) seria de aproximadamente 0.030. Contudo, o efeito sobre o nível médio da renda, como pedido no item, seria de aproximadamente $100\% \cdot 0.03 = 3\%$ (e não de 0.03).

Observação: Novamente, se o objetivo fosse medir o efeito exato, dever-se-ia proceder da mesma forma que o item 2, questão 7, da prova da Anpec de 2002. Tal efeito seria de:

$[\exp(0.03) - 1] \cdot 100\% = 3.045\%$

(1) Falsa. O valor **aproximado** é exatamente o coeficiente da variável *gênero*, pois:

$E[\log renda \mid genero = 1, exper, educ] - E[\log renda \mid genero = 0, exper, educ]$
$= 0.31 \cdot 1 - [0.31 \cdot 0] = 0.31,$

é o impacto sobre o log da renda. O impacto sobre o nível da renda será de $100\% \cdot (-0.31) = -31\%$.

Observação: A mudança percentual exata, seguindo o comentário do item acima, seria:

$100[\exp(0.31) - 1]\% = -26.65\%$

(2) Falsa. A hipótese nula será:

Parâmetro de educ = 0.1

Assim, construímos o teste *t*, substituindo o coeficiente da variável *educ* pela sua estimativa, obtendo assim:

$$t = \frac{\hat{\beta}_{educ} - 0.1}{\sqrt{Var(\hat{\beta}_{educ} - 0.1)}} = \frac{\hat{\beta}_{educ} - 0.1}{\sqrt{Var(\hat{\beta}_{educ})}}$$

$$= \frac{0,08 - 0,1}{0,03} = -0,67 < 1.96 \Rightarrow |-0,67| < 1.96.$$

na qual $Var(\hat{\beta}_{educ} - 0.1) = Var(\hat{\beta}_{educ})$, pois a adição ou subtração de uma constante não altera o valor da variância. Logo, como a região crítica para um teste bilateral, ao nível de confiança de 5% é dada por $(-\infty, -1,96) \cup (1,96, \infty)$ e o valor observado da estatística de teste não pertence a este intervalo, então não rejeita-se H_0.

Observação: a rigor, o item já seria falso de início, pois é incorreto afirmar que se rejeita a hipótese alternativa e a hipótese apontada no item (efeito $\neq 10\%$) é a hipótese alternativa.

(3) Falsa. O que o enunciado está dizendo, basicamente, é que os erros são heterocedásticos (pois a variância depende das observações da amostra para a variável de educação e, portanto, a variância se altera ao longo da amostra). Como provado no item 3, questão 6, da prova da Anpec de 2000, não é necessário fazer hipótese sobre a variância para provar a não tendenciosidade dos estimadores MQO.

(4) Verdadeira. O resíduo u contém toda a informação sobre y que não está presente nos regressores incluídos na equação (neste caso, *gênero*, *educ* e *exp*). Assim, caso se rode uma regressão de u contra estes regressores, o R^2 será zero.

Observação: Uma forma de visualizar isso matematicamente é verificar que algumas das CPOs do problema de minimização dos erros na obtenção do EMQ (derivadas no item 0, questão 9, da prova da Anpec de 2002) são:

$$\sum_{i=1}^{n} x_{ji}\hat{u}_i = 0, j=1,...,k,$$

na qual onde x_j é um regressor (note que j varia de 1 a k, ou seja, temos k CPOs ao total, sendo k o número de regressores), que pode ser escrita como:

$$\sum_{i=1}^{n} x_{ji}\hat{u}_i - \overline{x}_j \sum_{i=1}^{n} \hat{u}_i = 0$$

$$\sum_{i=1}^{n} (x_{ji} - \overline{x}_j)\hat{u}_i = 0$$

$$\frac{\sum_{i=1}^{n}(x_{ji} - \overline{x}_j)\hat{u}_i}{n-1} = 0$$

na qual, na primeira linha, subtraiu-se uma expressão que é igual a zero, pois $\sum_{i=1}^{n}\hat{u}_i = 0$, que é a CPO do estimador do intercepto. Assim, a expressão da última linha mostra a covariância amostral entre o regressor e o resíduo, que é zero. Logo, pelas CPOs do MQO, não existe correlação entre o resíduo e os regressores. Portanto, uma regressão do resíduo contra tais regressores implicará que os coeficientes estimados serão nulos e, portanto, tais regressores não terão nenhum poder explicativo sobre o resíduo, culminando em um R^2 nulo.

Questão 7

Considere a regressão múltipla:

$y = \beta_0 + \beta_1 x_1 + \beta_2 x_2 + \beta_3 x_3 + u$

cujos parâmetros tenham sido estimados pelo método dos Mínimos Quadrados Ordinários. Julgue as afirmativas:

- ⓪ Se $E(u \mid x_1, x_2, x_3) = 0$ e o modelo não é perfeitamente colinear, então os estimadores não são viesados.
- ① Se o $R^2 = 1$, então y é uma combinação linear de x_1, x_2 e x_3.
- ② O R^2 ajustado aumenta ao se incluir uma variável adicional, caso tal variável seja significativa ao nível de 5%.
- ③ Se o modelo satisfaz as hipóteses do teorema de Gauss-Markov, então $\hat{\beta}_1$ é o estimador linear não viesado de β_1 com menor variância possível.
- ④ Se omitirmos x_3 da regressão, os estimadores de β_0, β_1 e β_2 podem ser viesados.

Resolução:

(0) Verdadeira. A não colinearidade perfeita garante que o estimador existe ($X'X$ é inversível), e a ortogonalidade dos erros em relação aos regressores garante que o estimadores são não viesados. Em versão matricial:

$$E(\hat{\beta}) = E[(X'X)^{-1} X'(X\beta + u)] = E[(X'X)^{-1} X'X\beta] + E[(X'X)^{-1} X'u)] = \beta + E[(X'X)^{-1} X'u].$$

Sob a hipótese que os regressores são ortogonais ao termo de erro, temos:
$E[(X'X)^{-1} X'u] = (X'X)^{-1} X'E[u] = (X'X)^{-1} X'0 = 0,$

o que implica que $E(\hat{\beta}) = \beta$.

(1) Verdadeira. Se

$$R^2 = 1 - \frac{SQR}{SQT} = 1$$

$$\frac{SQR}{SQT} = 0$$

Então:

$$SQT = \sum_{i=1}^{n} u_i^2 = \sum_{i=1}^{n}\left(y_i - \hat{\beta}_0 - \ldots - \hat{\beta}_3 x_3\right)^2 = 0$$

Logo,

$$y_i = \hat{\beta}_0 + \ldots + \hat{\beta}_3 x_3.$$

(2) Verdadeira (discordância do gabarito da Anpec). O teorema a respeito deste ponto diz que se for adicionado um novo regressor à regressão, então:

$\bar{R}^2$ aumenta $\Leftrightarrow$ a estatística t deste novo regressor é maior que 1, em módulo.

Ao se incluir uma variável significativa a 5%, estamos dizendo que sua estatística t é maior do que 1.96 em módulo, logo o $\bar{R}^2$ aumenta. Veja Wooldridge (2006, p. 190-91).

Observação: Um teorema mais geral diz que: se adicionarmos um grupo de variáveis à regressão, então:

$\bar{R}^2$ aumenta $\Leftrightarrow$ a estatística F deste novo grupo de regressores é maior que 1.

(3) Verdadeira. Já enunciado e provado neste livro. Veja questão 11 da prova da Anpec de 2004.

(4) Verdadeira. Note que a afirmação é verdadeira por causa da palavra "podem". Veja o item 11, questão 10, da prova da Anpec de 2002, para uma exposição sobre um item análogo a este.

Questão 10

Julgue as afirmativas:

- ⓪ Na presença de heterocedasticidade nos erros de um modelo de regressão linear, os estimadores de Mínimos Quadrados Ordinários são ineficientes.
- ① Para testar a presença de autocorrelação de primeira ordem em um modelo $y_t = \alpha + \beta y_{t-1} + \varepsilon_t$ usa-se o teste de Breusch-Godfrey.
- ② Quando os erros da regressão são autocorrelacionados, os estimadores de mínimos quadrados são eficientes.
- ③ A omissão de uma variável relevante em um modelo de regressão linear pode gerar autocorrelação nos erros.
- ④ A regressão entre duas variáveis integradas de primeira ordem, isto é I(1), é sempre espúria.

Resolução:

(0) Verdadeira. Já discutido. Veja o item 0, questão 11, da prova da Anpec de 2004.

(1) Verdadeira. Veja o item 3, questão 8, da prova da Anpec de 2006.

(2) Falsa. O fato dos erros serem autocorrelacionados viola uma das hipóteses do Teorema de Gauss-Markov. Para uma prova de tal teorema, onde a hipótese de homocedasticidade é usada (e, portanto, necessária), veja o item 0, questão 11, da prova da Anpec de 2004.

(3) Verdadeira. Pois o novo erro será

$$\varepsilon_i = \beta_k x_{ki} + u_i,$$

na qual u_i é o erro da regressão com a variável relevante. Calculando a autocovariância do novo erro ε, teremos:

$$Cov(\varepsilon_i, \varepsilon_j) = Cov(\beta_k x_{ki} + u_i, \beta_k x_{kj} + u_j)$$
$$Cov(\varepsilon_i, \varepsilon_j) = \beta_k^2 Cov(x_{ki}, x_{kj}) + \beta_k Cov(x_{ki}, u_j) + \beta_k Cov(x_{kj}, u_i) + Cov(u_i, u_j)$$

Mesmo que os erros da regressão original (u) sejam não autocorrelacionados (ou seja, $Cov(u_i, u_j) = 0$), e o regressor omitido não seja correlacionado com tal erro (ou seja, $Cov(x_{ki}, u_j) = Cov(x_{kj}, u_i)$), tem-se que:

$$Cov(\varepsilon_i, \varepsilon_j) = \beta_k^2 Cov(x_{ki}, x_{kj})$$

Assim, a omissão de uma variável relevante (ou seja, com seu coeficiente $\beta_k \neq 0$) pode fazer com que o novo erro (ε) seja autocorrelacionado, se $Cov(x_{ki}, x_{kj}) \neq 0$.

PROVA DE 2009

Questão 10

Com relação aos testes de hipótese, é correto afirmar:

◎ Em uma regressão com várias variáveis explicativas, se individualmente os coeficientes não forem significativos, o teste F de significância conjunta também não terá a hipótese nula rejeitada.

① A estatística de Dickey-Fuller para testar a presença de raiz unitária em séries temporais possui sempre distribuição Normal.

② Considere o seguinte modelo de regressão linear: $y = \beta_0 + \beta_1 X + u$, em que u é o erro da regressão, y é a variável dependente e X é a variável explicativa. Caso o erro seja heteroscedástico, a estatística t usual para testarmos a hipótese $H_0 : \beta_1 = 0$ contra a alternativa $H_1 : \beta_1 \neq 0$ não é mais válida.

③ Considere o seguinte modelo de regressão linear $y = \beta_0 + \beta_1 X + u$, em que u é o erro da regressão, y é a variável dependente e X é a variável explicativa. Para testarmos a hipótese $H_0 : \beta_1 = 0$ contra a alternativa $H_1 : \beta_1 > 0$, devemos utilizar um teste t unilateral.

④ O teste t em regressões envolvendo variáveis não estacionárias não será válido caso a regressão seja espúria.

Resolução:

(0) Falso. Já se viu que isto pode acontecer de individualmente os coeficientes não serem significativos e o teste F de significância conjunta ter a hipótese nula rejeitada.

O que é, justamente, um indicativo de problema de multicolinearidade. Este ponto já foi abordado no item 2, questão 10, da prova da Anpec de 2002.

(2) Verdadeiro. No caso de heterocedasticidade, o estimador da variância do parâmetro será viesado, tornando a estatística t usual inválida. Isso se deve ao fato de que a variância é estimada assumindo-se que ela é constante quando não é.

Observação: Uma forma de corrigir tal estatística para o caso de heteroscedasticidade é usar a correção de White para a variância.

(3) Verdadeiro. Por definição.

Questão 11

Suponha que o modelo linear abaixo descreva as relações entre quatro variáveis aleatórias escalares: y, X, Z e v.

$E(y \mid X, Z) = \beta_0 + \beta_1 X + \beta_2 Z$ (Equação 1)

$X = \alpha_0 + \alpha_1 Z + v$, $E(v \mid Z, X) = E(v \mid Z) = E(v \mid X) = E(v) = 0$ (Equação 2)

Suponha, ainda, que $\beta_0 \neq 0$, $\beta_1 \neq 0$, $\beta_2 \neq 0$, $\alpha_0 \neq 0$ e $\alpha_1 \neq 0$. Indique se cada uma das afirmações abaixo é verdadeira ou falsa:

⓪ $E(y \mid Z) = \beta_0 + \beta_2 Z$.

① Seja $y = \beta_0 + \beta_1 X + \beta_2 Z + u$. Então $E(u \mid X, Z) = 0$.

② $E(X \mid Z) = \alpha_0 + \alpha_1 Z$.

(3) Seja $y = \theta_0 + \theta_1 Z + \varepsilon$, em que $\theta_0 = \beta_0 + \beta_1\alpha_0$ e $\theta_1 = \beta_1\alpha_1 + \beta_2$. Portanto, $E(\varepsilon \mid Z) \neq 0$.

(4) Considere uma amostra de n observações das variáveis aleatórias y, X e Z. O estimador

$$T = \frac{\sum_{i=1}^{n} y_i (z_i - \bar{z})}{\sum_{i=1}^{n} (z_i - \bar{z})^2}$$

é um estimador não tendencioso para $\theta_1 = \beta_1\alpha_1 + \beta_2$.

Resolução:

(0) Falsa. Pela Lei das Expectativas Iteradas, podemos dizer que:
$E(y \mid Z) = E(E(y \mid X, Z) \mid Z)$.

O termo dentro da primeira esperança do lado direito é a equação 1 do enunciado, ou seja:
$E(y \mid Z) = E(\beta_0 + \beta_1 X + \beta_2 Z \mid Z)$
$E(y \mid Z) = \beta_0 + \beta_1 E(X \mid Z) + \beta_2 Z$

Substituindo a equação 2, temos que:
$E(y \mid Z) = \beta_0 + \beta_1(\alpha_0 + \alpha_1 Z + v \mid Z) + \beta_2 Z$
$E(y \mid Z) = \beta_0 + \beta_1\alpha_0 + \beta_1\alpha_1 Z + \beta_1 E(v \mid Z) + \beta_2 Z$
$E(y \mid Z) = \beta_0 + \beta_1\alpha_0 + \beta_1\alpha_1 Z + \beta_2 Z$

que é diferente da expressão dada no item.

(1) Verdadeira. Seja:
$y = \beta_0 + \beta_1 X + \beta_2 Z + u$

Tomando a esperança condicional em X e Z, obtém-se:
$E(y \mid X, Z) = \beta_0 + \beta_1 X + \beta_2 Z + E(u \mid X, Z)$

Comparando com a equação 1 do enunciado devemos ter:
$E(u \mid X, Z) = 0$

(2) Verdadeira. Tomando a esperança condicional em Z da equação 2, teremos:
$E(X \mid Z) = \alpha_0 + \alpha_1 Z + E(v \mid Z) = \alpha_0 + \alpha_1 Z$,
onde, na última igualdade, utilizamos a hipótese $E(v \mid Z) = 0$ dada no enunciado.

(3) Falso. Note que a esperança de y condicional em Z já foi obtida no item 0, ou seja:

$$E(y \mid Z) = \beta_0 + \beta_1\alpha_0 + \beta_1\alpha_1 Z + \beta_2 Z$$

onde $\theta_0 = \beta_0 + \beta_1\alpha_0$, $\theta_1 = \beta_1\alpha_1 + \beta_2$. Assim, ao tomarmos a esperança condicional em Z da equação do y dada no item 3:

$$E(y \mid Z) = \theta_0 + \theta_1 Z + E(\varepsilon \mid Z)$$

e compararmos com a expressão acima, devemos ter, necessariamente, $E(\varepsilon \mid Z) = 0$.

(4) Verdadeiro. Como vimos no item 3, o modelo:

$$E(\varepsilon \mid Z) = \theta_0 + \theta_1 Z$$

é o modelo dado no enunciado, tal que $E(\varepsilon \mid Z) = 0$. Assim, substituindo $y_i = \theta_0 + \theta_1 Z_i + \varepsilon_i$ no estimador T, teremos:

$$T = \frac{\sum_{i=1}^{n} y_i(Z_i - \bar{Z})}{\sum_{i=1}^{n}(Z_i - \bar{Z})^2} = \frac{\sum_{i=1}^{n}(\theta_0 + \theta_1 Z_i + \varepsilon_i)(Z_i - \bar{Z})}{\sum_{i=1}^{n}(Z_i - \bar{Z})^2} = \frac{\sum_{i=1}^{n}\theta_0(Z_i - \bar{Z}) + \theta_1 Z_i(Z_i - \bar{Z}) + \varepsilon_i(Z_i - \bar{Z})}{\sum_{i=1}^{n}(Z_i - \bar{Z})^2}$$

$$T = \frac{\sum_{i=1}^{n}\theta_0(Z_i - \bar{Z}) + \sum_{i=1}^{n}\theta_1 Z_i(Z_i - \bar{Z}) + \sum_{i=1}^{n}\varepsilon_i(Z_i - \bar{Z})}{\sum_{i=1}^{n}(Z_i - \bar{Z})^2} = \frac{\theta_0\sum_{i=1}^{n}(Z_i - \bar{Z}) + \theta_1\sum_{i=1}^{n}Z_i(Z_i - \bar{Z}) + \sum_{i=1}^{n}\varepsilon_i(Z_i - \bar{Z})}{\sum_{i=1}^{n}(Z_i - \bar{Z})^2}$$

$$T = \frac{\theta_0\left(\sum_{i=1}^{n}Z_i - \sum_{i=1}^{n}\bar{Z}\right) + \theta_1\sum_{i=1}^{n}(Z_i - \bar{Z})(Z_i - \bar{Z}) + \sum_{i=1}^{n}\varepsilon_i(Z_i - \bar{Z})}{\sum_{i=1}^{n}(Z_i - \bar{Z})^2} = \frac{\theta_0(n\bar{Z} - n\bar{Z}) + \theta_1\sum_{i=1}^{n}(Z_i - \bar{Z})^2 + \sum_{i=1}^{n}\varepsilon_i(Z_i - \bar{Z})}{\sum_{i=1}^{n}(Z_i - \bar{Z})^2}$$

$$T = \frac{\theta_1\sum_{i=1}^{n}(Z_i - \bar{Z})^2}{\sum_{i=1}^{n}(Z_i - \bar{Z})^2} + \frac{\sum_{i=1}^{n}\varepsilon_i(Z_i - \bar{Z})}{\sum_{i=1}^{n}(Z_i - \bar{Z})^2} = \theta_1 + \frac{\sum_{i=1}^{n}\varepsilon_i(Z_i - \bar{Z})}{\sum_{i=1}^{n}(Z_i - \bar{Z})^2}$$

Tomando a esperança condicional de T em X e Z, avaliamos se o estimador é tendencioso ou não:

$$E(T\mid Z) = \theta_1 + E\left(\dfrac{\sum_{i=1}^{n}\varepsilon_i(Z_i-\bar{Z})}{\sum_{i=1}^{n}(Z_i-\bar{Z})^2}\mid Z\right) = \theta_1 + \dfrac{1}{\sum_{i=1}^{n}(Z_i-\bar{Z})^2} E\left(\sum_{i=1}^{n}\varepsilon_i(Z_i-\bar{Z})\mid Z\right)$$

$$E(T\mid Z) = \theta_1 + \dfrac{1}{\sum_{i=1}^{n}(Z_i-\bar{Z})^2}\left(\sum_{i=1}^{n} E(\varepsilon_i(Z_i-\bar{Z})\mid Z)\right) = \theta_1 + \dfrac{1}{\sum_{i=1}^{n}(Z_i-\bar{Z})^2}\left(\sum_{i=1}^{n}(Z_i-\bar{Z})E(\varepsilon_i\mid Z)\right)$$

$$E(T\mid Z) = \theta_1$$

onde, na passagem para a última linha, usamos o resultado $E(\varepsilon_i \mid Z) = 0$, já obtido no item 3.

Observação: Na passagem da segunda para a terceira linha, quando estávamos abrindo o estimador T, foi utilizado o seguinte resultado:

$$\sum_{i=1}^{n}(Z_i-\bar{Z})(Z_i-\bar{Z}) = \sum_{i=1}^{n}\left[Z_i(Z_i-\bar{Z}) - \bar{Z}(Z_i-\bar{Z})\right] = \sum_{i=1}^{n}Z_i(Z_i-\bar{Z}) - \sum_{i=1}^{n}\bar{Z}(Z_i-\bar{Z})$$

Como $\sum_{i=1}^{n}\bar{Z}(Z_i-\bar{Z}) = \bar{Z}\sum_{i=1}^{n}Z_i(Z_i-\bar{Z}) = \bar{Z}\left(\sum_i Z_i - \sum_i \bar{Z}\right)$

$= \bar{Z}(n\bar{Z} - n\bar{Z}) = 0$ então:

$$\sum_{i=1}^{n}(Z_i-\bar{Z})(Z_i-\bar{Z}) = \sum_{i=1}^{n}Z_i(Z_i-\bar{Z})$$

Questão 14

O método dos Mínimos Quadrados Ordinários foi empregado para estimar o modelo de regressão abaixo, cujo objetivo é explicar as variações de renda entre 487 indivíduos:

log(*renda*) = 0,883 − 0,169*gênero* + 0,004*educ* + 0,014*exper* − 0,009*exper* · *gênero* + $\hat{u}$
         (0,073)   (0,059)   (0,0003)   (0,002)   (0,002)
                    $R^2 = 0,458$, $n = 487$

em que *gênero* é uma variável dicotômica (valor 1 se for mulher e 0 caso contrário), *educ* é o número de anos de escolaridade e *exper* é a experiência profissional, também medida em anos. Os números entre parênteses são os erros-padrão das estimativas. Com base nos resultados acima, é correto afirmar:

- ⓪ A 5%, o efeito de um ano a mais de escolaridade para indivíduos do sexo masculino é estatisticamente maior do que o efeito para mulheres.
- ① O efeito na renda de um ano a mais de experiência profissional para as mulheres é 0,9% menos do que para os homens.
- ② O modelo acima não pode ser estimado por mínimos quadrados, pois há uma interação entre as variáveis *exper* e *gênero*.

③ Para um mesmo nível de escolaridade e experiência profissional, a renda média dos homens é superior à das mulheres.

④ Para um indivíduo com 10 anos de escolaridade, 1 ano adicional de estudo acarreta um aumento da renda de aproximadamente 14%.

Resolução:

(0) Falso. No item 0, questão 9, da prova da Anpec de 2006, já foi vista esta afirmação, mas em termos do impacto para experiência. Tal efeito não é possível de se medir, pois necessitaríamos de uma variável de iteração *educ* x *gênero*. Se considerássemos tal variável no modelo (com coeficiente igual a β, por exemplo), o efeito pedido no item seria igual a:

$$\begin{cases} \{E[\ln renda \mid genero = 0; educ+1; \exp] - E[\ln renda \mid genero = 0; educ; \exp]\} \\ -\{E[\ln renda \mid genero = 1; educ+1; \exp] - E[\ln renda \mid genero = 1; educ; \exp]\} \end{cases}$$

$$= [\{0.004(educ+1) - 0.004educ\} - \{[-0.169 + 0.004(educ+1) + \beta(educ+1) + 0.169 - 0.004educ + \beta educ]\}]$$

$$= [0.004 - \{[0.004 + \beta]\}] = \beta$$

Ou seja, justamente o coeficiente da variável de iteração dá o impacto pedido no item 0. Logo, não é possível medir o efeito pedido no item sem incluir tal variável no modelo.

(1) Anulada. Este item é idêntico ao item 0, questão 9, da prova da Anpec de 2006, e o impacto será:

$$\begin{cases} \{E[\ln renda \mid genero = 1; educ; \exp+1] - E[\ln renda \mid genero = 1; educ; \exp]\} \\ -\{E[\ln renda \mid genero = 0; educ; \exp+1] - E[\ln renda \mid genero = 0; educ; \exp]\} \end{cases}$$

$$= \begin{cases} [(-0.169 + 0.014(\exp+1) - 0.009(\exp+1)) - (-0.169 + 0.014(\exp) - 0.009(\exp))] \\ -[0.014(\exp+1) - 0.014(\exp)] \end{cases}$$

$$= \{0.014 - 0.009 - 0.014\} = -0.009$$

Ou seja, como era esperado, o impacto pedido no item é justamente o coeficiente da variável de interação *exper* x *gênero*. Tal coeficiente dá o impacto em termos do log da renda. Uma outra forma de verificar, caso *exper* fosse uma variável contínua, seria:

$$\left. \frac{\partial \log(renda)}{\partial \exp} \right|_{genero=1} - \left. \frac{\partial \log(renda)}{\partial \exp} \right|_{genero=0} = (0.014 - 0.009) - 0.0014 = -0.009,$$

ou seja, o impacto pedido seria de exatamente -0.009 sobre o log da renda ou -0.009x100% = -0.9% sobre o nível da renda. No entanto, como *exper* é uma variável discreta, não teremos uma variação infinitesimal no denominador, assim, podemos dizer apenas que o impacto será aproximadamente igual a -0.9%.

Provavelmente, o item foi anulado por essa razão. Apesar de que, em outros anos, um item similar a este foi considerado verdadeiro e não foi anulado. Por exemplo, veja o item 1, questão 6, da prova da Anpec de 2008.

(2) Falso. Variáveis de interação sempre podem ser incluídas nos modelos de regressão, sendo que isso não gera multicolinearidade perfeita entre as variáveis *exper* x *gênero*, *exper* e *gênero*, o que impossibilitaria de obter o estimador MQO.

(3) Verdadeiro. Considere o caso em que ambos tenham *exper* = 0. Para medir, se a renda média dos homens é maior do que das mulheres, devemos olhar para o coeficiente da variável *gênero*, visto que as outras variáveis estão fixas. Tal coeficiente é significativo, pois a estatística *t* será:

$t = -0.169/0.059 = -2.86$,

que é maior, em módulo, do que 1.96, que é o valor crítico da normal para um nível de significância de 5% (podemos considerar a Normal pois o tamanho amostral é relativamente grande, n=487). Assim, como o sinal é negativo, isso implica que as mulheres ganham menos do que os homens em média.

A situação é reforçada para graus de experiência diferente de zero. Neste caso, o efeito seria:

$\{E[\ln renda \mid genero = 1; educ; \exp] - E[\ln renda \mid genero = 0; educ; \exp]\} =$
$= -0.169 - 0.009 \exp er$

o qual depende do nível de experiência. Note que o efeito, para qualquer nível de experiência, será negativo (visto que o valor de *exper* é não negativo), ou seja, a renda média dos homens é superior à das mulheres. Conforme o nível de experiência vai aumentando, a renda média dos homens aumenta mais do que a das mulheres.

(4) Falso. O impacto de um ano a mais de educação sobre o log da renda é para qualquer nível educacional igual a 0.004, visto que *educ* é uma variável linear. Como *educ* é uma variável discreta, podemos dizer que o impacto será aproximadamente igual a 0.004x100% = 0.4%.

PROVA DE 2010

Questão 8

Considere as seguintes afirmações referentes ao modelo de regressão linear clássico com regressores estocásticos:

$y_i = \beta_0 + \beta_1 x_{1i} + \beta_2 x_{2i} + \varepsilon_i$, $i = 1, \ldots, n$,

em que $E[\varepsilon \mid x_1, x_2] = 0$ e $Var[\varepsilon \mid x_1, x_2] = \sigma^2$.

- (0) Os estimadores de Mínimos Quadrados Ordinários dos parâmetros são eficientes dentro da classe de estimadores lineares de β_0, β_1 e β_2, mesmo se os erros da regressão não forem normalmente distribuídos;
- (1) Se a hipótese de homoscedasticidade for violada, os estimadores de Mínimos Quadrados Ordinários de β_0, β_1 e β_2 serão viesados;
- (2) Suponha β_0, β_1 e β_2 que sejam estimados por Mínimos Quadrados Ordinários. Denote por $\hat{y}_i$ o valor previsto da regressão para i-ésima observação. Então $\sum_{i=1}^{n} \hat{y}_i = \sum_{i=1}^{n} y_i$;
- (3) Se omitirmos x_{2i} da regressão, o estimador de Mínimos Quadrados Ordinários de β_1 será necessariamente inconsistente;
- (4) Os estimadores de Mínimos Quadrados Ordinários dos parâmetros não são eficientes se a hipótese de ausência de autocorrelação dos erros for violada.

Resolução:

(0) Verdadeira. As hipóteses necessárias para serem os Melhores Estimuladores Lineares Não Viesados são: Linearidade dos parâmetros, amostragem aleatória, $E(u \mid x) = 0$, não colinearidade perfeita e homocedasticidade. Ou seja, não é necessário que os erros sejam normalmente distribuídos para que o EMQ seja eficiente na classe de estimadores lineares não viesados. Caso seja imposta a hipótese de normalidade dos resíduos, tem-se que o EMQ é eficiente na classe dos estimadores não viesados, não necessariamente lineares.

(1) Falsa. Novamente, veja a solução do item 3, questão 6, da prova da Anpec de 2000.

(2) Verdadeira. A função de regressão amostral será:

$y_i = \hat{\beta}_0 + \hat{\beta}_1 x_{1i} + \hat{\beta}_2 x_{2i} + \hat{\varepsilon}_i$

$y_i = \hat{y}_i + \hat{\varepsilon}_i$.

Somando-se para toda a amostra:

$$\sum_{i=1}^{n} y_i = \sum_{i=1}^{n} \hat{y}_i + \sum_{i=1}^{n} \hat{\varepsilon}_i.$$

Sabe-se que, das CPOs do EMQ (derivadas no item 0, questão 9, da prova da Anpec de 2002), o somatório dos resíduos é zero, ou seja, $\sum_i \hat{\varepsilon}_i = 0$ Logo:

$$\sum_i y_i = \sum_i \hat{y}_i.$$

O que gera o resultado desejado.

(3) Falsa. Uma vez que x_{2i} pode ser irrelevante no modelo (ou seja, $\beta_2 = 0$), ou pode ser não correlacionado com x_{1i}.

Observação: Segue uma prova formal disso. Omitir uma variável relevante, **pode** acarretar em falha da hipótese $E(u \mid x) = 0$ e viesar o estimador. Seja o modelo verdadeiro

$$y = \beta_0 + \beta_1 x_1 + \beta_2 x_2 + u$$

que satisfaz as hipóteses para que o EMQ seja consistente (as mesmas hipóteses do item 1). Suponha que x_2 seja omitida e estime-se:

$$y = \tilde{\beta}_0 + \tilde{\beta}_1 x_1 + v$$

na qual $v = \beta_2 x_2 + u$. O estimador MQO de $\tilde{\beta}_1$ será:

$$\tilde{\beta}_1 = \frac{\sum_{i=1}^n (x_{1i} - \bar{x}_1) y_i}{\sum_{i=1}^n (x_{1i} - \bar{x}_1)^2}.$$

Substituindo-se o modelo verdadeiro em y, tem-se:

$$\tilde{\beta}_1 = \frac{\sum_{i=1}^n (x_{1i} - \bar{x}_1)(\beta_0 + \beta_1 x_{1i} + \beta_2 x_{2i} + u_i)}{\sum_{i=1}^n (x_{1i} - \bar{x}_1)^2}$$

$$= \frac{\beta_0 \sum_{i=1}^n (x_{1i} - \bar{x}_1) + \beta_1 \sum_{i=1}^n (x_{1i} - \bar{x}_1) x_{1i} + \beta_2 \sum_{i=1}^n (x_{1i} - \bar{x}_1) x_{2i} + \sum_{i=1}^n (x_{1i} - \bar{x}_1) u_i}{\sum_{i=1}^n (x_{1i} - \bar{x}_1)^2}$$

$$= \frac{\beta_1 \sum_{i=1}^n (x_{1i} - \bar{x}_1)(x_{1i} - \bar{x}_1) + \beta_2 \sum_{i=1}^n (x_{1i} - \bar{x}_1) x_{2i} + \sum_{i=1}^n (x_{1i} - \bar{x}_1) u_i}{\sum_{i=1}^n (x_{1i} - \bar{x}_1)^2},$$

na qual utiliza-se $\sum_{i=1}^n (x_{1i} - \bar{x}_1) = 0$; $\sum_{i=1}^n (x_{1i} - \bar{x}_1) x_{1i} = \sum_{i=1}^n (x_{1i} - \bar{x}_1)(x_{1i} - \bar{x}_1)$.

Assim:

$$\widehat{\widetilde{\beta}}_1 = \beta_1 + \frac{\beta_2 \sum_{i=1}^{n}(x_{1i}-\overline{x}_1)x_{2i}}{\sum_{i=1}^{n}(x_{1i}-\overline{x}_1)^2} + \frac{\sum_{i=1}^{n}(x_{1i}-\overline{x}_1)u_i}{\sum_{i=1}^{n}(x_{1i}-\overline{x}_1)^2}.$$

Note que o segundo termo é simplesmente o coeficiente de inclinação da regressão de x_{2i} contra x_{1i}:

$$x_2 = \delta_0 + \delta_1 x_1 + \varepsilon,$$

na qual assume-se que as hipóteses para o EMQ ser não viesado são satisfeitas.

Assim:

$$\widehat{\widetilde{\beta}}_1 = \beta_1 + \beta_2 \hat{\delta}_1 + \frac{\sum_{i=1}^{n}(x_{1i}-\overline{x}_1)u_i}{\sum_{i=1}^{n}(x_{1i}-\overline{x}_1)^2},$$

Tomando a esperança,

$$E\left[\widehat{\widetilde{\beta}}_1\right] = \beta_1 + \beta_2 E\left[\hat{\delta}_1\right] + E\left[\frac{\sum_{i=1}^{n}(x_{1i}-\overline{x}_1)u_i}{\sum_{i=1}^{n}(x_{1i}-\overline{x}_1)^2}\right]$$

$$E\left[\widehat{\widetilde{\beta}}_1\right] = \beta_1 + \beta_2 E\left[\hat{\delta}_1\right] + \frac{1}{\sum_{i=1}^{n}(x_{1i}-\overline{x}_1)^2} E\left[\sum_{i=1}^{n}(x_{1i}-\overline{x}_1)u_i\right]$$

$$E\left[\widehat{\widetilde{\beta}}_1\right] = \beta_1 + \beta_2 E\left[\hat{\delta}_1\right] + \frac{1}{\sum_{i=1}^{n}(x_{1i}-\overline{x}_1)^2} \left[\sum_{i=1}^{n} E\left[(x_{1i}-\overline{x}_1)u_i\right]\right]$$

$$E\left[\widehat{\widetilde{\beta}}_1\right] = \beta_1 + \beta_2 E\left[\hat{\delta}_1\right] + \frac{1}{\sum_{i=1}^{n}(x_{1i}-\overline{x}_1)^2} \left[\sum_{i=1}^{n}(x_{1i}-\overline{x}_1)E[u_i]\right]$$

$$E\left[\widehat{\widetilde{\beta}}_1\right] = \beta_1 + \beta_2 E\left[\hat{\delta}_1\right]$$

na qual usou-se o fato de os regressores (x_1, neste caso) serem não estocásticos (fixo), operando-os como se fossem constantes. Além disso, foi usado o fato de que $E[u_i] = 0$, é uma consequência da hipótese $E[u_i \mid x] = 0$. Note que:

$$\hat{\delta}_1 = \frac{\sum_{i=1}^{n}(x_{1i}-\overline{x}_1)x_{2i}}{\sum_{i=1}^{n}(x_{1i}-\overline{x}_1)^2} = \frac{\sum_{i=1}^{n}(x_{1i}-\overline{x}_1)x_{2i} - \sum_{i=1}^{n}(x_{1i}-\overline{x}_1)\overline{x}_2}{\sum_{i=1}^{n}(x_{1i}-\overline{x}_1)^2}$$

$$\hat{\delta}_1 = \frac{\sum_{i=1}^{n}(x_{1i}-\overline{x}_1)(x_{2i}-\overline{x}_2)/n-1}{\sum_{i=1}^{n}(x_{1i}-\overline{x}_1)^2/n-1}.$$

na qual foi usado o fato de que $\sum_{i=1}^{n}(x_{1i}-\overline{x}_1)\overline{x}_2 = 0$, pois:

$$\sum_{i=1}^{n}(x_{1i}-\overline{x}_1)\overline{x}_2 = \overline{x}_2 \sum_{i=1}^{n}(x_{1i}-\overline{x}_1)$$

$$= \overline{x}_2 \left(\sum_{i=1}^{n} x_{1i} - \sum_{i=1}^{n} \overline{x}_1 \right)$$

$$= \overline{x}_2 (n\overline{x}_1 - n\overline{x}_1) = 0.$$

$\hat{\delta}_1$ é exatamente o estimador de MQO de x_1 em x_2, de forma que sua esperança é dada por $\dfrac{Cov(x_1,x_2)}{Var(x_1)}$.

Logo:

$$E\left[\widetilde{\beta}_1\right] = \beta_1 + \beta_2 \delta_1 = \beta_1 + \beta_2 \frac{Cov(x_1,x_2)}{Var(x_1)}.$$

Assim, o estimador MQO, $\widetilde{\beta}_1$, será viesado. E o termo $\beta_2 \delta_1$ é geralmente chamado viés de variável omitida.

Há dois casos em que $\widetilde{\beta}_1$ é não viesado: (i) se $\beta_2 = 0$, ou seja, se x_2 não aparece no modelo verdadeiro (isto é, não é uma variável relevante); (ii) se a variável omitida (x_2) não for correlacionada com x_1, ou seja, $\delta_1 = 0$. Como $\hat{\delta}_1 = \dfrac{Cov(x_1,x_2)}{Var(x_1)}$, então $\delta_1 = 0$ é a mesma coisa que $Cov(x_1, x_2) = 0$, isto é, x_1 e x_2 não correlacionados.

(4) Verdadeira. O Teorema de Gauss-Markov necessita de tal hipótese na demonstração que os EMQ são eficientes. Veja a comprovação de tal teorema no item 0, questão 11, na prova da Anpec de 2004.

Questão 9

Responda se verdadeiro ou falso:
◎ O estimador de Mínimos Quadrados do coeficiente angular em uma regressão simples com constante faz uma média ponderada da razão entre desvios da variável explicada de sua média e desvios da variável explicativa de sua média, tendo como ponderador a diferença da explicativa de sua média;

① O estimador de Mínimos Quadrados do coeficiente angular em uma regressão simples, com a constante erroneamente omitida, será consistente se a média da variável explicativa for zero e se o erro for independente da explicativa e possuir média zero;

② Considere o modelo $y = \alpha + \beta_1 x_1 + \beta_2 x_2 + \varepsilon$, com exogeneidade estrita das explicativas e erro com média zero. O modelo é estimado em dois estágios: primeiro, uma regressão de y em x_1, salvando-se o resíduo (e_1); segundo, uma regressão de e_1 em x_2. A estimativa do coeficiente angular da segunda regressão será igual à estimativa de β_2 na regressão múltipla;

③ Em um modelo de regressão simples sem constante, em que o coeficiente angular é estimado por Mínimos Quadrados, os resíduos têm média amostral zero por construção;

④ Se x e y têm distribuição conjunta Normal, com correlação $\rho = 0,80$, v será independente de x, em que v é o desvio de y com relação a sua média condicional, isto é, $v = y - (\gamma_0 + \gamma_1 x)$, sendo γ_0 e γ_1 parâmetros.

Resolução:

(0) Falso. O EMQO pode ser reescrito como:

$$EMQO = \frac{\sum_i (y_i - \bar{y})(x_i - \bar{x})}{\sum_i (x_i - \bar{x})^2} = \frac{\left[\sum_i \frac{(y_i - \bar{y})}{(x_i - \bar{x})}(x_i - \bar{x})^2\right]}{\sum_i (x_i - \bar{x})^2} = \sum_i \left[\frac{(y_i - \bar{y})}{(x_i - \bar{x})} \frac{(x_i - \bar{x})^2}{\sum_i (x_i - \bar{x})^2}\right]$$

$$EMQO = \sum_i \left[\frac{(y_i - \bar{y})}{(x_i - \bar{x})} w_i\right], \quad \text{onde } w_i = \frac{(x_i - \bar{x})^2}{\sum_i (x_i - \bar{x})^2}$$

Assim, o EMQO é a média ponderada da razão entre desvios da variável explicada de sua média e desvios da variável explicativa de sua média, tendo como ponderador a diferença ao quadrado da explicativa de sua média em relação a SQT da explicativa.

(1) Verdadeiro. Caso contrário, será viesado e inconsistente.

(2) Falso. É bastante comum que dois regressores sejam correlacionados. Dessa forma, caso a regressão seja realizada conforme apresentada, como x_2 é excluída da primeira regressão, o efeito de x_2 sobre y que é "compartilhado" com x_1 será totalmente atribuído a x_1. Então, na segunda regressão proposta, o coeficiente estimado de x_2 será menor do que o que seria estimado incluindo-se x_1 e x_2 concomitantemente na regressão.

(3) Falso. Pois, neste caso, haveria apenas uma condição de primeira ordem do problema de minimização. A condição $\sum_{i=1}^{n}\hat{\varepsilon}_i = 0$ não seria imposta, o que faz com que a soma dos resíduos possa ser (e quase sempre será) diferente de zero.

(4) Verdadeiro. Como v é combinação linear de variáveis aleatórias normais, v também tem distribuição normal. Calculando-se a covariância entre x e v tem-se que:

$Cov(x, v) = Cov(x, y - \gamma_0 + \gamma_1 x) = Cov(x, y) - Cov(x, \gamma_0 + \gamma_1 x) = Cov(x, y) - Cov(x, \gamma_1 x)$

$= 0,8 - \gamma_1 Cov(x,x) = 0,8 - \gamma_1 \sigma_x^2 = 0 \Leftrightarrow \gamma_1 = \dfrac{\sigma_x}{0,8}.$

Como x e v têm distribuição normal conjunta, a condição acima garante a independência.

Questão 10

Considere um modelo de demanda por um produto de consumo, estimado com dados de séries de tempo mensais (t), para várias regiões (i):

$lnq_{it} = -0,27 - 0,83 lnp_{it} + 0,33(lnp_{it} * ve_t) - 0,38 ve_t + 1,15 br_{it} + 0,57(br_{it} * ve_t) + 2,11 lny_{it}$
      (0,02)   (0,15)   (0,12)   (0,20)   (0,75)   (0,10)   (0,88)

$R^2 = 0,24 \quad n = 870$

em que lnq representa o logaritmo natural da quantidade consumida (em mil litros), lnp, o logaritmo natural do preço do produto por litro, ve, uma variável que representa se o mês é de verão (0 em outros casos), br, se no período havia uma promoção de compra com brinde gratuito (0 em outros casos), e lny o log da renda média dos consumidores. Os desvios padrão estão entre parênteses. O tamanho da amostra valida o uso de resultados assintóticos com pequeno erro.

⓪ Se os preços forem convertidos para preços em mil litros, os coeficientes de lnp e $lnp*ve$ irão aumentar.

① No verão a demanda tende a ser menos preço-elástica, a 5% de significância.

② Os coeficientes estimados indicam que os preços são maiores no verão.

③ O baixo valor de R^2 sugere que as estimativas dos coeficientes são inconsistentes por omissão de explicativas.

④ Conforme o valor dos coeficientes, é possível concluir que, em média, as vendas são menores no verão.

Resolução:

(0) Falso. A conversão das variáveis de preço por litro em preço por mil litros farão com que uma nova variável, p_{it}^*, seja usada no lugar de p_{it}, ou seja, $p_{it}^* = 1000 p_{it}$. Tomando o logaritmo desta última igualdade, temos:

$\ln(p_{it}^*) = \ln(1000 p_{it}) = \ln(1000) + \ln(p_{it})$.

Assim, $\ln(p_{it}) = \ln(1000 p_{it}^*) - \ln(1000)$. Logo, neste caso, o coeficiente da nova variável de preço será o mesmo. Os coeficientes da constante e da dummy *ve* serão alterados. Lembre-se que no modelo log-log os coeficientes podem ser interpretados como elasticidades, então, sua interpretação permanece a mesma. Veja item 0 da questão 10 de 2005.

(1) Verdadeiro. O coeficiente da log do preço no verão é significativamente diferente de zero ($\frac{0,33}{0,12} > 2 > z_{0,975}$, $Z_{0,975}$ quantil de probabilidade 0,025 da Normal padrão, lembre-se de que a amostra é grande). Como este coeficiente é positivo, ele faz com que a demanda seja menos preço-elástica. Ou seja:

Elasticidade "não verão" = -0.83

Elasticidade "verão" = $-0.83 + 0.33 = 0.5$

Logo $|\varepsilon_{verão}| < |\varepsilon_{não\ verão}|$.

(2) Falso. Não é possível determinar se o preço é maior no verão ou nas outras estações, pois necessitaríamos da equação de oferta. O preço de equilíbrio é determinado justamente a partir do ponto de equilíbrio de oferta e demanda.

(3) Falso. O baixo coeficiente de determinação indica que o modelo explica apenas 24% da variação da variável dependente.

(4) Falso. O coeficiente da variável indicadora de verão é não significativamente diferente de zero ($-1,96 = z_{0,0,025} < -\frac{0,38}{0,20}$, o que implica que a variável indicativa de verão não é significativa a 5% de significância).

Observação: Ainda, só poderíamos concluir sobre a quantidade demandada e não vendida.

Questão 13

Considere a regressão
$y = X\beta + \varepsilon$.

Suponha que tenhamos uma amostra de tamanho 4 e que:

$$\Omega = E[\varepsilon\varepsilon'] = \sigma^2 \begin{bmatrix} 2 & 1 & 0 & 0 \\ 1 & 6 & 0 & 0 \\ 0 & 0 & 3 & 1 \\ 0 & 0 & 1 & 4 \end{bmatrix}, \quad X = \begin{bmatrix} 1 \\ 1 \\ 1 \\ 1 \end{bmatrix} \quad e \quad y = \begin{bmatrix} 0 \\ 7 \\ 5 \\ 0 \end{bmatrix}.$$

Compute a estimativa eficiente de β.

Resolução:

O estimador de mínimos quadrados generalizados de β é dado por:

$$\hat{\beta} = \left(X_1'\Omega^{-1}X_1\right)^{-1} X_1'\Omega^{-1}y.$$

Computando a estimativa de β para os valore obtidos na amostra temos:

$$\hat{\beta} = \left(\begin{bmatrix} 1 & 1 & 1 & 1 \end{bmatrix} \begin{bmatrix} 6 & -1 & 0 & 0 \\ -1 & 2 & 0 & 0 \\ 0 & 0 & 4 & -1 \\ 0 & 0 & -1 & 3 \end{bmatrix} \begin{bmatrix} 1 \\ 1 \\ 1 \\ 1 \end{bmatrix} \right)^{-1} \begin{bmatrix} 1 & 1 & 1 & 1 \end{bmatrix} \begin{bmatrix} 6 & -1 & 0 & 0 \\ -1 & 2 & 0 & 0 \\ 0 & 0 & 4 & -1 \\ 0 & 0 & -1 & 3 \end{bmatrix} \begin{bmatrix} 0 \\ 7 \\ 5 \\ 0 \end{bmatrix}$$

$$\hat{\beta} = (11)^{-1} 22 = 2.$$

Observação: utilizamos o fato de que se uma matriz é bloco diagonal, por exemplo, $\begin{bmatrix} A & 0 \\ 0 & B \end{bmatrix}$, a sua inversa é dada pela matriz bloco diagonal formada pelas inversas de cada matriz, por exemplo $\begin{bmatrix} A^{-1} & 0 \\ 0 & B^{-1} \end{bmatrix}$. Neste exercício, teríamos:

$A = \begin{bmatrix} 2 & 1 \\ 1 & 6 \end{bmatrix}$, tal que $A^{-1} = \begin{bmatrix} 6 & -1 \\ -1 & 2 \end{bmatrix}$ e

$B = \begin{bmatrix} 3 & 1 \\ 1 & 4 \end{bmatrix}$, tal que $B^{-1} = \begin{bmatrix} 4 & -1 \\ -1 & 3 \end{bmatrix}$

Questão 14

Considere o modelo de regressão linear múltipla com regressores estocásticos:

$y_t = \beta_1 x_{1t} + \beta_2 x_{2t} + \varepsilon_t$,

no qual ε_t não é autocorrelacionado e tem média e variância condicionais a x_{1t} e x_{2t} iguais a zero e σ^2, respectivamente. Por simplicidade, suponha que as variáveis são expressas como desvios com relação às respectivas médias.

É correto afirmar que:

- ⓪ Se $\beta_2 = 0$ e incluirmos x_{2t} na regressão, o estimador de Mínimos Quadrados Ordinários de β_1 será viesado.
- ① Se não conseguirmos observar x_{1t}, mas apenas $x_{1t}^* = x_{1t} + u_t$, em que é um erro de medida, e se substituirmos x_{1t} por x_{1t}^* na regressão, o estimador de Mínimos Quadrados Ordinários de β_1 ainda assim será consistente.
- ② Se $x_{2t} = y_{t-1}$ e relaxarmos a hipótese de que os erros ε_t's não são autocorrelacionados, o estimador de Mínimos Quadrados Ordinários de β_2 será consistente, porém não será eficiente.
- ③ A variância do estimador de Mínimos Quadrados Ordinários diverge para infinito à medida que a correlação entre x_{1t} e x_{2t} aproxima-se de 1.
- ④ Denote por $\hat{\varepsilon}_t$ o resíduo da regressão de Mínimos Quadrados Ordinários. A hipótese de que o erro ε_t é correlacionado com x_{1t} pode ser testada utilizando a estatística $(1/T)\sum_{i=1}^{T} x_{1t}\hat{\varepsilon}_t$.

Resolução:

(0) Falso. Tem-se o que se chama de inclusão de variável irrelevante. A inclusão de variáveis irrelevantes não altera as boas propriedades do estimador de MQO.

(1) Falso. É possível provar – veja Johnston e Dinardo (1997, p. 155) – que o estimador de MQO será viesado e inconsistente.

(2) Falso. O estimador será consistente, contudo não será eficiente. Para mais detalhes, veja Johnston e Dinardo (1997, p. 177-178). A maneira de estimar de forma eficiente é através da aplicação do método dos mínimos quadrados generalizados, como na questão 13 acima, sendo que a matriz Ω deve contemplar a estrutura de autocorrelação dos termos de erro.

(3) Verdadeiro. Este problema é conhecido como o problema da multicolineariedade. Para valores do coeficiente de correlação $|\rho| < 0{,}9$, a correlação entre x_1 e x_2 não inflaciona as variâncias dos estimadores de MQO a ponto de comprometer suas estimativas. Contudo, para valores de ρ superiores a 0,9, a correlação começa a afetar significativamente as variâncias dos estimadores. No caso-limite, $\rho = 1$, os estimadores de MQO não existem. Neste caso, diz-se que há colineariedade perfeita e x_1 pode ser escrito como combinação linear de x_2.

Observação: Outra forma de visualização é usar a fórmula da variância

$$Var(\hat{\beta}_1) = \frac{\sigma^2}{SQT_1(1-R_1^2)}, \text{ onde } SQT_1 = \sum_t (x_{1t} - \bar{x}_1)^2$$

e R_1^2 é o R^2 da regressão de x_1 contra x_2. Quanto maior a correlação entre x_1 e x_2, $R_1^2 \to 1$ e, portanto, $Var(\hat{\beta}_1) \to \infty$.

(4) Falso. A hipótese de endogeneidade poderia ser testada usando-se um teste de multiplicador de Lagrange (ou teste LM) ou o teste de Hausman. Para detalhes sobre estes testes, veja Johnston e Dinardo (1997, p. 256-257).

PROVA DE 2011

Questão 5

Considere o seguinte modelo de regressão:
$y_i = \beta_1 + \beta_2 x_i + u_i, \quad i = 1, \ldots, n$

Suponha que x_i é não estocástico e que
$E[u_i] = 0$, $E[u_i^2] = \sigma^2$, $E(u_i, u_j) = 0$ para todo $i \neq j$. Considere os dois estimadores alternativos de β_2.

$$b_2 = \frac{\sum_{i=1}^n x_i y_i}{\sum_{i=1}^n x_i^2}$$

e

$$\hat{\beta}_2 = \frac{\sum_{i=1}^n (x_i - \bar{x})(y_i - \bar{y})}{\sum_{i=1}^n (x_i - \bar{x})^2}$$

Onde $\bar{x} = n^{-1}\sum_{i=1}^n x_i$ e $\bar{y} = n^{-1}\sum_{i=1}^n y_i$ são as médias amostrais de x e y respectivamente. É correto afirmar que:

◎ b_2 em geral é um estimador não viesado de β_2.

① $\hat{\beta}_2$ é um estimador não viesado de β_2 se e somente se $\beta_1 = 0$.

② $\hat{\beta}_2$ é mais eficiente do que b_2 se $\beta_1 = 0$.
③ b_2 é um estimador não viesado de β_2 se, para qualquer amostra de tamanho n, $\bar{x} = 0$.
④ b_2 é um estimador não viesado de β_2 se, para qualquer amostra de tamanho n, $\bar{y} = 0$.

Resolução:

(0) Falso. O estimador b_2 pode ser escrito como:

$$b_2 = \frac{\sum_i x_i y_i}{\sum_i x_i^2} = \frac{\sum_i x_i (\beta_1 + \beta_2 x_i + u_i)}{\sum_i x_i^2} = \frac{\beta_1 \sum_i x_i}{\sum_i x_i^2} + \frac{\beta_2 \sum_i x_i^2}{\sum_i x_i^2} + \frac{\sum_i x_i u_i}{\sum_i x_i^2}$$

$$b_2 = \beta_1 \frac{\sum_i x_i}{\sum_i x_i^2} + \beta_2 + \frac{\sum_i x_i u_i}{\sum_i x_i^2}.$$

Tomando a esperança,

$$E[b_2] = \beta_1 \frac{\sum_i x_i}{\sum_i x_i^2} + \beta_2 + \frac{\sum_i E(x_i u_i)}{\sum_i x_i^2}.$$

Como x_i é não estocástico (ou seja, fixo), então $E(x_i u_i) = 0$. Logo:

$$E[b_2] = \beta_1 \frac{\sum_i x_i}{\sum_i x_i^2} + \beta_2 \neq \beta_2.$$

Ou seja, precisaríamos que $\beta_1 = 0$ ou que $\bar{x} = 0$ (veja item 3) para que tal estimador fosse não viesado.

(1) Falso.

Note primeiramente que o modelo de regressão pode ser escrito como:

$$y_i = \beta_1 + \beta_2 x_i + u_i$$
$$\bar{y} = \beta_1 + \beta_2 \bar{x} + \bar{u}$$
$$y_i - \bar{y} = \beta_2 (x_i - \bar{x}) + (u_i - \bar{u}).$$

O estimador $\hat{\beta}_2$ pode ser escrito como:

$$\hat{\beta}_2 = \frac{\sum_i (x_i - \bar{x})(y_i - \bar{y})}{\sum_i (x_i - \bar{x})^2} = \frac{\sum_i (x_i - \bar{x})(\beta_2 (x - \bar{x}) + (u_i - \bar{u}))}{\sum_i (x_i - \bar{x})^2}$$

$$\hat{\beta}_2 = \frac{\beta_2 \sum_i (x_i - \bar{x})^2}{\sum_i (x_i - \bar{x})^2} + \frac{\sum_i (x_i - \bar{x})(u_i - \bar{u})}{\sum_i (x_i - \bar{x})^2} = \beta_2 + \frac{\sum_i (x_i - \bar{x}) u_i - \sum_i (x_i - \bar{x}) \bar{u}}{\sum_i (x_i - \bar{x})^2}$$

$$\hat{\beta}_2 = \beta_2 + \frac{\sum_i(x_i-\bar{x})u_i - \bar{u}\sum_i(x_i-\bar{x})}{\sum_i(x_i-\bar{x})^2} \overset{\sum_i(x_i-\bar{x})=0}{=} \beta_2 + \frac{\sum_i(x_i-\bar{x})u_i}{\sum_i(x_i-\bar{x})^2}$$

$$\hat{\beta}_2 = \beta_2 + \frac{\sum_i x_i u_i - \bar{x}\sum_i u_i}{\sum_i(x_i-\bar{x})^2}.$$

Tomando esperança:

$$E\left[\hat{\beta}_2\right] = \beta_2 + \frac{\sum_i E(x_i u_i) - \bar{x}\sum_i E(u_i)}{\sum_i(x_i-\bar{x})^2} \overset{E(u_i)=0}{\underset{E(x_i u_i)=0}{=}} \beta_2.$$

Para que $\hat{\beta}_2$ seja não viesado, não é necessária a hipótese que $\beta_1 = 0$. Assim, apesar da volta ser verdadeira (ou seja, se $\beta_1 = 0$, então $E[\hat{\beta}_2] = \beta_2$), a ida é falsa. Se $\hat{\beta}_2$ é não viesado (como é de verdade, como verificamos acima), então não necessariamente $\beta_1 = 0$.

(2) Falso. O estimador b_2 é o EMQO para o modelo quando $\beta_1 = 0$. Como ele já leva isso em consideração, ele será mais eficiente do que $\hat{\beta}_2$ que não leva em consideração.

(3) Verdadeiro. Do item 0, sabemos que:

$$E[b_2] = \beta_1 \frac{\sum_i x_i}{\sum_i x_i^2} + \beta_2 = \beta_1 \frac{n\bar{x}}{\sum_i x_i^2} + \beta_2$$

Do item, se $\bar{x} = 0$, então:

$E[b_2] = \beta_2$

ou seja, b_2 é um estimador não viesado.

(4) Falso. Vimos no item 0 que precisaríamos que $\beta_1 = 0$ ou $\bar{x} = 0$ para que b_2 seja não viesado.

Questão 10

[Para a resolução desta questão talvez lhe seja útil saber que se Z tem distribuição normal padrão, então Pr(|Z| > 1,645) = 0,10 e Pr(|Z| > 1,96) = 0,05.]

Considere as seguintes estimativas obtidas pelo método de mínimos quadrados ordinários para o modelo de regressão abaixo (desvios-padrão entre parênteses):

ln(salário) = 0,600 + 0,175 sindicato + 0,090 sex + 0,080 educ + 0,030 exper − 0,003 exper² + û
(0,201) (0,100)   (0,050)   (0,032)   (0,009)   (0,001)
$R^2 = 0,36$

em que *educ* e *exper* denotam, respectivamente, o número de anos de estudo e o número de anos de experiência profissional, *sindicato* é uma variável dummy que assume o valor 1 se o trabalhador for sindicalizado e 0 caso contrário e *sexo* é uma variável dummy igual a 1 se o trabalhador for do sexo masculino e igual a 0 se for do sexo feminino. O resíduo da regressão é o termo *û*. Todas as suposições usuais acerca do modelo de regressão linear clássico são satisfeitas.

É correto afirmar que:

- ⓪ Supondo que o tamanho da amostra seja grande o suficiente para que aproximações assintóticas sejam válidas, é possível rejeitar, ao nível de significância de 5%, a hipótese nula de que os salários de trabalhadores sindicalizados e não sindicalizados são iguais. A hipótese alternativa é que os trabalhadores sindicalizados ganham mais do que os não sindicalizados.
- ① Supondo que o tamanho da amostra seja grande o suficiente para que aproximações assintóticas sejam válidas, é possível rejeitar, ao nível de significância de 5%, a hipótese nula de que os salários de homens e mulheres são iguais. A hipótese alternativa é que os salários de homens e mulheres são diferentes.
- ② Um ano adicional de experiência eleva o salário em 3,00%.
- ③ Se incluirmos um regressor adicional entre as variáveis explicativas, o R^2 não diminuirá.
- ④ Supondo que os erros tenham distribuição normal e que o tamanho da amostra seja 206, é possível rejeitar, ao nível de significância de 5%, a hipótese de que os coeficientes da regressão, com exceção do intercepto, são simultaneamente iguais a zero ($F_{0,95; 5,200} = 2.2592$).

Resolução:

(0) Verdadeiro. Note que se trata de um teste unilateral, ou seja:

$H_0 : \beta_{sindicato} = 0$
$H_a : \beta_{sindicato} > 0$

Assim, a estatística *t* calculada será:

$$t_{calculada} = \frac{0.175}{0.100} = 1.75 > 1.645 = z^{5\%}_{critico}$$

ou seja, a estatística *t* calculada situa-se na região crítica (acima do valor crítico, notemos que assintoticamente a estatística *t* tem distribuição normal). Logo, rejeitamos H_0.

(1) Falso. Note que se trata de um teste bilateral, ou seja:
$$H_0 : \beta_{sexo} > 0$$
$$H_a : \beta_{sexo} \neg 0$$

Assim, a estatística t calculada será:
$$t_{calculada} = \frac{0.090}{0.050} = 1.8 < 1.96 = z_{critico}^{2.5\%}$$

ou seja, a estatística t calculada situa-se na região de aceitação (abaixo do valor crítico). Logo, não se rejeita H_0.

(2) Falso. Primeiro note que a estatística t calculada das variáveis exp e exp² são significativas. Notemos que
$$t_{exper} = 3.3$$
$$t_{exper^2} = -3$$

e, portanto, rejeita-se H_0, ao nível de 5%, pois estes valores são maiores do que 1.96 em valores absolutos. Assim, a afirmação é falsa por alguns motivos:

1. A afirmação não deixa claro que o efeito é sobre o salário "em média".
2. Se considerarmos apenas o coeficiente da variável exper, então o impacto exato seria de [exp(0,03) − 1]100%. Poderíamos dizer apenas que o impacto seria de aproximadamente 3%.
3. Por fim, se considerarmos também o coeficiente da variável exper2, então o impacto para uma variação infinitesimal seria de
$$\frac{\partial \ln(salario)}{\partial \text{exper}} = 0.03 - 0.006 \text{exper}$$

Em termos de nível salarial, o impacto seria aproximadamente igual a [0.03 − 0.006 exper]100%. O impacto exato seria obtido a partir de:
$$\ln salario_1 = 0.03(\text{exper}+1) - 0.003(\text{exper}+1)^2$$
$$\ln salario_0 = 0.03(\text{exper}) - 0.003(\text{exper})^2$$
$$\ln salario_1 - \ln salario_0 = 0.03 - 0.006\text{exper} - 0.003$$
$$\ln \frac{salario_1}{salario_0} = 0.027 + 0.006\text{exper}$$

$$\exp\left(\ln\frac{salario_1}{salario_0}\right) = \exp(0.027 + 0.006\exp er)$$

$$\frac{salario_1}{salario_0} = \exp(0.027 + 0.006\exp er)$$

$$\frac{salario_1}{salario_0} - 1 = \exp(0.027 + 0.006\exp er) - 1$$

$$\left(\frac{salario_1 - salario_0}{salario_0}\right)100\% = \left[\exp(0.027 + 0.006\exp er) - 1\right]100\%$$

Assim, o impacto exato seria igual a
$\left[\exp(0.027 + 0.006\exp er) - 1\right]100\%$.

(3) Verdadeiro. Sempre que adicionamos um novo regressor, o R^2 permanece igual ou aumenta. Uma prova deste teorema foi feita na prova de 2003, questão 6, item 2.

(4) Verdadeiro. A estatística F será:
$$F = \frac{R^2/k}{(1-R^2)/(n-k-1)} = \frac{0.36/5}{0.64/200} = \frac{0.36 \cdot 40}{0.64} = \frac{3.6}{0.16} = 22.5 > F_{0.095;5,200} = 2.2592$$

ou seja, a estatística está acima do valor crítico e, portanto, encontra-se na região crítica. Logo é possível rejeitar a hipótese nula de que todos os coeficientes dos regressores são simultaneamente iguais a zero, a um nível de significância de 5%.

Questão 12

Considere o modelo de regressão linear múltipla
$y_t = \beta_1 x_{1t} + \beta_2 x_{2t} + \varepsilon_t$
no qual
$\varepsilon_t \mid x_{1t'}, x_{2t'} \sim^{i.i.d.} N(0,\sigma^2) \quad \forall t, t = 1,...,T$

Por simplicidade, assuma que as variáveis são expressas como desvios em relação às respectivas médias.

É correto afirmar que:

◎ Se $\beta_2 \neq 0$ e excluirmos x_{2t} da regressão, o estimador de mínimos quadrados ordinários de β_1 será, em geral, inconsistente.

① Suponha que x_{2t} medido com erro, isto é, que $x_{2t}^* = x_{2t} + u_{2t}$, e que $E[x_{2t}| x_{1t}, x_{2t}] = 0$, $E[u_{2t}\varepsilon_t|x_{1t}, x_{2t}] = 0$ e $E[x_{2t}^2| x_{1t}, x_{2t}] = \sigma_u^2$. Se substituirmos x_{2t} por x_{2t}^*, o estimador de mínimos quadrados ordinários de β_1 será inconsistente.

② Os estimadores de mínimos quadrados ordinários de β_1 e β_2 serão não viesados, porém não serão eficientes, se y_t for uma variável binária, assumindo apenas dois valores, 0 ou 1, e $\sigma^2 = 1$.

③ Seja c uma constante diferente de zero. Defina $\tilde{y}_t = cy_t, \tilde{x}_{1t} = cx_{1t}$ e $\tilde{x}_{2t} = cx_{2t}$. Os estimadores de mínimos quadrados ordinários (MQO) em uma regressão de $\tilde{y}_t$ contra $\tilde{x}_{1t}$ e $\tilde{x}_{2t}$ coincidem com os estimadores de MQO em uma regressão de y_t contra x_{1t} e x_{2t}.

④ A hipótese de que o erro tem média 0 pode ser testada utilizando a estatística $(1/T)\sum_{t=1}^{T}\hat{\varepsilon}_t$, em que $\hat{\varepsilon}_t$ é o resíduo da regressão por mínimos quadrados ordinários.

Resolução:

(0) Verdadeiro. Este é o clássico problema de variável omitida. Se omitirmos x_{2t} da regressão, tal variável irá para o erro. O estimador de MQO de β_1 será inconsistente se $\beta_2 \neq 0$ (ou seja, omitimos uma variável relevante) e $Cov(x_{2t}, x_{1t}) \neq 0$ (os regressores forem correlacionados). Os regressores serem correlacionados é o caso geral, ou seja, na prática, dificilmente teremos $Cov(x_{2t}, x_{1t}) = 0$.

Observação: Mas, vale ressaltar que, se tivermos $Cov(x_{2t}, x_{1t}) = 0$, então os estimadores seriam consistentes.

(1) Verdadeiro. A hipótese $E[u_{2t}| x_{1t}, x_{2t}] = 0$ é a hipótese de erro clássico nas variáveis, segundo Wooldridge (2006, p. 289-290). Assim, como provado nesta citação, o EMQO de β_1 é inconsistente, sendo que o $plim(\beta_1)$ é menor em termos absolutos do que β_1. Ou seja, existe um viés de atenuação do efeito.

(2) Verdadeiro. Neste caso, estamos em um modelo de probabilidade linear (MPL). E, como mostrado em Wooldridge (2006, p. 233-234), teremos heterocedasticidade e, portanto, apesar do EMQO ser ainda não viesado, ele não será mais eficiente.

(3) Verdadeiro. Usando notação matricial, sabemos que $\hat{\beta} = (X'X)^{-1}X'Y$, sendo que $\overline{X}$ é a matriz que contém os valores de (x_{1t}, x_{2t}), y o vetor que contém os valores de y_{1t}, $t = 1,..., T$ e $\beta = (\beta_1, \beta_2)'$. No caso das variáveis modificadas, a matriz de regressores seria: $\tilde{X} = cX = (cx_{1t}, cx_{2t})$ e o vetor da variável independente seria $\tilde{y} = cy$, e o EMQ seria agora

$$\hat{\beta} = \left(\tilde{X}'\tilde{X}\right)^{-1}\tilde{X}'\tilde{y} = \left((cX)'(cX)\right)^{-1}(cX)'(cy)$$
$$= \left(c^2 X'X\right)^{-1} c^2 X'y = \left(X'X\right)^{-1} X'y = \hat{\beta}.$$

(4) Falso. Usando a mesma notação matricial acima, podemos escrever
$$\hat{\varepsilon} = y - \hat{y} = X\beta + \varepsilon - X\hat{\beta} = X(\beta - \hat{\beta}) + \varepsilon.$$

Assim, $\sum_{t=1}^{T}\hat{\varepsilon}_t$ também pode ser escrito em forma matricial como $(1, ..., 1)$ $\hat{\varepsilon}$, sendo que $(1, ..., 1)$ é uma matriz linha $1 \times T$. Com a notação matricial, a obtenção da distribuição de teste da distribuição passa pela obtenção da distribuição de $\hat{\varepsilon}$.

Como os erros têm distribuição normal, sabemos que $\hat{\beta}$ também tem distribuição normal e além disso $\hat{\varepsilon} = (\beta - \hat{\beta})X + \varepsilon$ tem distribuição normal (condicionada em $\overline{X}$). Desta forma, para usarmos a estatística de teste proposta deveremos saber a sua média e variância.

Calculando-se a esperança de $\hat{\varepsilon}$ condicionalmente em $\overline{X}$, temos
$$E(\hat{\varepsilon} \mid X) = E(y - \hat{y} \mid X) = E(X\beta + \varepsilon - X\hat{\beta} \mid X) = E(X(\beta - \hat{\beta}) + \varepsilon \mid X) = 0,$$

supondo-se que o modelo esteja corretamente especificado.
$$V(\hat{\varepsilon} \mid X) = V(y - \hat{y} \mid X) = V(X(\beta - \hat{\beta}) + \varepsilon \mid X).$$

Aqui devemos lembrar que $\hat{\beta}$ e ε não são independentes. Assim,
$$V(\hat{\varepsilon} \mid X) = V(X(\beta - \hat{\beta}) \mid X) + V(\varepsilon \mid X) + 2 \cdot Cov(X(\beta - \hat{\beta}), \varepsilon \mid X).$$

Lembrando que
$$V(X(\beta - \hat{\beta}) \mid X) = \sigma^2 X(X'X)^{-1}X'$$

e
$$V(\varepsilon \mid \overline{X}) = \sigma^2 I.$$

Obviamente, a variância da estatística de teste proposta depende de σ^2 que é desconhecido. Logo, não é possível utilizá-la para testar a hipótese desejada. No entanto, podemos utilizar um estimador para σ^2, por exemplo:

$$\hat{\sigma}^2 = \sum_t \hat{\varepsilon}_t^2 / T - 2$$

Assim, a estatística seria um teste t:

$$t = \frac{\sum_t \hat{\varepsilon}_t / T}{\sqrt{V(\hat{\varepsilon} \mid X)/T}} \sim t_{T-2}$$

ou seja, faltou dividir a estatística pelo erro padrão.

Questão 13

Considere o seguinte modelo de regressão linear clássico em que as variáveis são expressas como desvios em relação às respectivas médias:

$y_i = \alpha x_i + u_i, \quad i = 1, ..., n$
e
$E[u_i]=0, \quad E[u_i^2] = \sigma^2, \quad E(u_i, u_j) = 0 \quad$ para todo $i \neq j$

Suponha, por simplicidade, que x_i é um regressor escalar não estocástico. Propõe-se estimar α através da razão entre as médias amostrais de y_i e x_i:

$$\bar{a} = \frac{\bar{y}}{\bar{x}}$$

Calcule a variância de α. Multiplique o resultado por 100. (Sabe-se que $\sigma^2 = 100$, $n = 100$ e $\bar{x} = \sum_{i=1}^{n} x_i / n = 5$).

Resolução:

Conforme dado na questão,

$$\bar{\alpha} = \frac{\bar{y}}{\bar{x}}.$$

Computando-se a variância de $\bar{\alpha}$, temos

$$V(\bar{\alpha}) = V\left(\frac{\bar{y}}{\bar{x}}\right).$$

Como x_1 é não estocástico,

$$V(\bar{\alpha}) = \frac{1}{\bar{x}^2} V(\bar{y}) = \frac{\sigma^2/n}{\bar{x}^2} = \frac{100/100}{5^2} = 0,04.$$

Assim,
$100 \cdot V(\bar{\alpha}) = 4.$

Observação: Como x_1 é não estocástico (ou seja, fixo), sua variância é nula e assim, utilizamos o fato de que:

$$V(y_i) = V(u_i) = E(u_i^2) = \sigma^2$$

Logo:
$$V(\bar{y}) = V\left(\frac{\sum y_i}{n}\right) = \frac{1}{n^2} V\left(\sum y_i\right) = \frac{1}{n^2} n\sigma^2 = \frac{\sigma^2}{n}$$

onde na terceira igualdade usamos o fato de que a amostra é aleatória e, portanto, $y_1, ..., y_n$ são independentes. Tal expressão foi utilizada acima.

Questão 14

Considere a seguinte regressão

$y = X\beta + \varepsilon$

em que y, X e ε são vetores de dimensão n x 1 e β é um escalar. Adicionalmente, suponha que

$E(\varepsilon \mid X) = 0$

e que

$$\Omega = E[\varepsilon\varepsilon' \mid X] = \begin{bmatrix} 1 & 0 & 0 & 0 & 0 \\ 0 & 3 & 0 & 0 & 0 \\ 0 & 0 & 4 & 0 & 0 \\ 0 & 0 & 0 & 6 & 0 \\ 0 & 0 & 0 & 0 & 8 \end{bmatrix}, \quad X = \begin{bmatrix} 1 \\ 1 \\ 1 \\ 1 \\ 1 \end{bmatrix} \quad \text{e} \quad y = \begin{bmatrix} 0 \\ 7 \\ 5 \\ 0 \\ 0 \end{bmatrix}$$

Compute a variância condicional em X do estimador de mínimos quadrados ordinários de β. Multiplique o resultado por 100.

Resolução:

O estimador da variância do EMQO de β pode ser derivada a partir de:
$$\hat{\beta} = (X'X)^{-1} X'y$$

Substituindo y pelo modelo de regressão:
$$\hat{\beta} = (X'X)^{-1} X'(X\beta + \varepsilon)$$
$$\hat{\beta} = \beta + (X'X)^{-1} X'\varepsilon$$
$$\hat{\beta} - \beta = (X'X)^{-1} X'\varepsilon$$

Devemos calcular $E\left[(\hat{\beta}-\beta)(\hat{\beta}-\beta)' \mid X\right]$ para obtermos a matriz de variância e covariância (neste exemplo, tal matriz será um escalar pois $\hat{\beta}$ é apenas um estimador):

$$E\left[(\hat{\beta}-\beta)(\hat{\beta}-\beta)' \mid X\right] = E\left[(X'X)^{-1} X'\varepsilon\varepsilon' X\left[(X'X)^{-1}\right]' \mid X\right]$$

$$= E\left[(X'X)^{-1} X'\varepsilon\varepsilon' X\left[(X'X)'\right]^{-1} \mid X\right]$$

$$= E\left[(X'X)^{-1} X'\varepsilon\varepsilon' X(X'X)^{-1} \mid X\right]$$

$$= (X'X)^{-1} X'E[\varepsilon\varepsilon'] X(X'X)^{-1}$$

$$E\left[(\hat{\beta}-\beta)(\hat{\beta}-\beta)' \mid X\right] = (X'X)^{-1} X'\Omega X(X'X)^{-1}$$

$$V(\hat{\beta} \mid X) = (X'X)^{-1} X'\Omega X(X'X)^{-1}$$

Calculando essas matrizes:

$$(X'X)^{-1} = \left(\begin{bmatrix} 1 & 1 & 1 & 1 & 1 \end{bmatrix} \begin{bmatrix} 1 \\ 1 \\ 1 \\ 1 \\ 1 \end{bmatrix}\right)^{-1} = 5^{-1} = \frac{1}{5}$$

$$X'\Omega X = \begin{bmatrix} 1 & 1 & 1 & 1 & 1 \end{bmatrix} \begin{bmatrix} 1 & 0 & 0 & 0 & 0 \\ 0 & 3 & 0 & 0 & 0 \\ 0 & 0 & 4 & 0 & 0 \\ 0 & 0 & 0 & 6 & 0 \\ 0 & 0 & 0 & 0 & 8 \end{bmatrix} \begin{bmatrix} 1 \\ 1 \\ 1 \\ 1 \\ 1 \end{bmatrix}$$

$$X'\Omega X = \begin{bmatrix} 1 & 3 & 4 & 6 & 8 \end{bmatrix} \begin{bmatrix} 1 \\ 1 \\ 1 \\ 1 \\ 1 \end{bmatrix} = 1+3+4+6+8 = 22$$

Assim, substituindo estes cálculos na fórmula da variância:

$$V(\hat{\beta} \mid X) = \frac{1}{5} \cdot 22 \cdot \frac{1}{5} = \frac{22}{25} = \frac{88}{100} \stackrel{\times 100}{\Rightarrow} 88.$$

6 Análise de Regressão II: Equações Simultâneas

PROVA DE 2002

Questão 11

Considere as seguintes equações do modelo estrutural:

Equação de demanda: $Q_t = \alpha_0 + \alpha_1 P_t + \alpha_2 R_t + u_{1t}$

Equação de oferta: $Q_t = \beta_0 + \beta_1 P_t + \beta_2 P_{t-1} + u_{2t}$

em que no período t, Q_t é a quantidade de produto; P_t, o preço (endógeno) do produto; R_t a renda do consumidor; u_{1t}, o distúrbio aleatório da equação de demanda e u_{2t}, o distúrbio aleatório da equação de oferta. A partir destas equações são obtidas as equações na forma reduzida:

$P_t = \pi_0 + \pi_1 R_t + \pi_2 P_{t-1} + v_{1t}$ e $Q_t = \pi_3 + \pi_4 R_t + \pi_5 P_{t-1} + w_t$.

◎ Assim sendo, $\pi_0 = \dfrac{\beta_0 - \alpha_0}{\alpha_1 - \beta_1}, \pi_1 = \dfrac{\alpha_2}{\alpha_1 - \beta_1}$ e $\pi_2 = \dfrac{\beta_2}{\alpha_1 - \beta_1}$.

① A condição de posto indica que a primeira e a segunda equações são identificadas.

② Se multiplicarmos a equação de demanda por λ (0 < λ < 1) e a equação de oferta por (1- λ) e somá-las, desde que o resultado dessa soma seja diferente da equação de oferta e da equação de demanda, as duas serão identificadas.

③ O método de Mínimos Quadrados Ordinários produz estimadores consistentes e eficientes dos parâmetros da forma estrutural.

④ Para verificar se qualquer equação do sistema é identificável, basta aplicar a condição de ordem.

Resolução:

(0) Falso. Obtendo-se os parâmetros da forma reduzida, a partir da forma estrutural:

$Q_t = \alpha_0 + \alpha_1 P_t + \alpha_2 R_t + u_{1t}$

$Q_t = \beta_0 + \beta_1 P_t + \beta_2 R_{t-1} + u_{2t}$

Igualando-se as duas:

$$\alpha_0 + \alpha_1 P_t + \alpha_2 R_t + u_{1t} = \beta_0 + \beta_1 P_t + \beta_2 P_{t-1} + u_{2t}$$

$$P_t = \frac{\beta_0 - \alpha_0}{\alpha_1 - \beta_1} - \frac{\alpha_2}{\alpha_1 - \beta_1} R_t + \frac{\beta_2}{\alpha_1 - \beta_1} P_{t-1} + \frac{u_{2t} - u_{1t}}{\alpha_1 - \beta_1}$$

$$P_t = \pi_0 + \pi_1 R_t + \pi_2 P_{t-1} + w_t$$

Assim, obtemos a forma reduzida da variável endógena P_t, e vemos que o parâmetro π_1 obtido é diferente do exposto no item.

(1) Verdadeiro. Uma forma simples de enunciá-la, para este caso, é: a equação da oferta é identificada se, e somente se, a equação da demanda contém, pelo menos, 1 variável exógena (aqui seria R_t), com coeficiente diferente de zero, que é excluída da equação da oferta. Esta é uma **condição necessária e suficiente**. Assim, podemos utilizar esta variável como instrumento para a endógena (P_t) na equação da oferta.

Da mesma forma, a equação da demanda é identificada se, e somente se, a equação da oferta contém, pelo menos, 1 variável exógena (aqui seria P_{t-1}), com coeficiente diferente de zero, que é excluída da equação da demanda. Assim, podemos utilizar esta variável como instrumento para a endógena (P_t) na equação da demanda.

Uma forma mais geral que podemos enunciá-la é:

Em um sistema de equações com M endógenas, uma equação é identificada se o posto da submatriz de coeficientes, construída a partir dos coeficientes (das variáveis endógenas e exógenas) excluídos da equação analisada, e incluídos em alguma das demais equações do modelo, for igual a ($M - 1$).

Então, apenas pelo primeiro enunciado, já saberíamos que ambas as equações são identificadas. Mas pode-se aplicar a formulação mais geral, somente para averiguar.

Escrevendo o sistema em forma matricial:

$Q_t = \alpha_0 + \alpha_1 P_t + \alpha_2 R_t + u_{1t}$
$Q_t = \beta_0 + \beta_1 P_t + \beta_2 R_{t-1} + u_{2t}$

$$\begin{bmatrix} 1 & -\alpha_0 & -\alpha_1 & 0 & -\alpha_2 \\ 1 & -\beta_0 & -\beta_1 & -\beta_2 & 0 \end{bmatrix} \begin{bmatrix} Q_t \\ z_t \\ P_t \\ P_{t-1} \\ R_t \end{bmatrix} = \begin{bmatrix} u_1 \\ u_2 \end{bmatrix}$$

no qual z_t é novamente uma *dummy* representando os interceptos. Assim, a matriz A será:

$$A = \begin{bmatrix} 1 & -\alpha_0 & -\alpha_1 & 0 & -\alpha_2 \\ 1 & -\beta_0 & -\beta_1 & -\beta_2 & 0 \end{bmatrix}$$

Analisando a primeira equação (da demanda), a submatriz de coeficientes das variáveis que não aparecem em tal equação (no caso P_{t-1}), mas aparecem na oferta, é formada por:

$A_1 = [-\beta_2]$

Então, o posto de A_1 é igual a 1, que é exatamente igual a $M - 1$, onde $M = 2$ variáveis exógenas no sistema como um todo (que são Q_t e P_t).

Analisando a segunda equação (da oferta), a submatriz de coeficientes das variáveis que não aparecem em tal equação (no caso R_t), mas aparecem na demanda, é formada por:

$A_2 = [-\alpha_2]$

Assim, o posto de A_2 é igual a 1, que é exatamente igual a $M - 1$. Logo, as 2 equações são identificadas.

Observação: Uma forma alternativa (e equivalente) de se fazer, segundo o livro do Johnston e Dinardo (1997, p.309-314), é: seja a matriz de restrições para a 1ª equação será (restrição de exclusão sobre o parâmetro de P_{t-1}):

$$\Phi = \begin{bmatrix} 0 \\ 0 \\ 0 \\ 1 \\ 0 \end{bmatrix}$$

Assim:
$$A\Phi = \begin{bmatrix} 0 \\ -\beta_2 \end{bmatrix}$$
$$\rho(A\Phi) = 1 = G - 1 = 2 - 1$$

A matriz de restrições para a 2ª equação será (restrição de exclusão sobre o parâmetro de R_t)

$$\Phi = \begin{bmatrix} 0 \\ 0 \\ 0 \\ 0 \\ 1 \end{bmatrix}.$$

Então
$$A\Phi = \begin{bmatrix} -\alpha_2 \\ 0 \end{bmatrix},$$
$$\rho(A\Phi) = 1 = G - 1 = 2 - 1.$$

Logo, as 2 equações satisfazem à condição de posto e são exatamente identificadas.

(2) Falso. Se multiplicarmos a equação da demanda e da oferta por λ e $(1 - \lambda)$, respectivamente, teremos:
$$\lambda(Q_t) = \lambda(\alpha_0 + \alpha_1 P_t + \alpha_2 R_t + u_{1t})$$
$$(1 - \lambda)(Q_t) = (1 - \lambda)(\beta_0 + \beta_1 P_t + \beta_2 P_{t-1} + u_{2t})$$

Somando as duas equações acima

$$Q_t = \underbrace{\lambda\alpha_0 + (1-\lambda)\beta_0}_{\theta_0} + \underbrace{[\lambda\alpha_1 + (1-\lambda)\beta_1]}_{\theta_1}P_t + \underbrace{\lambda\alpha_2}_{\theta_2}R_t + \underbrace{(1-\lambda)\beta_2}_{\theta_3}P_{t-1} + \underbrace{\lambda u_{1t} + (1-\lambda)u_{2t}}_{v_t}$$

Logo, se estaria estimando

$$Q_t = \theta_0 + \theta_1 P_t + \theta_2 R_t + \theta_3 R_{t-1} + v_t,$$

ou seja, ao regredir a quantidade do produto contra o preço, em equilíbrio, não se saberá qual equação será estimada: a oferta, a demanda ou uma combinação das duas.

(3) Falso. Eles são inconsistentes e ineficientes. O primeiro problema pode ser visto facilmente, a partir da forma reduzida obtida no item 1

$$P_t = \frac{\beta_0 - \alpha_0}{\alpha_1 - \beta_1} - \frac{\alpha_2}{\alpha_1 - \beta_1}R_t + \frac{\beta_2}{\alpha_1 - \beta_1}P_{t-1} + \frac{u_{2t} - u_{1t}}{\alpha_1 - \beta_1}.$$

Calculando-se a covariância entre P_t e u_{1t}, tem-se:

$$Cov(P_t, u_{1t}) = Cov\left(\frac{\beta_0 - \alpha_0}{\alpha_1 - \beta_1} - \frac{\alpha_2}{\alpha_1 - \beta_1}R_t + \frac{\beta_2}{\alpha_1 - \beta_1}P_{t-1} + \frac{u_{2t} - u_{1t}}{\alpha_1 - \beta_1}, u_{1t}\right) =$$

$$Cov\left(\frac{\beta_0 - \alpha_0}{\alpha_1 - \beta_1}, u_{1t}\right) - \frac{\alpha_2}{\alpha_1 - \beta_1}Cov(R_t, u_{1t}) +$$

$$+ \frac{\beta_2}{\alpha_1 - \beta_1}Cov(P_{t-1}, u_{1t}) + \frac{1}{\alpha_1 - \beta_1}Cov(u_{2t} - u_{1t}, u_{1t})$$

$$= 0 - 0 + 0 + \frac{1}{\alpha_1 - \beta_1}\left[Cov(u_{2t}, u_{1t}) - Cov(u_{1t}, u_{1t})\right]$$

$$= \frac{1}{\alpha_1 - \beta_1}\left[Cov(u_{2t}, u_{1t}) - Var(u_{1t})\right],$$

na qual, na última linha, as covariâncias dos três primeiros termos são zero, pois a covariância de u_{1t} com uma constante e com variáveis exógenas, respectivamente. Assim, na equação da demanda, tem-se um problema de endogeneidade, pois a covariância entre P_t e o erro é não nula (a mesma conta pode ser feita para $Cov(P_t, u_{1t})$, para mostrar que o mesmo problema ocorre para a oferta), a não ser que $Cov(u_{2t}, u_{1t}) = Var(u_{1t})$. Dessa forma, as equações forem estimadas separadamente por MQO, serão gerados estimadores viesados e inconsistentes.

(4) Falso. Revisando-se:

O fato de excluirmos variáveis exógenas da equação que estamos interessados em estimar nos ajuda a identificar os seus parâmetros (na forma estrutural). Este fato pode ser enunciado da seguinte forma:

Sejam:
M endógenas incluídas no sistema
m endógenas incluídas na equação
K exógenas incluídas no sistema
k exógenas incluídas na equação

Assim, uma condição necessária para identificação (ou seja, para que a equação seja exatamente ou sobreidentificada) é que:
$K - k \geq m - 1$,

ou seja, **o número de variáveis exógenas (predeterminadas) excluídas da equação deve ser pelo menos tão grande quanto o número de variáveis**

No caso deste item, tem-se que $M = 2$ e $k = 2$.
Analisando a equação da demanda, tem-se $m = 2$ e $k = 1$. Logo:
$K - k = 2 - 1 = m - 1$.

Dessa forma, a equação da demanda satisfaz à condição de ordem. A equação da oferta recebe os mesmos valores e também atende a tal condição.

No entanto, a condição de ordem é apenas uma condição necessária, mas não suficiente para identificação. Nesta questão, significaria que, por exemplo, nada adiantaria se omitíssemos P_{t-1} da demanda (o que ocorre e, portanto, atende à condição de ordem) se o seu coeficiente na equação da oferta (β_2) fosse nulo.

Pois, neste caso, segundo o item 1, o posto de A_1 seria zero, diferente de $M - 1$.

E, portanto, a demanda não seria identificada (O mesmo raciocínio vale para a oferta.) Assim, devemos aplicar a condição de posto.

PROVA DE 2003
Questão 8

Considere o modelo de equações simultâneas:
$Q_i^D = \alpha_1 + \beta_1 P_i + u_{1i}$ (demanda)
$Q_i^S = \alpha_2 + \beta_2 P_i + u_{2i}$ (oferta)
$Q_i^D = Q_i^S$
em que: Q_i^D é a quantidade demandada, Q_i^S, a quantidade ofertada, P_i é o preço, e u_{1i} e u_{2i}, são termos aleatórios. É correto afirmar que:

- ⓪ O estimador de Mínimos Quadrados Ordinários aplicado a cada uma das equações é consistente e não tendencioso.
- ① No modelo acima, a equação de demanda é identificada, mas a equação de oferta não é.
- ② Se a equação de demanda for definida por $Q_i^D = \alpha_1 + \beta_1 P_i + \gamma_1 Y_1 + u_{1i}$, em que Y_i é a renda, a equação de oferta será identificada.
- ③ A equação de demanda será identificada se for definida por $Q_i^D = \alpha_1 + \beta_1 P_i + \gamma_1 Y_1 + u_{1i}$.
- ④ A variável renda, empregada nos dois itens anteriores, é uma "variável instrumental".

Resolução:

(0) Falso. É tendencioso e inconsistente. Ver o item 3, questão 11, da prova da Anpec de 2002.

(1) Falso. Seguindo a notação do item 4, questão 11, da prova da Anpec de 2002, teremos: $M = 2$, $K = 0$. Para as duas equações, teremos $k = 0$, $m = 2$.

Assim
$K - k = 0 < 1 = m - 1$.

Ou seja, para as 2 equações, a condição de ordem será:
nº de exógenas excluídas = $0 < $ nº de endógenas $-1 = 2 - 1 = 1$.

Logo, ambas são subidentificadas.

(2) Verdadeiro. Reescrevendo o sistema em termos matriciais,

$Q_i - \alpha_1 + \beta_1 P_i + \gamma_1 Y_1 = u_{1i}$
$Q_i - \alpha_2 + \beta_2 P_i = u_{2i}$,

$$\begin{bmatrix} 1 & -\alpha_1 & -\beta_1 & -\gamma_1 \\ 1 & -\alpha_2 & -\beta_2 & 0 \end{bmatrix} \begin{bmatrix} Q_i \\ z \\ P_i \\ Y_i \end{bmatrix}.$$

Assim:

$$A = \begin{bmatrix} 1 & -\alpha_1 & -\beta_1 & -\gamma_1 \\ 1 & -\alpha_2 & -\beta_2 & 0 \end{bmatrix}.$$

Usando a condição de posto colocada no item 1, questão 11, da prova da Anpec de 2002, a submatriz de coeficientes das variáveis que não aparecem na equação de oferta (no caso Y), mas aparecem na demanda, é formada por:

$A_1 = [-\gamma_1]$.

Então, o posto de A_1 será igual a 1, que é igual a $M - 1 = 1$. Logo, a equação da oferta é identificada.

Observação: Uma forma alternativa de se fazer. Seja a matriz Φ das restrições para a equação da oferta será (restrição é que o parâmetro de Y_t é zero para esta equação):

$$\Phi = \begin{bmatrix} 0 \\ 0 \\ 0 \\ 1 \end{bmatrix}.$$

Logo:

$$A\Phi = \begin{bmatrix} -\gamma_1 \\ 0 \end{bmatrix},$$

$\rho(A\Phi) = 1 = G - 1 = 2$.

Assim, a equação é exatamente identificada.

(3) Falso. Mesmo considerando a demanda como proposta no item, ela ainda não satisfaz nem a condição de ordem, que é igual à do item (1). Se ela não satisfaz a condição de ordem (que é necessária), também não satisfará a condição de posto. Assim, ela é subidentificada.

(4) Verdadeiro. A exógena excluída da oferta (e incluída na demanda) serve como um instrumento para a endógena incluída (P_t) nesta equação.

PROVA DE 2004

Questão 7

São corretas as afirmativas. Em modelos de equações simultâneas:
- ⓪ O problema da identificação precede o da estimação.
- ① Se a condição de ordem for satisfeita, a condição de posto também será satisfeita.
- ② Os estimadores de mínimos quadrados indiretos e os de mínimos quadrados de dois estágios são não tendenciosos e consistentes.
- ③ Se uma equação é exatamente identificada, os métodos de mínimos quadrados indiretos e de dois estágios produzem resultados idênticos.
- ④ O método de mínimos quadrados indiretos pode ser aplicado tanto a equações exatamente identificadas quanto a equações superidentificadas.

Resolução:

(0) Verdadeira. Precisamos, inicialmente, verificar se o sistema é subidentificado, exatamente identificado ou sobreidentificado para realizarmos a inferência ou não, e aplicar o método mais apropriado. Somente sistemas exatamente identificados ou superidentificados poderão ser estimados.

(1) Falsa. O inverso é verdadeiro. A condição de posto é uma condição necessária e suficiente, enquanto a condição de ordem é apenas necessária.

(2) Falsa. Não há garantias de que os estimadores serão não tendenciosos. Geralmente, ambos são tendenciosos.

(3) Verdadeira. Caso a equação seja exatamente identificada, o estimador de mínimos quadrados em dois estágios (2SLS) é igual ao estimador de variáveis instrumentais (VI), usado quando existe apenas um instrumento para cada endóge-

na, que é igual ao estimador de mínimos quadrados indiretos (MQI). O MQI é o estimador que é aplicado para obter os parâmetros da forma reduzida, por MQO, e depois a partir destes, recuperamos os parâmetros da forma estrutural.

Logo, neste caso, os estimadores 2SLS e MQI são iguais.

(4) Falsa. Pode ser aplicado apenas para equações exatamente identificadas. Ele serve quando existe apenas uma maneira de recuperar os parâmetros da forma estrutural a partir da estimação dos parâmetros da forma reduzida. No caso de equações superidentificadas, existe mais de uma forma de se obter os parâmetros. Isso ocorre porque há mais de um instrumento (que são as variáveis exógenas excluídas da equação de interesse e incluídas em alguma outra equação do sistema) para ser utilizado para a variável endógena (incluída como regressor) da equação de interesse. Quando há superindentificação, devemos usar o 2SLS.

PROVA DE 2005

Questão 8

Considere o modelo de equações simultâneas:

$Q_t^d = \alpha_0 + \alpha_1 P_t + \alpha_2 X_t + e_{1t}$ (demanda)

$Q_t^s = \beta_0 + \beta_1 P_t + e_{2t}$ (oferta)

$Q_t^d = Q_t^s$ (condição de equilíbrio)

Q_t^d e Q_t^s são, respectivamente, as quantidades demandadas e ofertadas do bem, X_t é uma variável exógena e e_{1t} e e_{2t} são os termos aleatórios, com médias zero e variâncias constantes. São corretas as afirmativas:

- ⓪ As equações de demanda e oferta são exatamente identificadas.
- ① Os parâmetros estruturais do modelo são consistentemente estimados por Mínimos Quadrados Ordinários.
- ② As equações na forma reduzida são: $P_t = \Pi_0 + \Pi_1 X_t + v_t$ e $Q_t = \Pi_2 + \Pi_3 X_t + w_t$, em que $\Pi_0 = \frac{\beta_0 - \alpha_0}{\alpha_1 - \beta_1}$; $\Pi_1 = -\frac{\alpha_2}{\alpha_1 - \beta_1}$; $v_t = \frac{e_{1t} - e_{2t}}{\alpha_1 - \beta_1}$; $\Pi_2 = \frac{\alpha_1 \beta_0 - \alpha_0 \beta_1}{\alpha_1 - \beta_1}$; $\Pi_3 = -\frac{\alpha_2 \beta_1}{\alpha_1 - \beta_1}$ e $w_t = \frac{\alpha_1 e_{2t} - \beta_1 e_{1t}}{\alpha_1 - \beta_1}$.
- ③ As estimativas dos parâmetros da forma reduzida descritos no quesito anterior, por Mínimos Quadrados Ordinários, são consistentes.
- ④ Os parâmetros das equações estruturais, obtidos dos parâmetros da forma reduzida, são estimados por Mínimos Quadrados Ordinários.

Resolução:

(0) Falsa. Usando a notação do item 4, questão 11, da prova de 2002, temos, para todo o sistema: $K = 1(X_t)$ $M = 2(Q_t, P_t)$. E para a equação da demanda: $k = 1$, $m = 2$. Logo, a condição de ordem

$$K - k = 0 < 2 - 1 = m - 1,$$

ou ainda,

nº de exógenas excluídas $= 0 <$ nº de endógenas $-1 = 2 - 1$

não é satisfeita. Assim, a equação de demanda é subidentificada.

(1) Falsa. São inconsistentes, como visto no item 3, questão 11, da prova da Anpec de 2002.

Observação: Da mesma forma que na questão da prova de 2002, citada acima, podemos calcular, a partir da forma reduzida da variável do preço (obtida no item 2 abaixo):

$$Cov(P_t, e_{1t}) = Cov\left(\frac{\beta_0 - \alpha_0}{\alpha_1 - \beta_1} - \frac{\alpha_2}{\alpha_1 - \beta_1}X_t + \frac{e_{2t} - e_{1t}}{\alpha_1 - \beta_1}, e_{1t}\right) =$$

$$= Cov\left(\frac{\beta_0 - \alpha_0}{\alpha_1 - \beta_1}, e_{1t}\right) - \frac{\alpha_2}{\alpha_1 - \beta_1}Cov(X_t, e_{1t}) + \frac{1}{\alpha_1 - \beta_1}Cov(e_{2t} - e_{1t}, e_{1t}) =$$

$$= \frac{1}{\alpha_1 - \beta_1}\left[Cov(e_{2t}, e_{1t}) - Cov(e_{1t}, e_{1t})\right] =$$

$$= \frac{1}{\alpha_1 - \beta_1}\left[Cov(e_{2t}, e_{1t}) - Var(e_{1t})\right] \neq 0$$

na qual, na segunda linha, temos que $Cov\left(\frac{\beta_0 - \alpha_0}{\alpha_1 - \beta_1}, e_{1t}\right) = Cov(X_t, e_{1t}) = 0$, pois a primeira trata-se da covariância de uma constante com o erro (uma variável aleatória), e a segunda é a covariância de um regressor exógeno com o erro.

Dessa forma, P_t é correlacionado com e_{1t}, e, assim, temos um problema de endogeneidade na primeira equação ao estimarmos por MQO. Os estimadores de MQO sob problema de endogeneidade serão viesados e inconsistentes.

À mesma conclusão chegaríamos para a oferta, ao obtermos uma expressão análoga para $Cov(P_t, e_{2t})$.

(2) Falsa. Igualando oferta e demanda:

$$\alpha_0 + \alpha_1 P_t + \alpha_2 X_t + e_{1t} = \beta_0 + \beta_1 P_t + e_{2t}$$

$$P_t = \frac{\beta_0 - \alpha_0}{\alpha_1 - \beta_1} - \frac{\alpha_2}{\alpha_1 - \beta_1} X_t + \frac{e_{2t} - e_{1t}}{\alpha_1 - \beta_1}$$

$$P_t = \pi_0 + \pi_1 X_t + v_t,$$

ou seja, o termo do erro do item está errado. Assim, nem é necessário calcular a forma reduzida de Q_t.

(3) Verdadeira. Por definição, a forma reduzida é dada por equações das variáveis endógenas, cada uma em função apenas de variáveis exógenas (no caso do item, seria o X_t). Assim, a estimação por MQO das formas reduzidas sempre gerarão estimadores não viesados e consistentes.

(4) Falsa. Os parâmetros da equação da oferta (que é exatamente identificada) podem ser obtidos por MQI. Já os da demanda não podem ser estimados, pois a equação é subidentificada.

PROVA DE 2006
Questão 7

Considere o modelo:

$Y_t = \alpha Z_t + \beta Y_{t-1} + e_{1t}$ (equação I)
$Z_t = \lambda Z_{t-1} + e_{2t}$ (equação II)

em que α, β e λ são parâmetros e:

$$\mathbf{e}_t = \begin{pmatrix} e_{1t} \\ e_{2t} \end{pmatrix} \sim \text{Normal}\left[\begin{pmatrix} 0 \\ 0 \end{pmatrix}, \begin{pmatrix} \sigma_{11}^2 & \sigma_{12} \\ \sigma_{12} & \sigma_{22}^2 \end{pmatrix}\right]$$

$$E(\mathbf{e}_t \mathbf{e}_k) = \begin{pmatrix} 0 \\ 0 \end{pmatrix}, \text{ para todo } k \neq t.$$

Suponha também que $|\lambda| < 1$ e $|\beta| < 1$. São corretas as afirmativas:
- ⓪ A condição $|\lambda| < 1$ garante a estacionariedade de segunda ordem de Z_t.
- ① O estimador de Mínimos Quadrados Ordinários de λ, na equação II, não é consistente.
- ② Os estimadores de Mínimos Quadrados Ordinários de α e β, na equação I, só serão consistentes se $\sigma_{12} = 1$.

③ Sem nenhuma restrição adicional sobre os parâmetros do modelo, a equação I não satisfaz a condição de ordem para identificação.

④ Para testar se há endogeneidade na equação I, pode-se usar o teste de Hausman.

Resolução:

(0) Verdadeira. Veja a lista de séries temporais.

(1) Falsa. Z_{t-1} é variável predeterminada. Logo, pode-se estimar a segunda equação por MQO.

(2) Falsa. Neste caso, note que:
$$Cov(Z_t, e_{1t}) = Cov(\lambda Z_{t-1} + e_{2t}, e_{1t}) = \lambda Cov(Z_{t-1}, e_{1t}) + Cov(e_{2t}, e_{1t}) = \sigma_{12} = 1 \neq 0,$$

na qual usamos o fato de que Z_{t-1} é uma variável predeterminada, ou seja, não correlacionada com o erro e_{1t}. Assim, a Equação 1 terá problema de endogeneidade e os estimadores serão inconsistentes. A condição para que eles sejam consistentes é $\sigma_{12} = 0$.

(3) Falsa. As variáveis endógenas são Y_t e Z_t, e as predeterminadas são Y_{t-1} e Z_{t-1}. Logo, a condição de ordem para a 1ª equação é satisfeita pois:

nº de exógenas excluídas = 1 = nº de endógenas $-1 = 2 - 1$,

ou, segundo a notação usada nas Questão anteriores, teremos $K = 2$, $M = 2$, $k = 1$, $m = 2$. Logo, para a 1ª equação, teremos: $K - k = 2 - 1 = m - 1$.

(4) Verdadeira. Johnston e Dinardo (1997, p.259) explica detalhadamente como proceder para o teste de Hausman.

PROVA DE 2007

Questão 12

Considere o modelo:
$Q_t^D = \alpha_1 + \beta_1 P_t + u_t^D$ (demanda)
$Q_t^O = \alpha_2 + \beta_2 P_t + u_t^O$ (oferta)
$Q_t^D = Q_t^O = Q_t$ (condição de equilíbrio)

em que: Q_t^D e Q_t^O são as quantidades demandada e ofertada, respectivamente, de laranja na Flórida no ano t, P_t, o preço da laranja no ano, t e u_t^D e u_t^O os termos aleatórios de média nula, em que $Cov(u_t^D, u_t^O) = 0$. É correto afirmar que:

Ⓞ O estimador de Mínimos Quadrados Ordinários de β_1 será tendencioso, caso $\beta_2 \neq 0$.

① Seja $\hat{\beta}_1$ o estimador de Mínimos Quadrados Ordinários de β_1. Logo, $E(\hat{\beta}_1) = \dfrac{\beta_1 + \beta_2}{2}$.

② Se $Var(u_t^D) = \sigma_D^2$ e $Var(u_t^O) = \sigma_O^2$, então a matriz de variância-covariância do vetor aleatório $X_t = (Q_t, P_t)$ é dada por:

$$\Omega = \dfrac{1}{(\beta_2 - \beta_1)^2} \begin{pmatrix} \beta_2^2 \sigma_D^2 + \beta_1^2 \sigma_O^2 & \beta_2^2 \sigma_D^2 + \beta_1 \sigma_O^2 \\ \beta_2 \sigma_D^2 + \beta_1 \sigma_O^2 & \sigma_D^2 + \sigma_O^2 \end{pmatrix}.$$

③ Seja Z_t uma nova variável representando o número de dias na Flórida com temperaturas abaixo de zero. Se $E(u_t^D \mid Z_t) = 0$ e $E(u_t^O \mid Z_t) \neq 0$, então a equação de demanda pode ser estimada por mínimos quadrados em dois estágios, sendo Z_t uma variável instrumental.

④ Seja Z_t definida como no item anterior, então, se $E(u_t^D \mid Z_t) \neq 0$ e $E(u_t^O \mid Z_t) \neq 0$, as equações de oferta e demanda podem ser estimadas por mínimos quadrados em dois estágios, com Z_t sendo uma variável instrumental.

Resolução:

(0) Verdadeiro. O estimador MQO de β_1 sempre será tendencioso, no caso de P_t aparecer na segunda equação, pois isso gerará um viés de simultaneidade. Veja o item 3, questão 11, da prova da Anpec de 2002, para uma demonstração que isso gerará um problema de endogeneidade.

(1) Falso. Substituindo $Q_t^D = Q_t^S = Q_t$ (condição de equilíbrio) na demanda, note que, se multiplicarmos a equação da demanda e da oferta por λ e $(1-\lambda)$, respectivamente, teremos:

$$\lambda(Q_t) = \lambda(\alpha_1 + \beta_1 P_t + u_t^D)$$
$$(1-\lambda)(Q_t) = (1-\lambda)(\alpha_2 + \beta_2 P_t + u_t^O)$$

Somando:

$$Q_t = \underbrace{\lambda \alpha_1 + (1-\lambda)\alpha_2}_{\theta_0} + \underbrace{\left[\lambda \beta_1 + (1-\lambda)\beta_2\right]}_{\theta_1} P_t + \underbrace{\lambda u_{1t} + (1-\lambda) u_{2t}}_{v}$$

Logo, estaremos estimando:

$$Q_t = \theta_0 + \theta_1 P_t + v$$

ou seja, se regredimos a quantidade do produto contra o preço, em equilíbrio, não saberemos se estamos estimando a oferta, a demanda ou uma combinação das duas. Assim, não podemos afirmar que a esperança do estimador será necessariamente

$$E(\beta_1) = \frac{\beta_1 + \beta_2}{2}.$$

(2) Verdadeiro. Obtendo-se a forma reduzida do modelo,

$$Q_t^D = Q_t^O = Q_t = \alpha_1 + \beta_1 P_t + u_t^D = \alpha_2 + \beta_2 P_t + u_t^O,$$

$$P_t = \frac{\alpha_1 - \alpha_2}{\beta_2 - \beta_1} + \frac{u_t^D - u_t^O}{\beta_2 - \beta_1},$$

$$Q_t = \alpha_1 + \beta_1 \frac{\alpha_1 - \alpha_2}{\beta_2 - \beta_1} + \frac{\beta_1 (u_t^D - u_t^O)}{\beta_2 - \beta_1} + u_t^D$$

$$= \alpha_1 + \beta_1 \frac{\alpha_1 - \alpha_2}{\beta_2 - \beta_1} + \frac{\beta_1 u_t^D - \beta_1 u_t^O + \beta_2 u_t^D - \beta_1 u_t^D}{\beta_2 - \beta_1}$$

$$= \alpha_1 + \beta_1 \frac{\alpha_1 - \alpha_2}{\beta_2 - \beta_1} + \frac{\beta_2 u_t^D - \beta_1 u_t^O}{\beta_2 - \beta_1}.$$

Assim:

$$\text{Var} P_t = \frac{\sigma_D^2 + \sigma_O^2}{(\beta_2 - \beta_1)^2}$$

$$\text{Var} Q_t = \frac{\beta_2^2 \sigma_D^2 + \beta_1^2 \sigma_O^2}{(\beta_2 - \beta_1)^2}$$

$$\text{Cov}(P_t, Q_t) = \text{Cov}\left(\frac{u_t^D - u_t^O}{\beta_2 - \beta_1}, \frac{\beta_2 u_t^D - \beta_1 u_t^O}{\beta_2 - \beta_1}\right)$$

$$= \frac{1}{(\beta_2 - \beta_1)^2} \left[\beta_2 \sigma_D^2 + \beta_1 \sigma_O^2\right]$$

Logo, obtemos todos os elementos da matriz de variância-covariância.

(3) Anulada. Z_t é não correlacionado com u_t^D e, então, pode ser utilizada como um instrumento na equação da demanda, desde que Z_t seja correlacionada com P_t.

(4) Falso. Z_t será uma variável endógena e não poderá ser utilizada como instrumento.

PROVA DE 2009

Questão 12

Considere o seguinte modelo de equações simultâneas:

$y_{1t} - \phi_2 y_{2t} = \gamma_{11} x_{1t} + u_{1t}$ (Equação 1)

$y_{2t} - \phi_3 y_{3t} = \gamma_{22} x_{2t} + u_{2t}$ (Equação 2)

$y_{2t} - \phi_4 y_{3t} = \gamma_{31} x_{1t} + \gamma_{32} x_{2t} + u_{3t}$ (Equação 3)

em que $y_{1t}, y_{2t}, y_{3t}, x_{1t}$ e x_{2t} são variáveis aleatórias, e $\phi_4 \neq \phi_3$ e $u = (u_{1t}, u_{2t}, u_{3t})'$ um vetor de variáveis aleatórias independentes e normalmente distribuídas tal que:

$$\begin{pmatrix} u_{1t} \\ u_{2t} \\ u_{3t} \end{pmatrix} \sim NID \left[\begin{pmatrix} 0 \\ 0 \\ 0 \end{pmatrix}, \begin{pmatrix} \sigma_1^2 & 0 & 0 \\ 0 & \sigma_2^2 & 0 \\ 0 & 0 & \sigma_3^2 \end{pmatrix} \right], \text{ para todo } t.$$

Indique se cada uma das afirmações a seguir é verdadeira ou falsa:

⓪ A condição de ordem para identificação de equações simultâneas é satisfeita pelas Equações 1 e 2, mas não é satisfeita pela Equação 3.
① A Equação 2 será identificada se $\gamma_{31} = 0$.
② A Equação 1 satisfaz a condição de posto se $\gamma_{22} \neq 0$.
③ Se $\phi_{32}\gamma_{22} - \phi_4\gamma_2 \neq 0$, os parâmetros da Equação 1 podem ser estimados por mínimos quadrados em dois estágios, com x_{2t} sendo a variável instrumental para y_{2t}.
④ A Equação 3 pode ser estimada por Mínimos Quadrados Ordinários.

Resolução:

(0) Verdadeira. A condição de ordem para a primeira equação é:

exógenas excluídas = 1 = endógenas incluídas − 1 = 2 − 1.

Para a segunda equação é:

exógenas excluídas = 1 = endógenas incluídas − 1 = 2 − 1.

Para a terceira equação é:

exógenas excluídas = 0 < endógenas incluídas − 1 = 2 − 1 = 1.

Logo, a condição de ordem é atendida para as primeira e segunda equações, mas não é atendida para a terceira.

(1) Falsa. A condição de ordem para a terceira equação passará a ser:

exógenas excluídas = 1 = endógenas incluídas − 1 = 2 − 1.

Devemos, ainda, verificar a condição de posto:

$$\begin{bmatrix} 1-\varphi_2 & 0 & -\gamma_{11} & 0 & \\ 0 & 1 & -\phi_3 & 0 & -\gamma_{22} \\ 0 & 1 & -\phi_4 & -\gamma_{31} & -\gamma_{32} \end{bmatrix} \begin{bmatrix} y_{1t} \\ y_{2t} \\ y_{3t} \\ x_{1t} \\ x_{2t} \end{bmatrix} = \begin{bmatrix} u_{1t} \\ u_{2t} \\ u_{3t} \end{bmatrix}.$$

A matriz A dos coeficientes será a 1ª matriz do lado esquerdo, ou seja:

$$A = \begin{bmatrix} 1-\varphi_2 & 0 & -\gamma_{11} & 0 & \\ 0 & 1 & -\phi_3 & 0 & -\gamma_{22} \\ 0 & 1 & -\phi_4 & -\gamma_{31} & -\gamma_{32} \end{bmatrix}$$

Analisando a segunda equação, a submatriz de coeficientes das variáveis que não aparecem em tal equação (no caso y_{1t}, x_{1t}), mas aparecem em pelo menos uma das demais, é formada por:

$$A_1 = \begin{bmatrix} 1 & -\gamma_{11} \\ 0 & -\gamma_{31} \end{bmatrix}$$

Assim, o posto de A_1 será igual a 1, se $\gamma_{31} = 0$, que é menor que $M - 1 = 2$, onde M é o número total de variáveis endógenas em todo o sistema. Logo, a Equação 2 é subidentificada.

Observação: Uma forma alternativa para se fazer é a seguinte, segundo Johnston e Dinardo (1997, p.309-314): para a 2ª equação, a matriz Φ será (matriz da restrição $\gamma_{31} = 0$, coeficiente de Y na 2ª equação):

$$\Phi = \begin{bmatrix} 0 \\ 0 \\ 1 \\ 0 \\ 0 \end{bmatrix}.$$

Assim:
$$A\Phi = \begin{bmatrix} 0 \\ -\phi_3 \\ -\phi_4 \end{bmatrix},$$

$\rho(A\Phi) = 1 < G - 1 = 3 - 1 = 2.$

A condição de posto é:
$p(A\Phi) < G - 1$

na qual G é o número de equações do sistema. Logo, a condição de posto não é satisfeita e a equação não é identificada.

(2) Falsa. Analisando a primeira equação, a submatriz de coeficientes das variáveis que não aparecem em tal equação (no caso y_{3t}, x_{2t}), mas aparecem em pelo menos uma das demais, é formada por:
$$A_1 = \begin{bmatrix} -\phi_3 & -\gamma_{22} \\ -\phi_4 & -\gamma_{32} \end{bmatrix}$$

Assim, o posto de A_1 dependerá dos valores destes parâmetros. Ele terá posto igual a 2 se:
$\det(A_1) = \varphi_3 \gamma_{32} - \varphi_4 \gamma_2 \neq 0$

Então, mesmo se $\gamma_{22} \neq 0$, não podemos garantir que tal determinante será igual a 2. Dessa forma, não podemos dizer que o posto é igual a $M - 1 = 2$, onde M é o número total de variáveis endógenas em todo o sistema. Assim, a Equação 1 não é, necessariamente, identificada, quando $\gamma_{22} \neq 0$.

(3) Verdadeira. Veja, pelo item anterior, que esta é a condição do determinante de A_1 ser diferente de zero, garantindo, assim, que a condição de posto seja

satisfeita. Então, a Equação 1 é identificada, e pode ser estimada por variável instrumental (VI), cujo estimador será igual ao de mínimos quadrados de dois estágios (2SLS), quando temos apenas 1 instrumento. O instrumento para a Equação 1 será justamente a variável exógena excluída desta equação (também chamada restrição de exclusão), mas que aparece em alguma das demais equações. Esta variável será justamente x_{2t}.

(4) Anulada. Não faz sentido estimar a equação 3, pois ela não é identificada. Embora seja possível estimá-la em termos práticos, isso não faz sentido.

Observação: Para verificarmos que a equação é subidentificada, observe que ela não atende nem à condição de ordem:
exógenas excluídas = 0 < endógenas incluídas $-1 = 2 - 1 = 1$.

PROVA DE 2010
Questão 15

Considere o seguinte modelo de equações simultâneas:
$q_d = \alpha_1 p + \alpha_2 z + \alpha_3 y + \varepsilon_1$ (demanda)
$q_s = \beta_1 p + \varepsilon_2$ (oferta) e
$q_d = q_s = q$ (equilíbrio),
com:
$E(\varepsilon_1 | Z, Y) = E(\varepsilon_2 | Z, Y) = 0$
$E(\varepsilon_1^2 | Z, Y) = \sigma_1^2 | E(\varepsilon_2^1 | Z, Y) = \sigma_2^2$
$E(\varepsilon_1 \varepsilon_2 | Z, Y) = \sigma_{12} \neq 0$

É correto afirmar que:

⓪ Os estimadores de Mínimos Quadrados Ordinários dos parâmetros das equações de oferta e de demanda são inconsistentes.
① A equação de demanda satisfaz à condição de ordem para identificação, ao contrário da equação de oferta.
② A equação de oferta é sobreidentificada e a equação de demanda é subidentificada.
③ O estimador de mínimos quadrados de dois estágios de β_1 coincide com o estimador de variáveis instrumentais de β_1, quando y não for observado.
④ Suponha que $\alpha_2 = 0$. Então, tanto os parâmetros da equação de demanda, quanto da equação de oferta, podem ser estimados consistentemente.

Resolução:

(0) Verdadeiro. Como já visto em anos anteriores, estimar equação por equação, via MQO, produz estimativas viesadas e inconsistentes.

(1) Falso. As variáveis endógenas são: q e p. As exógenas são: z e y. Veja que, para a equação de demanda, a condição de ordem não é satisfeita, pois:

exógenas excluídas = 0 < 1 = endógenas incluídas −1 = 2 − 1.

(2) Verdadeiro. A equação de demanda é subidentificada, como é visto no item 1. Veja que:

exógenas excluídas = 0 < 1 = endógenas incluídas −1 = 2 − 1.

Para a equação de oferta, a condição de ordem será:

exógenas excluídas = 2 > endógenas incluídas −1 = 2 − 1 = 1.

Assim, a princípio, a equação de oferta é sobreidentificada. Mas devemos verificar se a condição de posto é válida. Para isso, devemos escrever o sistema em termos matriciais,

$$\begin{bmatrix} 1 & -\alpha_1 & -\alpha_2 & -\alpha_3 \\ 1 & -\beta_1 & 0 & 0 \end{bmatrix} \begin{bmatrix} q \\ p \\ z \\ y \end{bmatrix} = \begin{bmatrix} \varepsilon_1 \\ \varepsilon_2 \end{bmatrix}.$$

A matriz A dos coeficientes será a 1ª matriz do lado esquerdo, ou seja:

$$A = \begin{bmatrix} 1 & -\alpha_1 & -\alpha_2 & -\alpha_3 \\ 1 & -\beta_1 & 0 & 0 \end{bmatrix}.$$

Analisando a equação da oferta, a submatriz de coeficientes das variáveis que não aparecem em tal equação (no caso z, y), mas aparecem na demanda, é formada por

$A_1 = [-\alpha_2 \; -\alpha_3]$.

Então, o posto de A_1 será igual a 1, que é igual a $M − 1 = 1$, onde M é o número total de variáveis endógenas em todo o sistema. Logo, a equação da oferta é sobreidentificada.

Observação: Aqui, consideramos que $\alpha_2 \neq 0$ ou $\alpha_3 \neq 0$, para que o posto da matriz A_1 fosse diferente de zero.

(3) Verdadeiro. Como vimos no item 2, a equação da oferta é sobreidentificada. Caso y não seja observado, esta equação estará exatamente identificada, pois a condição de ordem passará a ser:

exógenas excluídas = 1 = endógenas incluídas $-1 = 2 - 1 = 1$.

Neste caso, sabe-se que o estimador de mínimos quadrados de dois estágios coincide com o estimador de variáveis instrumentais.

(4) Falso. Neste caso, a equação da demanda ainda não poderá ser estimada, pois a condição de ordem (necessária) continuaria não sendo atendida, como já visto no item 1.

PROVA DE 2011

Questão 2

Considere o seguinte modelo de equações simultâneas:

$y_1 = \theta_1 z + u_1$ (1)
$y_2 = \beta_1 y_1 + \beta_2 Z + u_2$ (2)

em que
$E[u_1] = E[u_2] = 0$
$E[u_1^2] = \sigma_1^2$, $E[u_2^2] = \sigma_2^2$, $E[u_1 u_2] = \sigma_{12} \neq 0$
$E[u_1 z] = E[u_2 z] = 0$

É correto afirmar que:

- ⓞ O estimador de mínimos quadrados ordinários de θ_1 na equação (1) é consistente.
- ① Os estimadores de mínimos quadrados ordinários de β_1 e β_2 na equação (2) são não viesados.
- ② A equação (1) é exatamente identificada e a equação (2) é sobreidentificada.
- ③ Se $\sigma_{12} = 0$, tanto a equação (1) quanto a equação (2) são exatamente identificadas.
- ④ Se $\sigma_{12} = 0$, os estimadores de mínimos quadrados ordinários de β_1 e β_2 na equação (2) são consistentes.

Resolução:

(0) Verdadeiro. Note que y_1 é função apenas da variável exógena z na equação 1. Ou seja, já é a forma reduzida desta variável. Assim, a equação não tem problemas de endogeneidade e o estimador MQO de θ_1 é consistente.

(1) Falso. Note que y_1 é uma variável endógena, pois y_1 é função de u_1 que por sua vez é correlacionado com u_2 (pois foi dado no enunciado que $\sigma_{12} \neq 0$). Logo, y_1 é correlacionado com u_2 e a equação 2 tem problemas de endogeneidade. Assim, o EMQO de β_1 é viesado. Assim a afirmação é Falsa.

Observação: Apesar da variável z ser exógena (ou seja, não correlacionada com u_2), o EMQO de β_2 pode ser viesado se z for correlacionada com y_1, pois neste caso, o EMQO de $\hat{\beta}_1$, que é viesado, contaminará o EMQO de $\hat{\beta}_2$, tornando este também viesado.

(2) Falso. Basta verificar que a condição de ordem da equação 2 é:

nº de endógenas incluídas $-1 = 1 > 0 = $ nº de endógenas excluídas

ou seja, tal equação é subidentificada.

Observação: Se fossemos calcular a condição de ordem da equação 1 obteríamos:

nº de endógenas incluídas $-1 = 1 > 0 = $ nº de endógenas excluídas

ou seja, tal equação pela condição de ordem é exatamente identificada. A condição de posto seria montada a partir da matriz dos coeficientes do sistema que seria:

$$\begin{bmatrix} 1 & 0 & -\theta_1 \\ -\beta_1 & 1 & -\beta_2 \end{bmatrix} \begin{bmatrix} y_1 \\ y_2 \\ z \end{bmatrix} = \begin{bmatrix} u_1 \\ u_2 \end{bmatrix}$$

Assim, monte a submatriz dos coeficientes que não aparecem na equação 1, mas aparecem nas demais equações (neste caso y_2):

$A_1 = [1]$

O posto de A_1 é igual a 1, que é exatamente igual a $M - 1$ onde $M = 2$ é o número de variáveis endógenas no sistema como um todo (que são y_1 e y_2). Assim, confirmar-se-ia que a equação 1 é exatamente identificada.

(3) Verdadeiro.

Se $\sigma_{12} = 0$, então note que:
$$Cov(y_1, u_2) = Cov(\theta_1 z + u_1, u_2) = \theta_1 Cov(z, u_2) + Cov(u_1, u_2)$$
$$= 0 + \sigma_{12} = 0$$

Logo, y_1 é agora também uma variável exógena tal como z. A equação 2 também é uma forma reduzida (de y_2) e será exatamente identificada. Note que ela, agora, satisfaz a condição de ordem:

nº de endógenas incluídas $-1 = 0 = $ nº de endógenas excluídas

E a condição de posto será calculada a partir da submatriz dos coeficientes que não aparecem na equação 1, mas aparecem nas demais equações. Neste caso não existem tais coeficientes e tal matriz seria nula, tendo posto igual a zero, sendo exatamente igual a $M - 1$, onde $M = 1$ é o número de endógenas no sistema como um todo (que agora seria apenas y_2). Confirma-se, então, que tal equação é exatamente identificada.

Observação: A rigor, neste item, não faz sentido calcular a condição de posto e de ordem, pois não existe mais relação de simultaneidade entre as equações. Como ambas são formas reduzidas, ou seja, a variável dependente já é função de exógenas, não existem problemas de endogeneidade e os estimadores de ambas as equações serão não viesados e, portanto, identificados.

(4) Verdadeiro. Se $\sigma_{12} = 0$, então y_1 também é exógena. E como já dito acima, y_2 será função apenas de exógenas e, portanto, sem problemas de endogeneidade em sua equação. Logo, os estimadores MQO de β_1 e β_2 serão consistentes.

Séries Temporais

PROVA DE 2002

Questão 12

Em relação aos modelos de Séries de Tempo podemos afirmar:

(0) No modelo Autoregressivo de ordem 1, $Z_t = \phi Z_{t-1} + u_t + \theta_0$, $|\phi| < 1$, em que u_t é um ruído branco, o parâmetro θ_0 é a média do processo.

(1) O modelo misto Autorregressivo Médias Móveis, ARMA(1,1), pode ser representado pela expressão $Z_t = \phi Z_t + u_t - \theta u_{t-1}$ em que ϕ e θ são parâmetros e u_t é um ruído branco.

(2) Se um processo estocástico possui uma tendência determinística, $y_t = \beta_1 + \beta_2 t + u_t$, então este é dito não estacionário e sua não estacionariedade pode ser detectada por um teste para raiz unitária.

(3) Em uma regressão com duas séries temporais, se estas são I(1), ou seja, não estacionárias, mas são cointegradas, pode-se empregar a estatística t de Student para testar a significância dos coeficientes da regressão.

(4) O teste de Engle-Granger para cointegração entre três variáveis consiste em utilizar a estatística e a tabela de valores críticos Dickey-Fuller nos resíduos de uma regressão entre estas variáveis.

Resolução:

(0) Falso. Como $|\phi|<1$, Z_t é estacionário. Logo, $E(Z_t) = E(Z_{t-1})$. Então:

$$E(Z_t) = \phi E(Z_{t-1}) + \theta_0$$
$$E(Z_t) = \phi E(Z_t) + \theta_0$$
$$E(Z_t) = \frac{\theta}{1-\phi}.$$

(1) Falso. Este processo é um $ARMA(0,1)$ ou $MA(1)$, pois:
$$Z_t = \phi Z + u_t - \theta - u_{t-1}$$
$$Z_t = \frac{u_t}{1-\phi} - \frac{\theta}{1-\phi} u_{t-1}, \text{ para } \phi \neq 1$$
Podemos denotar $\varepsilon_t = \frac{u_t}{1-\phi}$. Então:
$$Z_t = \varepsilon_t - \theta \varepsilon_{t-1},$$
um processo MA(1).

(2) Falso. Ele é dito estacionário em torno de sua tendência determinística.
Observação: veja Johnston e Di Nardo (1997, p. 220-21).

(3) Verdadeiro. Pode-se empregar, desde que as séries que são regressores sejam estritamente exógenas. Wooldridge (2006, p.578-79) trata desta questão e propõe uma correção no caso dos regressores não serem estritamente exógenos, o que possibilita, assim, utilizar a estatística t de Student, no contexto dado no item.

(4) Falso. Utiliza-se a estatística DF, mas ela não pode ser comparada com a distribuição DF. Deve-se utilizar uma tabela de valores críticos própria para este teste de cointegração de Engle e Granger, extraídos de Davidson e Mackinon (1993), segundo Wooldridge (2006, p. 576).

PROVA DE 2003

Questão 10

Considere o modelo de regressão linear:
$C_t = a_0 + a_1 Y_t + u_t, \quad t = 1, \ldots, T,$

em que: C_t **é o consumo pessoal em** t, Y_t **é a renda pessoal em** t **e** u_t **é o termo aleatório. É correto afirmar que:**

- ⓪ Se C_t e Y_t são I(1), então u_t será obrigatoriamente estacionário.
- ① Se o C_t e Y_t são integradas, mas com ordens de integração diferentes, então a regressão será inválida.
- ② Se C_t e Y_t são I(1), então o teste ADF aplicado aos resíduos da regressão poderá identificar a presença de cointegração entre as variáveis.
- ③ Se C_t e Y_t são I(1), mas os resíduos são I(0), então há cointegração entre as variáveis.
- ④ Se C_t e Y_t são I(1) e os resíduos também são I(1), então a regressão de ΔC_t em ΔY_t é inválida.

Resolução:

(0) Falso. Será verdade somente se as séries forem cointegradas.

(1) Verdadeiro. A cointegração só seria válida se as séries tivessem a mesma ordem de integração.

(2) Verdadeiro. Mas lembrando que a estatística deste teste deve ser comparada com a distribuição tabelada por Davidson o MacKinon.
Observação: Veja item 4, questão 12, da prova de 2002.

(3) Verdadeiro, por definição.

(4) Falso. Como as séries não são cointegradas e são não estacionárias, devemos regredir as primeiras diferenças de ambas. Assim, esta regressão será válida.

Questão 15

Considere o modelo ARMA(1,1), definido por:
$$y_t = 0{,}5y_{t-1} - 0{,}2\varepsilon_{t-1} + \varepsilon_t, \quad t = 1,\ldots,T,$$
em que a variância de ε_t é igual a 1. Encontre a variância de y_t.
(Multiplique o resultado final por 10. Marque somente a parte inteira na folha de resposta.)

Resolução:

Aplicando o conceito de equações de Yule Walker (Enders, 2003):

Multiplique por y_t o modelo ARMA, utilizando a notação $E(y_{t-s}^2) = \gamma_0$ para variância e $E(y_t y_{t-s}) = \gamma_s$ para covariância:
$$y_t^2 = 0.5 y_{t-1} y_t - 0.2 \varepsilon_{t-1} y_t + \varepsilon_t y_t$$

Tomando a esperança $E(.)$:
$$\gamma_0 = 0.5\gamma_1 - 0.2E\left(0.5\varepsilon_{t-1}y_{t-1} - 0.2\varepsilon_{t-1}^2 + \varepsilon_t \varepsilon_{t-1}\right) +$$
$$+ E\left(0.5\varepsilon_t y_{t-1} - 0.2\varepsilon_{t-1}\varepsilon_t + \varepsilon_t^2\right)$$

A $E(\varepsilon_t y_{t-1}) = 0$, ou seja, nunca existe correlação entre o erro futuro e o valor corrente de y_t. E $E(\varepsilon_t \varepsilon_{t-1}) = 0$ e $E(\varepsilon_t^2) = 1$, pelas propriedades do erro dadas no enunciado. Assim, a expressão fica:
$$\gamma_0 = 0.5\gamma_1 - 0.1 E(\varepsilon_{t-1} y_{t-1}) + 0.04 + 1.$$

Calculando, à parte, o segundo termo:
$$E(\varepsilon_{t-1} y_{t-1}) = E(0.5\varepsilon_{t-1} y_{t-2} - 0.2\varepsilon_{t-1}\varepsilon_{t-2} + \varepsilon_{t-1}^2)$$
$$= 1.$$

Na verdade, um resultado geral é que $E(\varepsilon_{t-s}\varepsilon_{t-2}) = \sigma^2$, onde σ^2 é a variância do erro, que, neste caso, é igual a um. Substituindo de volta na equação acima:
$$\gamma_0 = 0.5\gamma_1 - 0.1 + 1.04$$

Agora devemos realizar o mesmo procedimento para obter uma equação de γ_1:
$$y_t y_{t-1} = 0.5 y_{t-1}^2 - 0.2\varepsilon_{t-1} y_{t-1} + \varepsilon_t y_{t-1}$$

Tomando a esperança:
$$\gamma_1 = 0.5\gamma_0 - 0.2$$

Pois já sabemos que $E(\varepsilon_{t-1} y_{t-1}) = 1$. Substituindo esta equação γ_1, na equação do γ_0 acima, teremos:
$$\gamma_0 = 0.5(0.5\gamma_0 - 0.2) + 0.94$$
$$\gamma_0 = 0.25\gamma_0 - 0.1 + 0.94$$
$$\gamma_0 = 0.84 / 0.75 = 1.12 \overset{x10}{\Rightarrow} 11.2 \Rightarrow 11.$$

PROVA DE 2004

Questão 9

Considere a seguinte regressão entre y_t e z_t:

$y_t = \alpha z_t + u_t$,

em que u_t é o erro. São corretas as afirmativas:

Ⓞ Se y_t for I(1) e z_t for I(0), então y_t e z_t são cointegradas.
① Se y_t for I(0) e z_t for I(1), então y_t e z_t são cointegradas.
② Se y_t for I(1) e z_t for I(1), então y_t e z_t são cointegradas.
③ Se y_t for I(1), z_t for I(1) e u_t for I(0), então y_t e z_t são cointegradas.
④ Se u_t for I(0) as séries y_t e z_t são necessariamente cointegradas.

Resolução:

(0) Falsa. Para que haja cointegração, as duas séries precisam ser integradas de mesma ordem, maior ou igual a um.

(1) Falsa. Idem anterior.

(2) Falsa. Elas podem ser cointegradas, mas não necessariamente.

(3) Verdadeira, por definição.

(4) Falsa. Por exemplo, y_t e z_t podem ser I(0) (o que implicaria que u_t é necessariamente I(0)). Mas sendo ambas I(0), elas não são cointegradas. Como visto no item 0, elas precisariam ser integradas de mesma ordem, mas maior ou igual a um.

Questão 10

Em relação aos modelos de séries temporais, são corretas as afirmativas:

◎ No processo AR(1), $Z_t = \phi Z_{t-1} + a_t + \theta_0$, $|\phi| < 1$, e a_t é um ruído branco, a média de Z_t será $\frac{\theta_0}{1-\phi}$.

① O processo MA(1), $Z_t = a_t - a_{t-1}$, em que a_t é um ruído branco, não é estacionário.

② O processo AR(1), $Z_t = 0{,}8 Z_{t-1} + a_t$, em que a_t é um ruído branco, é estacionário.

③ No processo AR(1), $Z_t = \phi Z_{t-1} + a_t$, em que a_t é um ruído branco com $Var(a_t) = \sigma_a^2$, a variância de Z_t é $\frac{\sigma_a^2}{1-\phi^2}$.

④ No modelo ARMA(1,1), $Z_t = \phi Z_{t-1} + a_t + \theta a_{t-1}$, em que a_t é um ruído branco, a média de Z_t é diferente de zero.

Resolução:

(0) Verdadeira. A resolução é a mesma da questão 12 da prova da Anpec de 2002, item 0.

(1) Falsa. Qualquer processo MA(q), $q < \infty$, é sempre estacionário. Ou, simplesmente note que
$$Z_t = a_t - a_{t-1} = \Delta a_t.$$

Como a_t é um ruído branco, então Δa_t também será ruído branco e, portanto, será estacionário.

(2) Verdadeira. $|\phi| = |0.8| < 1$. Veja, também, a questão 12 da prova da Anpec de 2002, item 0.

(3) Verdadeira. Note que:
$$Z_t = \phi Z_{t-1} + a_t$$
$$Z_t(1-\phi L) = a_t$$
$$Z_t = a_t + \phi a_{t-1} + \phi^2 a_{t-2} + ...$$
$$Var(Z_t) = \sigma_a^2 + \phi^2 \sigma_a^2 + \phi^4 \sigma_a^2 + ...$$
$$Var(Z_t) = \frac{\sigma_a^2}{1-\phi^2}.$$

Observação: Esse cálculo será válido somente se $|\phi| < 1$, ou seja, se o AR(1) for estacionário, condição implícita para um AR(1).

(4) Falsa. Como a_t é ruído branco, então $E(a_t) = 0$, $\forall t$. Logo:
$$E(Z_t) = \phi E(Z_{t-1}) + E(a_t) - \theta E(a_{t-1})$$
$$E(Z_t) = \phi E(Z_t)$$
$$E(Z_t) = 0,$$

pois $|\phi| < 1$. Esta condição de estacionariedade é implícita de um modelo ARMA(1,1), e, por isso, usamos $E(Z_t) = E(Z_{t-1})$.

PROVA DE 2005

Questão 7

Com respeito à teoria das séries temporais, são corretas as afirmativas:

◎ Considere uma série temporal Y_t autorregressiva de ordem 1 com parâmetro ρ. No modelo: $Y_t - Y_{t-1} = \delta Y_{t-1} + u_t$, em que u_t é um ruído branco e $\delta = \rho - 1$, se δ for de fato igual a zero, a série Y_t será não estacionária.

① Numa regressão linear simples de duas séries temporais não estacionárias de ordem 1, o teste usual t de Student ainda é válido.

② Numa regressão linear múltipla de séries temporais de ordem 1, mas cointegráveis, não se corre o risco de os resultados serem espúrios.

③ Numa regressão linear múltipla de séries temporais de ordem 1, mas cointegráveis, os resíduos da regressão são estacionários.

④ Se uma série temporal tiver que ser diferenciada n vezes antes de se tornar estacionária, a série original é integrada de ordem n – 1.

Resolução:

(0) Verdadeira. Basta ver que, neste caso, $Y_t = Y_{t-1} + u_t$. Logo, a condição de estacionariedade, $|\rho| < 1$, não é atendida.

(1) Falsa. Ele não é mais válido, a estatística t não segue uma distribuição t de Student. Nem assintoticamente. Veja Wooldridge (2006, p. 568).

(2) Verdadeira, pelo fato das séries serem cointegradas, ou seja, apresentarem uma relação de equilíbrio de longo prazo. Assim, os erros serão estacionários.

(3) Verdadeira. O teste proposto por Engle e Granger é feito justamente sobre os resíduos, para verificar se duas séries integradas de mesma ordem são cointegradas.

(4) Falsa. A série original é integrada de ordem n.

Questão 9

São corretas as afirmativas:

⓪ No processo AR(1): $y_t = \phi_0 + \phi_1 y_{t-1} + e_t$, em que $|\phi| < 1$ e e_t é um ruído branco de média zero e variância σ^2, a variância de y_t será $\dfrac{\sigma^2}{1-\phi^2}$.

① Seja a função de autocovariância do processo AR(1) definido no quesito anterior $\gamma_j = E[(y_t - \mu)(y_{t-j} - \mu)]$, em que $\mu = E[y_t]$ é a média do processo y_t. É correto afirmar que $\gamma_j = \dfrac{(\phi_0 + \phi_1)^j}{1-\phi_1^2}$.

② O processo AR(2), $y_t = \phi_0 + \phi_1 y_{t-1} + \phi_2 y_{t-2} + e_t$, em que e_t é um ruído branco de média nula e variância σ^2, será estacionário de segunda ordem se, e somente se, $\phi_1 < 1$ e $\phi_2 < 1$.

③ A média do processo MA(1), $y_t = e_t + \theta e_{t-1}$, em que e_t é um ruído branco, é igual a zero.

④ No modelo ARMA(1,1), $y_t = \phi_0 + \phi_1 y_{t-1} + e_t + \theta e_{t-1}$, em que e_t é um ruído branco de média nula e variância constante, a média de y_t é dada por $\frac{\phi_0}{1-\phi_1}$.

Resolução:

(0) Anulada. Note que:
$$y_t = \phi_0 + \phi_1 y_{t-1} + e_t$$
$$y_t = \frac{\phi_0}{1-\phi_1} + \frac{e_t}{1-\phi_1 L} = \frac{\phi_0}{1-\phi_1} + e_t + \phi_1 L e_t + \ldots = \frac{\phi_0}{1-\phi_1} + e_t + \phi_1 e_{t-1} + \ldots$$
$$Var(y_t) = Var(e_t) + \phi_1^2 Var(e_{t-1}) + \ldots = \sigma^2 + \phi_1^2 \sigma^2 + \ldots = \frac{\sigma^2}{1-\phi_1^2},$$

onde na 1ª igualdade da última expressão utilizamos o fato de que $Cov(e_t, e_{t-j}) = 0 \; \forall \; j \neq 0$.

A questão foi anulada, pois esqueceram de colocar o subscrito 1 para o ϕ na afirmação do item.

(1) Falsa. Note que:
$$y_t = \frac{\phi_0}{1-\phi_1} + \frac{e_t}{1-\phi_1 L}$$
$$E(y_t) = \frac{\phi_0}{1-\phi_1}$$

Logo:
$$y_t - \mu = \frac{e_t}{1-\phi_1 L} = e_t + \phi_1 e_{t-1} + \phi_1^2 e_{t-2} + \ldots$$

Assim:
$$E\left[(y_t - \mu)(y_{t-j} - \mu)\right] = E\begin{bmatrix}(e_t + \phi_1 e_{t-1} + \phi_1^2 e_{t-2} + \ldots + \phi_1^j e_{t-j} + \phi_1^{j+1} e_{t-1-j} + \ldots) \\ (e_{t-j} + \phi_1 e_{t-1-j} + \phi_1^2 e_{t-2-j} + \ldots)\end{bmatrix}$$
$$\gamma_j = \phi_1^j \sigma^2 + \phi_1^{j+2} \sigma^2 + \ldots$$
$$\gamma_j = \frac{\phi_1^j \sigma^2}{1-\phi_1^2}$$

(2) Falsa. Para um AR(2) ser estacionário deve-se ter:
$$|\phi_2| < 1, \phi_1 + \phi_2 < 1, \phi_2 - \phi_1 < 1$$

Logo, a 1ª condição não é necessariamente satisfeita. Veja Johnston e Di Nardo (1997, p. 210).

(3) Verdadeira.
$$E(y_t) = E(e_t) + \theta E(e_{t-1}) = 0$$

(4) Verdadeira. Já feito no item (1).

PROVA DE 2006
Questão 7

Considere o modelo:
$Y_t = \alpha Z_t + \beta Y_{t-1} + e_{1t}$ (equação I)
$Z_t = \lambda Z_{t-1} + e_{2t}$ (equação II)

em que α, β **e** λ **são parâmetros e**

$$\mathbf{e}_t = \begin{pmatrix} e_{1t} \\ e_{2t} \end{pmatrix} \sim \text{Normal} \left[\begin{pmatrix} 0 \\ 0 \end{pmatrix}, \begin{pmatrix} \sigma_{11}^2 & \sigma_{12} \\ \sigma_{12} & \sigma_{22}^2 \end{pmatrix} \right]$$

$$E(\mathbf{e}_t \mathbf{e}_k) = \begin{pmatrix} 0 \\ 0 \end{pmatrix}, \text{ para todo } k \neq t.$$

Suponha também que $|\lambda|<1$ **e** $|\beta|<1$. **São corretas as afirmativas:**

⓪ A condição $|\lambda|<1$ garante a estacionariedade de segunda ordem de Z_t.
① O estimador de Mínimos Quadrados Ordinários de λ, na equação II, não é consistente.
② Os estimadores de Mínimos Quadrados Ordinários de α e β, na equação I, só serão consistentes se $\sigma_{12} = 1$.
③ Sem nenhuma restrição adicional sobre os parâmetros do modelo, a equação I não satisfaz a condição de ordem para identificação.
④ Para testar se há endogeneidade na equação I, pode-se usar o teste de Hausman.

Resolução:

(0) Verdadeira. Estacionariedade de 2ª ordem é o conceito de estacionariedade fraca. Esta condição, $|\lambda|<1$, é a condição de que a raiz está fora do círculo unitário e, portanto, o processo é estacionário de segunda ordem.

Observação: Para uma distinção entre estacionariedade fraca (ou covariância-estacionário ou de 2ª ordem) e forte (ou estocástico estacionário), veja Wooldrige (2006, p.341)

Questão 11

Dois economistas usam os modelos abaixo para analisar a relação entre demanda de moeda (m) e renda nacional (y). As variáveis estão todas em logaritmos e a periodicidade é mensal.

Economista A:
$$m_t = \underset{(0.0086)}{1.099} y_t + \hat{u}_t \quad \text{(Equação 1)}$$

Economista B:
$$\Delta m_t = \underset{(0.145)}{1.14} \Delta y_t + \hat{e}_t \quad \text{(Equação 2)}$$

Os valores entre parênteses são os erros padrão.

Testes Dickey-Fuller Aumentado (ADF), com número apropriado de defasagens maior que zero em todos os casos, para as variáveis e para os resíduos dos dois modelos geram os seguintes resultados:

Variável	m_t	y_t	$\hat{u}_t$	Δm_t	Δy_t	$\hat{e}_t$
Estatística-ADF	-2.191	-1,952	-2.993	-5.578	-6.312	-8.456

O valor crítico da tabela Dickey-Fuller a 5% é igual a –2,886. São corretas as afirmativas:

⓪ Tanto a série de demanda de moeda quanto a de renda nacional são integradas de primeira ordem.

① As séries de demanda de moeda e de renda nacional não são cointegradas ao nível de significância de 5%.

② Se a série de demanda de moeda for estacionária na diferença (*difference stationarity*) ela não pode ser estacionária na tendência (*trend stationary*).

③ Se as séries de demanda de moeda e de renda nacional forem cointegradas, o economista B deve incluir o erro defasado $\hat{u}_{t-1}$ em seu modelo.

④ A série de renda nacional é um passeio aleatório puro.

Resolução:

(0) **Verdadeira.** As estatísticas do teste ADF para m_t e y_t são superiores aos valores críticos da tabela DF, e para suas diferenças Δm_t e Δy_t, não são inferiores, logo, as duas séries contêm uma raiz unitária e são I(1). (**Obs.:** É importante testar se a 1ª diferença contém uma raiz unitária, pois, caso tivesse, implicaria que as séries originais seriam no mínimo I(2).)

(1) **Falsa.** Pelo teste ADF sobre $\hat{e}_t$, verificamos que os resíduos são estacionários e, portanto, as duas séries são cointegradas. (**Obs.:** Cuidado, pois na verdade a estatística deveria ser comparada com os valores críticos da tabela de Davidson e Mackinon [Wooldridge, 2006, p. 576] e não de Dickey-Fuller. Para os autores, este item deveria ter sido anulado, pois não foi fornecido o valor crítico correto para esse teste.)

Observação: Na tabela 18.4 de Wooldridge, vemos que o valor crítico correto é –3.34. Assim, concluiríamos que u_t não é estacionário e as séries não seriam cointegradas.

(2) **Verdadeira.** Para o caso deste exercício, a demanda por moeda não é estacionária em nível e é estacionária na 1ª diferença. Assim, supondo que a série tenha uma tendência determinística, ou seja,

$$m_t = a_0 + a_1 t + m_{t-1},$$

como a demanda por moeda tem uma raiz unitária, sua média divergirá da tendência linear.

Observação: Sobre estacionariedade na tendência e na diferença veja Johnston e Dinardo (1997, p. 220-21).

(3) **Verdadeira.** O modelo passa a ser o modelo de correção de erros e, conforme o procedimento de Engle e Granger, o termo de erro da regressão da equação estimada em nível deve ser introduzido na equação das diferenças. Veja Wooldridge (2006, p. 579-81).

(4) **Falsa.** Como y_t não é estacionário, então:
$$y_t = \alpha + y_{t-1} + \varepsilon_t$$
$$\Delta y_t = \alpha + \varepsilon_t,$$

ou seja, deve-se tirar a 1ª diferença e fazer um teste t sobre α para se verificar se o intercepto é significativo ou não. Assim, não podemos dizer, com certeza, se y_t é um passeio aleatório puro ou com *drift*.

Questão 15

Uma série temporal Y_t, $t = 1,...T$, foi gerada por um processo da classe ARIMA(p,d,q) e apresenta os seguintes formatos para a Função de Autocorrelação (FAC) e Função de Autocorrelação Parcial (FACP):

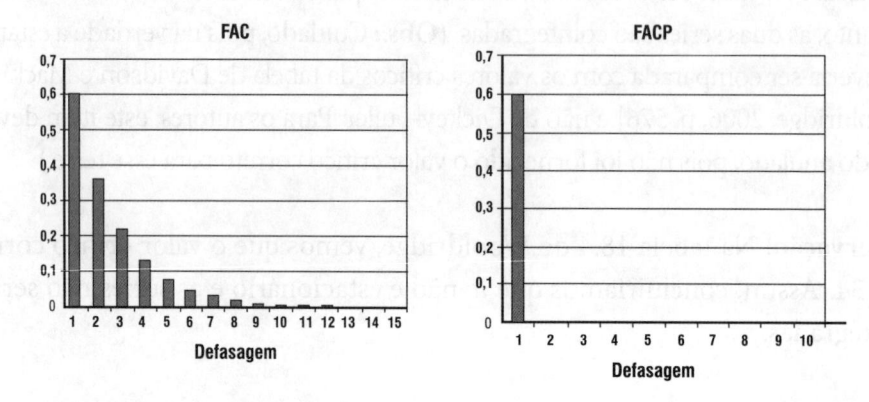

FAC

FACP

Supondo que a média da série seja 100 e que $Y_{T-3} = 35$, $Y_{T-2} = 28$, $Y_{T-1} = 38$ e $Y_T = 30$, calcule a previsão para Y_{T+1} feita no instante T, isto é, $E(Y_{T+1}|Y_T, Y_{T-1}, Y_{T-2}, Y_{T-3},...)$.

Resolução:

Pelo correlograma, nota-se que a série é um AR(1). A função de Autocorrelação (FAC) tem decaimento exponencial e a função de Autocorrelação Parcial (PACF) assume valor 0,6 para a primeira defasagem e é zero para as demais defasagens. A PACF do lag 1 é obtida através de (Enders, 2003, p. 65):

$y_t - \mu = \phi_{11}(y_{t-1} - \mu) + \varepsilon_t$, onde $\phi_{11} = \rho_1$ é o coeficiente de y_{t-1}.

Além disso, a série terá intercepto, pois a média é diferente de zero. Assim:
$$y_t = a + 0.6 y_{t-1} + \varepsilon_t$$

O intercepto é facilmente obtido, pois:
$$E(y_t) = \frac{a}{0.4} = 100$$
$$a = 40$$
$$y_t = 40 + 0.6 y_{t-1} + \varepsilon_t.$$

A previsão será:
$$y_{T+1} = 40 + 0.6y_T + \varepsilon_{T+1}$$
$$E(y_{T+1} \mid y_T, y_{T-1}, \ldots) = 40 + 0.6y_T$$
$$= 40 + 0.6 \cdot 30$$
$$= 58.$$

PROVA DE 2007

Questão 3

Considere o modelo autorregressivo de primeira ordem, AR(1), definido por:

$Y_t = a + bY_{t-1} + u_t$

em que a e b são parâmetros e $\{u_t\}$ é uma sequência de variáveis aleatórias independentes e igualmente distribuídas com média nula e variância σ^2. Suponha que $|b| < 1$. A previsão n passos à frente para a variável Y convergirá para:

- ⓪ a.
- ① a média de u_t.
- ② $\dfrac{a}{1-b}$.
- ③ $E(Y_t)$.
- ④ ∞.

Resolução:

(0) Falso. A previsão será:
$$E(y_{t+1} \mid y_t, y_{t-1}, \ldots, u_t, u_{t-1}, \ldots) = E_t y_{t+1} = a + by_t$$
$$E_t y_{t+2} = a + bE_t y_{t+1} = a + b(a + by_t)$$
$$= a(1+b) + b^2 y_t$$
$$E_t y_{t+n} = a(1 + b + \ldots + b^{n-1}) + b^n y_t$$

Esta última equação é a chamada função de previsão. Note que:
$$E_t y_{t+n} \xrightarrow{n \to \infty} a/(1-b)$$

que é a média do processo.

Observação: Veja Enders (2003, p. 79-80).

(1) Falso. Veja item (0).

(2) Verdadeiro. Veja item (0).

(3) Verdadeiro. Veja item (0).

(4) Falso. Veja item (0).

Questão 5

Considere os seguintes modelos para taxa de juros de determinado país:

Modelo I: $i_t = \alpha_0 + \alpha_1 i_{t-1} + \alpha_2 \pi_t + \alpha_3 \pi_{t-1} + \alpha_4 h_t + \alpha_5 h_{t-1} + u_t,$
$u_t = \rho u_{t-1} + e_t,$

Modelo II: $i_t = \alpha_0 + \alpha_1 \pi_t + \alpha_2 h_t + u_t,$
$u_t = \rho u_{t-1} + e_t,$

em que i_t é a taxa de juros, π_t é a taxa de inflação, h_t é o "hiato do produto" e e_t é um ruído branco com média zero e variância constante. Todas as variáveis são estacionárias de segunda ordem. Julgue as afirmações:

⓪ Mesmo que $\rho \neq 0$, os estimadores de Mínimos Quadrados Ordinários dos parâmetros α_i, $i = 1,..., 5$, no Modelo I, continuarão consistentes.

① Mesmo que $\rho \neq 0$, os estimadores de Mínimos Quadrados Ordinários dos parâmetros α_i, $i = 1,2$, no Modelo II, continuarão consistentes.

② Suponha que $\rho \neq 0$ nos dois modelos. A estatística t usual não será válida no Modelo I, mas poderá ser utilizada no Modelo II sem problema algum.

③ Suponha que $\rho \neq 0$ nos dois modelos. As estatísticas t e F usuais só serão válidas se os estimadores de Mínimos Quadrados Ordinários dos parâmetros forem consistentes.

④ No Modelo II, estimadores de Mínimos Quadrados Ordinários dos parâmetros $\alpha_i, i = 1,2$, não serão eficientes caso $\rho \neq 0$.

Resolução:

(0) Falsa. Este é um modelo de defasagens distribuídas com presença das variáveis explicativas em $t - 1$ e t, além de conter defasagem da própria variável dependente. A presença de autocorrelação serial neste modelo faz com que a defasagem da variável dependente seja correlacionada com o termo de erro.

Veja que:
$$Cov(i_{t-1}, u_t) = Cov(i_{t-1}, \rho u_{t-1} + e_t) = Cov(i_{t-1}, \rho u_{t-1}) + Cov(i_{t-1}, e_t) =$$
$$0 + \rho Cov(\alpha_0 + \alpha_1 i_{t-2} + \alpha_2 \pi_{t-1} + \alpha_3 \pi_{t-2} + \alpha_4 h_{t-1} + \alpha_5 h_{t-2} + u_{t-1}, u_{t-1}) =$$
$$\rho Cov(u_{t-1}, u_{t-1}) = \rho V(u_{t-1}) = \rho \sigma^2 \neq 0.$$

A existência de correlação entre o regressor e o termo de erro provoca a inconsistência do estimador de MQO.

(1) Verdadeira. Neste modelo não há a presença de defasagens da variável dependente entre os regressores. A presença de autocorrelação serial faz com que os estimadores de MQO sejam ineficientes, mas não compromete a consistência deles. Nesta situação, os estimadores de MQO são não tendenciosos. Johnston e Dinardo (1997, p.176-178) trata desta questão de forma elucidativa.

(2) Falsa. A estatística t usual é computada usando a estimativa da variância dos estimadores sob os pressupostos do modelo de regressão clássico. Como os erros são autocorrelacionados, o estimador da variância dos estimadores dos coeficientes é inconsistente, tornando o teste t inválido.

(3) Falsa. Mesmo para o segundo modelo, para o qual os estimadores de MQO seriam consistentes, a estatística t usual não será válida pelos motivos apresentados no item acima. A mesma razão aplica-se ao modelo I.

(4) Verdadeira. O estimador eficiente para o caso em que há autocorrelação serial é o estimador de Mínimos Quadrados Generalizados (MQG).

Questão 7

Sejam Y_t e X_t duas séries temporais. Considere os resultados dos seguintes modelos de regressão estimados por Mínimos Quadrados Ordinários (MQO):

$\Delta \hat{Y}_t = 4{,}8788 - 0{,}1512 Y_{t-1}$ e $\Delta \hat{X}_t = 0{,}1094 - 0{,}1807 X_{t-1}$
 (1,70)   (–1,97)   (1,26)   (–2,21)

Considere também os resultados da regressão de Y_t em X_t

$Y_t = 23{,}3924 + 14{,}4006 X_t + \hat{e}_t$
   (1,70)   (–1,97)

em que $\hat{e}_t$ é o resíduo. Finalmente, considere a seguinte regressão:

$\Delta \hat{e} = 0{,}0730 - 0{,}4157 \hat{e}_{t-1}$
   (0,06)   (–3,43)

Os números entre parênteses são os valores do teste t de significância individual dos parâmetros. Dado que o valor crítico a 5% da estatística de Dickey-Fuller é – 2,938, é correto afirmar que:

- ⓪ Y_t e X_t são séries temporais integradas de ordem 1.
- ① A regressão de Y_t em X_t é espúria.
- ② A hipótese de cointegração entre Y_t e X_t é rejeitada, pois os resíduos da regressão de Y_t em X_t são não estacionários.
- ③ Para que duas variáveis sejam cointegradas é necessário que ambas tenham a mesma ordem de integração.
- ④ A rejeição da hipótese nula do teste Dickey-Fuller implica que a variável em questão é não estacionária.

Resolução:

(0) Verdadeiro. A estatística t para a 1ª equação para o regressor Y_{t-1} é maior que o valor crítico de DF, ou seja, – 1,97 > –2,938. Logo, não rejeitamos que Y_{t-1} tem raiz unitária e, portanto, é I(1). E a série X_t tem uma raiz unitária, pois a estatística t da segunda equação, sobre o regressor X_{t-1}, será – 2,21 > – 2,938, não rejeitando também a H_0 de presença de raiz unitária.

Observação: A rigor, esta questão deveria ser falsa, pois seria necessário verificar se a primeira diferença das séries não tem raiz unitária, ou seja, são estacionárias. Caso tivessem raiz unitária, então as séries seriam, no mínimo, I(2). Mas, em geral, séries econômicas são, no máximo, I(1).

(1) Anulada. O problema desta questão é que o valor crítico do teste DF sobre o resíduo deveria ser comparado com a tabela de Davidson e MacKinon (Wooldridge, 2006, p. 576) e não com os valores críticos gerados por Dickey-Fuller (–2.938).

(2) Anulada. Seria falso se a estatística do teste DF sobre os resíduos tivesse sido comparada com a tabela de Davidson e Mackinon.

(3) Verdadeiro, condição necessária para cointegração.

(4) Falso. Lembrando que a hipótese nula do DF é a existência de raiz unitária. Rejeitando a hipótese nula, rejeitamos a existência de raiz unitária na série e a mesma é dita estacionária.

Questão 9

Julgue as proposições:

⓪ A soma de dois processos estocásticos independentes e estacionários de segunda ordem será estacionária de segunda ordem.

① A soma de dois processos estocásticos não estacionários será não estacionária.

② Seja L o operador de defasagem tal que $LY_t = Y_{t-1}$. Se Y_t segue um processo AR(1) estacionário de segunda ordem, então $(1-L)^2 Y_t$ é um processo ARMA(2,2).

③ O processo ARMA(2,2) definido na forma $(1 - L - 0{,}25L^2)Y_t = (1-0{,}5L - 0{,}06L^2)u_t$ é não estacionário, em que u_t é o erro aleatório com média nula e variância constante.

④ Todo processo MA é estacionário de segunda ordem.

Resolução:

(0) Verdadeira. Lembrando que estacionariedade de 2ª ordem é o conceito de estacionariedade fraca, ou covariância-estacionário.

(1) Falsa. A soma de dois processos I(1) pode resultar em uma série I(0), ou seja, os processos podem cointegrar.

(2) Falsa. Observe que:
$$y_t = by_{t-1} + e_t, |b| < 1$$
$$(1-L)y_t = b(1-L)y_{t-1} + (1-L)e_t$$
$$= by_{t-1} - by_{t-2} + e_t - e_{t-1}$$
$$(1-L)^2 y_t = by_{t-1} - by_{t-2} - by_{t-2} + by_{t-3} + e_t - e_{t-1} - e_{t-1} + e_{t-2}$$
$$(1-L)^2 y_t = by_{t-1} - 2by_{t-2} + by_{t-3} + e_t - e_{t-1} - e_{t-1} + e_{t-2}.$$

Assim, temos um ARMA(3,2).

(3) Verdadeira. Para sabermos se o processo é estacionário, devemos obter as raízes:
$$(1 - L - 0.25L^2) = 0$$
$$(1 - z - 0.25z^2) = 0$$
$$z = \frac{1 \pm \sqrt{2}}{2}$$

Assim, temos uma raiz maior que 1, e outra menor que 1. Logo, o processo é explosivo, que é um processo não estacionário.

(4) Anulada. A resposta mais apropriada seria falsa, porque todo processo MA que seja finito é sempre estacionário. Mas o processo MA infinito nem sempre é estacionário.

PROVA DE 2008
Questão 9

Considere o modelo macroeconômico:

$i_t = i^* + \alpha(\pi_t - \pi^*) + \varepsilon_{1t}$
$\pi_t = by_t + \pi_{t-1} + \varepsilon_{2t}$
$y_t = c(i_{t-1} - \pi_{t-1}) + \varepsilon_{3t}$

em que: π_t é a inflação no período t, y_t é o hiato do produto, i_t é a taxa de juros nominal, i^* é a taxa de juros de equilíbrio e π^* é a meta de inflação. Suponha que $0 < b < 1$, $-1 < c < 0$ e $a \geq 0$. Finalmente, considere que $e = (\varepsilon_{1t}, \varepsilon_{2t}, \varepsilon_{3t})'$ seja um vetor de variáveis aleatórias independentes, e normalmente distribuídas, tal que:

$$\begin{pmatrix} \varepsilon_{1t} \\ \varepsilon_{2t} \\ \varepsilon_{3t} \end{pmatrix} \sim NID \left[\begin{pmatrix} 0 \\ 0 \\ 0 \end{pmatrix}, \begin{pmatrix} \sigma_1^2 & 0 & 0 \\ 0 & \sigma_2^2 & 0 \\ 0 & 0 & \sigma_3^2 \end{pmatrix} \right], \text{ para a } t = 1, 2, 3, ..., T.$$

Julgue as afirmativas:

(0) Se $a = 1$ a função de autocorrelação da inflação decai exponencialmente. Se $a = 2$, $V(\pi_t) \to \infty$ quando $T \to \infty$.

(1) Se $a = 2$, então $\hat{b} = \dfrac{\sum_{t=1}^{T} \pi_t y_t}{\sum_{t=1}^{T} y_t^2}$ é um estimador consistente de b.

(2) O coeficiente c só pode ser estimado de modo consistente pelo método de variáveis instrumentais.

(3) Seja $\hat{r}_t = y_t - \hat{\beta}\pi_{t-1}$, em que $\hat{\beta} = \dfrac{\sum_{t=1}^{T} y_t \pi_{t-1}}{\sum_{t=1}^{T} \pi_{t-1}^2}$. Se $a = 2$, então $\hat{b} = \dfrac{\sum_{t=1}^{T} \pi_t \hat{r}_t}{\sum_{t=1}^{T} \hat{r}_t^2}$ é um estimador consistente de b.

(4) Se $a = 1$, $E(y_t \mid \pi_{t-1}) = -c$.

Resolução:

(0) Falsa. Se $a = 1$, então:
$$i_t - \pi_t = i^* - \pi^* + \varepsilon_{1t},$$
$$y_t = c\left[\left(i^* - \pi^*\right) + \varepsilon_{1t-1}\right] + \varepsilon_{3t} = c\left(i^* - \pi^*\right) + c\varepsilon_{1t-1} + \varepsilon_{3t},$$

o que implica que
$$\pi_t = bc\left(i^* - \pi^*\right) + bc\varepsilon_{1t-1} + b\varepsilon_{3t} + \pi_{t-1} + \varepsilon_{2t} =$$
$$= bc\left(i^* - \pi^*\right) + \pi_{t-1} + (bc\varepsilon_{1t-1} + b\varepsilon_{3t} + \varepsilon_{2t}).$$

Ou seja, π_t é um passeio aleatório com *drift*. Sabe-se que a função de autocorrelação de um passeio aleatório não decai exponencialmente.

(1) Falsa. Se a = 2,
$$i_t - \pi_t = \left(i^* - 2\pi^*\right) + \pi_t + \varepsilon_{1t},$$
$$y_t = c\left[\left(i^* - 2\pi^*\right) + \pi_{t-1} + \varepsilon_{1t-1}\right] + \varepsilon_{3t} = c\left(i^* - 2\pi^*\right) + c\pi_{t-1} + c\varepsilon_{1t} + \varepsilon_{3t}.$$

Como $-1 < c < 0$, y_t é uma série estacionária. Note-se que y_t é correlacionada com π_{t-1} (pois vimos acima que y_t pode ser escrita como função de π_{t-1}). O estimador proposto ignora esta correlação. A omissão de variáveis relevantes (e π_{t-1} é relevante neste modelo) torna os estimadores de MQO viesados e inconsistentes, visto que nesta questão o estimador apresentado é o estimador de MQO para uma regressão simples.

(2) Falsa. Pode ser estimado consistentemente por MQO. y_t depende apenas de variáveis predeterminadas não correlacionadas com o termo de erro.

(3) Verdadeira. No item 1, vimos que a variável π_{t-1} foi omitida da regressão. No entanto, neste item, está sendo estimado o parâmetro b da segunda equação, incluindo também como regressor π_{t-1}. Para isso, é computado o estimador MQO para regressão linear múltipla, mas feito em dois estágios. O primeiro estágio é a estimação do regressor de interesse (no caso y_t) contra os demais regressores (no caso π_{t-1}). Daí obtemos o estimador MQO $\hat{\beta}$ e depois obtemos os resíduos desta primeira equação (no caso $\hat{r}_t$). No segundo estágio, estima-se

a regressão da variável dependente da segunda equação do enunciado (no caso π_t) contra os resíduos obtidos no primeiro estágio (no caso $\hat{r}_t$). O estimador dos resíduos é o estimador MQO do regressor de interesse (no caso y_t). Vimos, no item 1, que é necessário considerar a variável predeterminada π_{t-1} para que possamos obter um estimador consistente. Note também que y_t não é uma variável endógena, ou seja, não é correlacionada com ε_{2t}, visto que, pela terceira equação, y_t é função de ε_{3t}, mas este erro não é correlacionado com o erro da segunda equação ε_{2t}.

Observação: Veja Wooldridge (2006, p.75) para esta abordagem de se obter o estimador MQO em dois estágios.

(4) Falsa. Como em (0), se $a = 1$,
$$i_t - \pi_t = i^* - \pi^* + \varepsilon_{1t},$$
$$y_t = c\left[\left(i^* - \pi^*\right) + \varepsilon_{1t-1}\right] + \varepsilon_{3t} = c\left(i^* - \pi^*\right) + c\varepsilon_{1t-1} + \varepsilon_{3t}.$$

Assim:
$$E(y_t \mid \pi_{t-1}) = E\left(c\left(i^* - \pi^*\right) + c\varepsilon_{1t-1} + \varepsilon_{3t} \mid \pi_{t-1}\right) = c\left(i^* - \pi^*\right).$$

Questão 10

Julgue as afirmativas:

⓪ Na presença de heterocedasticidade nos erros de um modelo de regressão linear, os estimadores de Mínimos Quadrados Ordinários são ineficientes.

① Para testar a presença de autocorrelação de primeira ordem em um modelo $y_t = \alpha + \beta y_{t-1} + \varepsilon_t$ usa-se o teste de Breusch-Godfrey.

② Quando os erros da regressão são autocorrelacionados, os estimadores de mínimos quadrados são eficientes.

③ A omissão de uma variável relevante em um modelo de regressão linear pode gerar autocorrelação nos erros.

④ A regressão entre duas variáveis integradas de primeira ordem, isto é I(1), é sempre espúria.

Resolução:

(4) Falsa. Elas podem ter uma relação de cointegração.

Questão 11

Julgue as afirmativas:

- (0) Toda série temporal estacionária com variância finita pode ser escrita como um modelo de média móvel com termo de erro serialmente não correlacionado.
- (1) Um modelo de séries temporais não estacionário tem pelo menos uma raiz unitária.
- (2) O teste de Dickey e Fuller é monocaudal.
- (3) Um modelo AR(2) dado por $Y_t = a + \phi_1 Y_{t-1} + \phi_2 Y_{t-2} + \varepsilon_t$, $t = 1, 2, 3, ...$, em que ε_t é um ruído branco com média zero e variância σ^2, será estacionário se $\phi_1 < 1$ e $\phi_2 < 1$.
- (4) Um passeio aleatório é um processo estacionário.

Resolução:

(0) Verdadeira. A decomposição de Wold trata disso. Para detalhes, veja Hamilton (1994).

Observação: Se for um AR(p) estacionário, podemos invertê-lo, transformando-o em um MA(∞).

(1) Falsa. A série é dita estacionária se seus dois primeiros momentos incondicionais são constantes e a covariância depende apenas do comprimento da defasagem. Dessa forma, a presença de raiz unitária não é o único motivo causador da não estacionariedade. Um exemplo é uma série com tendência determinística (Veja Johnston e Di Nardo, 1997, p. 220-21).

(2) Verdadeira. É monocaudal à esquerda.

(3) Falsa. As condições a serem verificadas são $|\phi_2| < 1$, $\phi_1 + \phi_2 < 1$, $\phi_2 - \phi_1 < 1$, conforme visto na questão 9 da prova da Anpec de 2005, item 2.

(4) Falsa. Tal processo terá raiz unitária e, portanto, será não estacionário.

Questão 15

Suponha que $y_t = \alpha + \beta y_{t-1} + u_t$, em que $\{u_t\}$ é independente e igualmente distribuído, com distribuição normal de média zero e variância σ^2. Sabe-se que $\alpha = 35$, $\beta = \dfrac{3}{5}$ e $\sigma^2 = 2$. Você é informado que $y_2 = 50$. Determine a melhor previsão possível para y_4.

Resolução:

O melhor previsor linear para y_3, pelo critério do erro quadrático médio (EQM), dada a informação disponível até $t = 2$, é a esperança condicional de y_3 dado y_2 (Enders, 2003). Assim:

$$\hat{y}_3 = E(y_3 \mid y_2) = E(\alpha + \beta y_2 + u_3 \mid y_2) = E(\alpha \mid y_2) + E(\beta y_2 \mid y_2) + E(u_3 \mid y_2) =$$

$$\alpha + \beta \cdot y_2 + 0 = 35 + \frac{3}{5} \cdot 50 = 35 + 30 = 65.$$

Da mesma forma, o melhor previsor linear para y_4, pelo critério do EQM, dada a informação disponível até $t = 2$, é a esperança condicional de y_4 dado y_2. Assim:

$$\hat{y}_4 = E(y_4 \mid y_2) = E(\alpha + \beta y_3 + u_4 \mid y_2) = E(\alpha \mid y_2) + E(\beta y_3 \mid y_2) + E(u_4 \mid y_2) =$$

$$\alpha + \beta \cdot 65 + 0 = 35 + \frac{3}{5} \cdot 65 = 74.$$

PROVA DE 2009

Questão 10

Com relação aos testes de hipótese, é correto afirmar:

◎ Em uma regressão com várias variáveis explicativas, se individualmente os coeficientes não forem significativos, o teste F de significância conjunta também não terá a hipótese nula rejeitada.

① A estatística de Dickey e Fuller para testar a presença de raiz unitária em séries temporais possui sempre distribuição Normal.

② Considere o seguinte modelo de regressão linear: $y = \beta_0 + \beta_1 X + u$, em que u é o erro da regressão, y é a variável dependente e x é a variável explicativa. Caso o erro seja heterocedástico, a estatística t usual para testarmos a hipótese $H_0: \beta_1 = 0$ contra a alternativa $H_0: \beta_1 \neq 0$ não é mais válida.

③ Considere o seguinte modelo de regressão linear $y = \beta_0 + \beta_1 X + u$, em que u é o erro da regressão, y é a variável dependente e X é a variável explicativa. Para testarmos a hipótese $H_0: \beta_1 = 0$ contra a alternativa $H_0: \beta_1 > 0$, devemos utilizar um teste t unilateral.

④ O teste t em regressões envolvendo variáveis não estacionárias não será válido caso a regressão seja espúria.

Resolução:

(1) Falso. A estatística DF possui distribuição que foi tabulada por Dickey-Fuller e, posteriormente atualizada por MacKinnon.

Observação: Sobre o teste DF, veja, por exemplo, Johnston e Dinardo (1997, p.223-26) ou Wooldridge (2006, p.567-72).

(4) Verdadeiro. A estatística t não terá uma distribuição t em amostras pequenas, nem uma distribuição normal para amostras grandes.

Observação: Veja Wooldridge (2006, p.572-74).

Questão 13

Considere o modelo abaixo:

$y_t = \alpha x_t + u_{1t}$ (Equação 1)

$x_t = \lambda x_{t-1} + u_{2t}$ (Equação 2)

em que α e λ são parâmetros e $y_0 = x_0 = 0$ e u_t é um vetor aleatório independente e distribuído da seguinte forma:

$$u_t = \begin{pmatrix} u_{1t} \\ u_{2t} \end{pmatrix} \sim Normal\left[\begin{pmatrix} 0 \\ 0 \end{pmatrix}, \begin{pmatrix} \sigma_1^2 & \sigma_{12} \\ \sigma_{12} & \sigma_2^2 \end{pmatrix}\right], \text{para todo } t.$$

Indique se cada uma das afirmações abaixo é verdadeira ou falsa:

⓪ Se $\lambda = 1$, x_t será I(1), ou seja, x_t será integrada de primeira ordem. Se $\alpha \neq 0$, então y_t e x_t serão cointegradas.

① Se $\sigma_{12} \neq 0$, $\lambda = 1$ e $\alpha \neq 0$, então $\hat{\alpha} = \dfrac{\sum_{t=1}^{T} y_t x_t}{\sum_{t=1}^{T} x_t^2}$ converge em probabilidade para α quando $T \to \infty$.

② Se $\sigma_{12} \neq 0$, $|\lambda| < 1$ e $\alpha \neq 0$, então $\hat{\alpha} = \dfrac{\sum_{t=1}^{T} y_t x_t}{\sum_{t=1}^{T} x_t^2}$ é um estimador consistente para α.

③ Suponha que $\sigma_{12} = 0$ e $|\lambda| < 1$. É correto afirmar que y_t segue um processo ARMA(1,1).

④ Se $\lambda = 1$, y_t será I(1), ou seja, y_t será integrada de 1ª ordem.

Resolução:

(0) Verdadeira. Se $\lambda = 1$, x_t será um passeio aleatório sem *drift* (constante) e terá raiz unitária. Se $\alpha \neq 0$, y_t será dada por uma combinação linear de um

ruído branco (série estacionária sem nenhum padrão de autocorrelação serial) e uma série com raiz unitária, x_t sendo também $I(1)$. Ainda, neste caso, x_t e y_t terão um componente $I(1)$ comum, o que faz com que as duas séries sejam não estacionárias.

(1) Verdadeira. Mesmo quando há endogeneidade (presença de correlação entre o regressor e termo de erro) o estimador de Mínimos Quadrados Ordinários de uma relação de cointegração é consistente.

(2) Falsa. Neste caso, x_t não é uma série integrada de ordem 1, $I(1)$. Como há presença de endogeneidade entre o termo de erro e o regressor da equação que está sendo estimada, o estimador de MQO será inconsistente.

(3) Verdadeira. Neste caso, x_t é uma série estacionária e os termos de erro nas duas equações são independentes (são normais e não correlacionados). Usando-se a Equação 1, poderia-se escrever:

$y_t = \alpha x_t + u_{1t} \Rightarrow$
$y_{t-1} = \alpha x_{t-1} + u_{1t-1}$

Reescrevendo-se a equação acima para x_{t-1}, obtemos:

$x_{t-1} = \dfrac{y_{t-1} - u_{1t-1}}{\alpha}$.

Substituindo-se o valor de x_t, dado pela Equação 2, na Equação 1, tem-se
$y_t = \alpha \lambda x_{t-1} - \alpha u_{2t} + u_{1t}$

Agora, substituindo-se o valor de x_{t-1}, por sua expressão acima, tem-se

$y_t = \alpha \lambda \dfrac{y_{t-1} - u_{1t-1}}{\alpha} + \alpha u_{2t} + u_{1t}$.

Rearrumando os temos, encontramos:

$y_t = \lambda y_{t-1} - \lambda u_{1t-1} + \alpha u_{2t} + u_{1t}$

$y_t - \lambda y_{t-1} = -\lambda u_{1t-1} + u_{1t} + \alpha u_{2t}$

A equação acima é, exatamente, a equação de um processo ARMA(1,1) adicionado de um ruído branco, αu_{2t}. Ou seja, a rigor, o processo não é exatamente um ARMA(1,1).

(4) Verdadeira. Pelo item 0, supondo $\alpha \neq 0$, y_t deve ser I(1).

Observação: o item poderia ser considerado Falso, se supormos que $\alpha = 0$, pois nesse caso $y_t = u_{1t}$, ou seja, é um processo ruído branco, sendo, assim, I(0).

Questão 15

É correto afirmar que:

⓪ No processo AR(1), $y_t = \phi_0 + \phi_1 y_{t-1} + e_t$, em que $|\phi_1| < 1$ e que e_t é um ruído branco de média nula e variância σ^2, a média de y_t será igual a ϕ_0.

① O processo MA(1), $y_t = e_t + \theta e_{t-1}$, em que e_t é um ruído branco de média nula e variância constante, será estacionário mesmo que $|\theta| > 1$.

② Seja a função de autocorrelação do processo AR(1) definido no item (0) dada por ρ_t. É correto afirmar que $\rho_t = \phi_1^j$.

③ O processo AR(2), $y_t = \phi_0 + \phi_1 y_{t-1} + \phi_2 y_{t-2} + e_t$, em que e_t é um ruído branco de média nula e variância σ^2, será estacionário de segunda ordem se, e somente se, $\phi_1 < 1$ e $\phi_2 < 1$.

④ No modelo ARMA(1,1), $y_t = \phi_0 + \phi_1 y_{t-1} + e_t + \theta e_{t-1}$, em que e_t é um ruído branco de média nula e variância constante (σ^2), a variância de y_t é dada por $\dfrac{\sigma^2(1+\theta^2)}{1-\phi_1^2}$.

Resolução:

(0) Falso. A média será $E(y_t) = \dfrac{\phi_0}{1-\phi_1}$. Um item similar é o item 0, questão 12, da prova de 2002.

(1) Verdadeiro. O processo MA finito sempre é estacionário.

(2) Verdadeiro. Veja o item 1, questão 9, da prova de 2005.

(3) Falso. As condições a serem verificadas são $|\phi_2| < 1$, $\phi_1 + \phi_2 < 1$, $\phi_2 - \phi_1 < 1$, conforme visto na questão 9 da prova da Anpec de 2005 e na questão 11 da prova da Anpec de 2008.

(4) Falso. Seja o modelo ARMA (1,1) dado no item:

$$y_t = \phi_0 + \phi_1 y_{t-1} + e_t + \theta e_{t-1}$$

Vimos no item 0 que a média do processo é $E(y_t) = \frac{\phi_0}{1-\phi_1}$. Subtraindo a média e $\phi_1\left(\frac{\phi_0}{1-\phi_1}\right)$ dos dois lados do modelo acima:

$$y_t - \frac{\phi_0}{1-\phi_1} = \phi_0 - \frac{\phi_0}{1-\phi_1} + \phi_1 y_{t-1} - \phi_1\left(\frac{\phi_0}{1-\phi_1}\right) + \phi_1\left(\frac{\phi_0}{1-\phi_1}\right) + e_t + \theta e_{t-1}$$

$$y_t - \frac{\phi_0}{1-\phi_1} = \phi_0 - \frac{\phi_0}{1-\phi_1} + \phi_1\left(y_{t-1} - \frac{\phi_0}{1-\phi_1}\right) + \phi_1\left(\frac{\phi_0}{1-\phi_1}\right) + e_t + \theta e_{t-1}$$

Denotando $x_t = y_t - \frac{\phi_0}{1-\phi_1}$, que é o processo deduzido da sua média, teremos:

$$x_t = \phi_0 - \frac{\phi_0}{1-\phi_1} + \phi_1\left(\frac{\phi_0}{1-\phi_1}\right) + \phi_1 x_{t-1} + e_t + \theta e_{t-1}$$

$$x_t = \frac{\phi_0 - \phi_0\phi_1 - \phi_0 + \phi_1\phi_0}{1-\phi_1} + \phi_1 x_{t-1} + e_t + \theta e_{t-1}$$

$$x_t = \phi_1 x_{t-1} + e_t + \theta e_{t-1}$$

Assim, temos agora um processo ARMA(1,1), sem intercepto. Tomando a esperança do quadrado, estaremos calculando a variância, pois:

$$Var(y_t) = E\left(y_t - \frac{\phi_0}{1-\phi_1}\right)^2 = E(x_t^2),$$

ou seja, $E(x_t^2)$ é a esperança de y_t deduzido de sua média ao quadrado. Assim:

$$E(x_t^2) = E(\phi_1 x_{t-1} + e_t + \theta e_{t-1})^2 = \phi_1^2 E(x_{t-1})^2 + 2\theta\phi_1 E(x_{t-1} e_{t-1}) + E(e_t^2) + \theta^2 E(e_{t-1}^2)$$

$$E(x_t^2) = \phi_1^2 E(x_{t-1}^2) + 2\theta\phi_1 E(x_{t-1} e_{t-1}) + \sigma^2 + \theta^2 \sigma^2$$

onde na segunda igualdade, utilizamos o fato de que: (i) $E(e_t e_{t-1}) = 0$, visto que são ruído branco, e (ii) $E(x_{t-1} e_t) = 0$, pois não existe correlação entre a variável presente e o erro futuro. Calculando o termo do meio da última expressão:

$$E(x_{t-1}e_{t-1}) = E([\phi_1 x_{t-2} + e_{t-1} + \theta e_{t-2}]e_{t-1}) = \sigma^2$$

onde na segunda igualdade, substituímos o modelo ARMA(1,1) defasado e na terceira igualdade utilizamos o fato de que: $E(x_{t-2}e_{t-1}) = 0$, pois não existe correlação entre a variável presente e o erro futuro; e $E(e_{t-2}e_{t-1}) = 0$. Substituindo de volta na expressão acima:

$$E(x_t^2) = \phi_1 E(x_{t-1}^2) + 2\theta\phi_1\sigma^2 + \sigma^2 + \theta^2\sigma^2$$

Como se trata de um processo ARMA(1,1), sendo estacionário implicitamente, a variância de y_t será constante. Assim:

$$E(x_t^2) = E(x_{t-1}^2)$$

Substituindo na equação anterior:

$$E(x_t^2) = \phi_1 E(x_t^2) + 2\theta\phi_1\sigma^2 + \sigma^2 + \theta\sigma^2$$

$$E(x_t^2) = \frac{\sigma^2(2\theta\phi_1 + 1 + \theta^2)}{1-\phi_1}$$

Observação: Uma outra forma de se resolver seria:

$$y_t = \phi_0 + \phi_1 y_{t-1} + e_t + \theta e_{t-1}$$
$$y_t(1-\phi_1 L) = \phi_0 + e_t + \theta e_{t-1}$$
$$y_t = \frac{\phi_0}{(1-\phi_1 L)} + \frac{e_t}{(1-\phi_1 L)} + \frac{\theta e_{t-1}}{(1-\phi_1 L)}$$
$$y_t = (\phi_0 + \phi_1 L \phi_0 + ...) + (e_t + \phi_1 L e_t + ...) + (\theta e_{t-1} + \theta\phi_1 L e_{t-1} + ...)$$
$$y_t = (\phi_0 + \phi_1\phi_0 + ...) + (e_t + \phi_1 e_{t-1} + ...) + (\theta e_{t-1} + \theta\phi_1 e_{t-2} + ...)$$

onde na última linha usei o fato de que $L\phi_0 = \phi_0$, ou seja, a defasagem de uma constante é a própria constante. Prosseguindo:

$$y_t = \frac{\phi_0}{1-\phi_1} + (e_t + \phi_1 e_{t-1} + ...) + (\theta e_{t-1} + \theta\phi_1 e_{t-2} + ...)$$

O primeiro termo é a média de y_t obtida no item 0. Logo, passando a média para o lado esquerdo e tomando a esperança ao quadrado, teremos a variância de y_t, ou seja:

$$Var(y_t) = E\left[y_t - \frac{\phi_0}{1-\phi_1}\right]^2 = E\left[(e_t + \phi_1 e_{t-1} + \ldots) + (\theta e_{t-1} + \theta\phi_1 e_{t-2} + \ldots)\right]^2$$

$$= \begin{cases} E(e_t + \phi_1 e_{t-1} + \ldots)^2 + E(\theta e_{t-1} + \theta\phi_1 e_{t-2} + \ldots)^2 \\ +2E\left[(e_t + \phi_1 e_{t-1} + \ldots)(\theta e_{t-1} + \theta\phi_1 e_{t-2} + \ldots)\right] \end{cases}$$

Ao expandirmos cada termo e passarmos a esperança teremos que $E(e_{t-s} e_{t-j}) = 0, s \neq j$ e $E(e_{t-k}^2) = \sigma^2, k = 0, 1, \ldots$ Assim:

$$Var(y_t) = \begin{cases} (\sigma^2 + \phi_1^2 \sigma^2 + \ldots) + (\theta^2 \sigma^2 + \theta^2 \phi_1^2 \sigma^2 + \ldots) \\ +(2\theta\phi_1 \sigma^2 + 2\theta\phi_1 \sigma^2 + \ldots) \end{cases}$$

$$= \frac{\sigma^2}{1-\phi_1^2} + \frac{\theta^2 \sigma^2}{1-\phi_1^2} + \frac{2\theta\phi_1 \sigma^2}{1-\phi_1^2} = \frac{\sigma^2(1+\theta^2+2\theta\phi_1)}{1-\phi_1^2}$$

PROVA DE 2010

Questão 12

Suponha que:

$x_t = \rho x_{t-1} + v_t$, $\quad x_0 = 0$, $\quad v_t \sim N(0,1)$, $\quad t = 1, \ldots, T$. (1)
$y_t = \phi y_{t-1} + u_t$, $\quad y_0 = 0$, $\quad u_t \sim N(0,1)$, $\quad t = 1, \ldots, T$. (2)
$E[u_s v_t] = E[u_s v_t] = 0$, $\quad \forall t$ e $s, s \neq t$

Adicionalmente, considere a regressão de y_t em uma constante e x_t:
$y_t = \alpha + \gamma x_t + \varepsilon_t, t = 1, \ldots, T$ (3)

◎ Seja L o operador defasagem. x_t é estacionário de segunda ordem se, e somente se, a raiz do polinômio $(1 - \rho L)$ está fora do círculo unitário.

① O estimador de Mínimos Quadrados Ordinários $\hat{\rho}$ de ρ, na Equação 1, é consistente se $\rho = 1$.

② Seja $\hat{\rho}$ o estimador de Mínimos Quadrados Ordinários de ρ e $s^2 = T^{-1} \sum_{i=1}^{T}(x_t - \rho x_{t-1})^2$

A estatística $\dfrac{\hat{\rho}-\rho}{\sqrt{s^2 \sum_{i=1}^{T} x_{t-1}^2}}$ aproxima-se de uma distribuição t de Student, com $T-1$ graus de liberdade, se $\rho = 1$.

③ O estimador de Mínimos Quadrados Ordinários de γ, na Equação (3), é consistente se $\rho = 1$ e $\phi = 1$.

④ O estimador de Mínimos Quadrados Ordinários de α, na Equação (3), é consistente se $\rho = 1$ e $\phi = 1$.

Resolução:

(0) Verdadeiro. Seja:

$x_t = \rho x_{t-1} + v_t$

$(1 - \rho L)x_t = v_t$

O polinômio característico será:

$(1 - \rho Z) = 0$

$Z = \left|\dfrac{1}{\rho}\right| > 1 \Leftrightarrow |\rho| < 1.$

(1) Falso (discordância do gabarito da Anpec). Se $\rho = 1$, a série não é mais fracamente dependente, condição necessária para consistência (veja Wooldridge, p. 345-48 e 353, especialmente exemplo 11.3).

(2) Falso. No caso em que $\rho = 1$, a estatística proposta não tem distribuição t Student, mas sim uma distribuição obtida utilizando-se o processo de Wiener.

Observação: conforme item 4, questão 12, de 2002, os valores críticos foram tabulados por Davidson e MacKinon.

(3) Falso. Neste caso, o estimador seria superconsistente somente se houvesse cointegração das séries x_t e y_t. Se as séries não cointegrarem, a regressão é espúria.

(4) Falso. Como argumentado no item anterior, se não houver cointegração, a regressão é espúria. Logo, α também será inconsistente.

PROVA DE 2011

Questão 8

Suponha que

$$y_{1t} = \gamma y_{2t} + u_{1t}, \quad u_{1t} \sim N(0, \sigma_{11}), \quad t = 1,...,T \quad (1)$$
$$y_{2t} = \phi y_{2t-1} + u_{2t}, \quad u_{2t} \sim N(0, \sigma_{22}), \quad t = 1,...,T \quad (2)$$

Considere as seguintes afirmativas:

- (0) O estimador de mínimos quadrados ordinários $\hat{\phi}$ de ϕ na equação (2) é não viesado se $|\phi| < 1$.
- (1) O estimador de mínimos quadrados ordinários $\hat{\gamma}$ de γ na equação (1) é consistente se $|\phi| < 1$ e $\gamma = 0$.
- (2) y_{2t} é um processo estacionário de segunda ordem se $\phi = 1$.
- (3) y_{1t} é um processo integrado de ordem um, I(1), $\phi = 1$ se $\gamma \neq 0$.
- (4) O estimador de mínimos quadrados ordinários $\hat{\gamma}$ de γ na equação (1) é consistente se $\phi = 1$ e $\gamma \neq 0$.

Resolução:

(0) Falsa. Para que o EMQO $\hat{\phi}$ de ϕ na equação (2) (que, pela condição do item, trata-se de uma série estacionária) seja não viesado precisaríamos também de exogeneidade estrita, ou seja, que

$$E\left[y_{2t}, u_s\right] = 0, \forall t, s,$$

conforme Woodridge (2006, p. 311-315), pois a estrutura autorregressiva implica, necessariamente, $Cov\left[y_{2t}, u_{2t}\right] = Var[u_{2t}] > 0$.

(1) Verdadeira. Esta série y_{2t} é estacionária e, portanto, fracamente dependente. Assim, atende a condição para que o estimador de MQO seja consistente. No caso de $\gamma = 0$ também é verdade. Novamente veja Woodridge (2006, p. 311-315).

Comentário: O item seria falso caso postule-se somente se $\gamma = 0$.

(2) Falsa. No caso de $\phi = 1$, então a série é não estacionária. Seria estacionária de 2ª ordem (ou simplesmente estacionária) se $|\phi| < 1$.

(3) Verdadeira. Como $\phi = 1$, então y_{2t} é $I(1)$. Como u_{1t} é $I(0)$ (pois é um ruído branco, pelas hipóteses dadas no enunciado) então, necessariamente temos que y_{1t} é $I(1)$, pois é combinaçao de uma série $I(1)$ ($\gamma \neq 0$) com uma série $I(0)$.

(4) Verdadeiro. Pelo raciocínio do item anterior, então y_{1t} e y_{2t} cointegram. Logo os EMQO são consistentes. Um item similar caiu na prova de 2010, questão 12, item 3.

Questão 11

Julgue as seguintes afirmativas:

⓪ O processo AR (2), $y_t = \rho_1 + y_{t-1} + \rho_2 y_{t-2} + \varepsilon_t$, em que ε_t é um ruído branco com média zero e variância σ^2, é estacionário de segunda ordem se e somente se as raízes do polinômio $x^2 - \rho_1 x + \rho_2$ estão fora do círculo unitário.

① No processo MA (2), $y_t = \varepsilon_t + \theta_1 \varepsilon_{t-1} + \theta_2 \varepsilon_{t-2}$, em que ε_t é um ruído branco com média zero e variância σ^2, a covariância entre y_t e y_{t-3} é igual a zero.

② No passeio aleatório com *drift*, $y_t = c + y_{t-1} + \varepsilon_t$, $y_0 = 0$, em que ε_t é um ruído branco com média zero e variância σ^2, a média de y_t varia com t.

③ No processo MA (1), $y_t = \varepsilon_t + \theta_1 \varepsilon_{t-1}$, em que ε_t é um ruído branco com média zero e variância σ^2, a correlação entre y_t e y_{t-1} é menor ou igual a 0,5 em valor absoluto.

④ O processo ARMA (1,1), $y_t = \rho y_{t-1} + \varepsilon_t + \theta \varepsilon_{t-1}$, em que ε_t é um ruído branco com média zero e variância σ^2, é estacionário de segunda ordem se e somente se $|\rho| < 1$ e $|\theta| < 1$.

Resolução:

(0) Falsa. Seja o processo AR(2) dado:
$$y_t - \rho_1 y_{t-1} - \rho_2 y_{t-2} = 0$$

O polinômio característico deste processo será:
$$1 - \rho_1 x - \rho_2 x^2 = 0$$

Assim, o processo AR(2) será estacionário se e somente se as raízes deste polinômio estiverem fora do círculo unitário.

(1) Verdadeira. Calculando a covariância:
$$Cov(y_t, y_{t-3}) = Cov(\varepsilon_t + \theta_1 \varepsilon_{t-1} + \theta_2 \varepsilon_{t-2}, \varepsilon_{t-3} + \theta_1 \varepsilon_{t-4} + \theta_2 \varepsilon_{t-5}) = 0$$
pois, $Cov(\varepsilon_{t-j}, \varepsilon_{t-s}) = 0$, $\forall j, s; j \neq s$ pois ε_t é um ruído branco, como afirmado no item.

(2) Verdadeira.
$$y_t = c + y_{t-1} + \varepsilon_t$$
$$y_{t-1} = c + y_{t-2} + \varepsilon_{t-1}$$

Substituindo a segunda na primeira:
$$y_t = c + c + y_{t-2} + \varepsilon_{t-1} + \varepsilon_t$$
$$y_t = 2c + y_{t-2} + \varepsilon_{t-1} + \varepsilon_t$$

Substituindo recursivamente:
$$y_t = tc + y_0 + \varepsilon_1 + \ldots + \varepsilon_t$$

A média será:
$$E(y_t) = tc + E(y_0)$$

onde, usei o fato de que $E(\varepsilon_i) = 0$. Assim, a média do processo y_t depende de t.

(3) Verdadeira. Calculando primeiramente a covariância:
$$Cov(y_t, y_{t-1}) = Cov(\varepsilon_t + \theta_1\varepsilon_{t-1}, \varepsilon_{t-1} + \theta_1\varepsilon_{t-2}) = Cov(\varepsilon_t, \varepsilon_{t-1}) + \theta_1 Cov(\varepsilon_t, \varepsilon_{t-2})$$
$$= +\theta_1 Cov(\varepsilon_{t-1}, \varepsilon_{t-1}) + \theta_1^2 Cov(\varepsilon_{t-1}, \varepsilon_{t-2}) = \theta_1 Cov(\varepsilon_{t-1}, \varepsilon_{t-1}) = \theta_1 \sigma^2$$

E a variância:
$$V(y_t) = V(\varepsilon_t + \theta_1\varepsilon_{t-1}) = V(\varepsilon_t) + \theta_1^2 V(\varepsilon_{t-1}) = \sigma^2 + \theta_1^2 \sigma^2 = (1 + \theta_1^2)\sigma^2$$

E a mesma conta é válida para $V(y_{t-1})$. Assim:
$$Corr(y_t, y_{t-1}) = \frac{Cov(y_t, y_{t-1})}{\sqrt{V(y_t)V(y_{t-1})}} = \frac{\theta_1 \sigma^2}{(1+\theta_1^2)\sigma^2} = \frac{\theta_1}{(1+\theta_1^2)}$$

O módulo desta correlação será:
$$|Corr(y_t, y_{t-1})| = \left|\frac{\theta_1}{(1+\theta_1^2)}\right| = \frac{|\theta_1|}{(1+\theta_1^2)}$$

O item afirma que:
$$0 \leq \frac{|\theta_1|}{(1+\theta_1^2)} \leq 0.5$$

Isso pode ser verificado maximizando o lado esquerdo e avaliando no máximo. Assim:

$$\max_{\theta_1} \frac{|\theta_1|}{(1+\theta_1^2)}$$

Supondo $\theta_1 > 0$, teremos:

$$\max_{\theta_1} \frac{\theta_1}{(1+\theta_1^2)}$$
$$s.t. \theta_1 > 0$$

A CPO será:

$$\frac{(1+\theta_1^2) - 2\theta_1^2}{(1+\theta_1^2)^2} = 0$$

$$\frac{1-\theta_1^2}{(1+\theta_1^2)^2} = 0$$

$$\theta_1^2 = 1$$
$$\theta_1 = 1$$

pois $\theta_1 > 0$. Isso será um máximo global pois:

$$\lim_{\theta_1 \to \pm\infty} \frac{\theta_1}{(1+\theta_1^2)} = 0$$

e, porque a CSO será:

$$CSO : \frac{dCPO}{d\theta_1} = \frac{-2\theta_1(1+\theta_1^2)^2 - (1-\theta_1^2)4\theta_1(1+\theta_1^2)}{(1+\theta_1^2)^4}$$

$$= \frac{-2\theta_1(1+\theta_1^2)\left[(1+\theta_1^2) + (1-\theta_1^2)4\right]}{(1+\theta_1^2)^4} = \left.\frac{-2\theta_1(1+\theta_1^2)(5-3\theta_1^2)}{(1+\theta_1^2)^4}\right|_{\theta_1=1}$$

$$= \frac{-2(1+1)(5-3)}{(1+1)^4} = \frac{-2(2)(2)}{(2)^4} = -\frac{1}{2} < 0$$

logo, a função é côncava, em torno de $\theta_1 = 0$ e, portanto, obtemos um ponto de máximo. Substituindo na função que maximizamos:

$$\left. \frac{\theta_1}{(1+\theta_1^2)} \right|_{\theta_1=1} = 0.5$$

Logo, a expressão do lado esquerdo atinge um valor máximo em 0.5.

Observação: Chegamos às mesmas conclusões se supuséssemos $\theta_1 < 0$ e maximizássemos:

$$\max_{\theta_1} -\frac{\theta_1}{(1+\theta_1^2)}$$

Na verdade, se definirmos $\tilde{\theta}_1 = -\theta_1$, onde, $\tilde{\theta}_1 > 0$, teríamos:

$$\max_{\tilde{\theta}_1} \frac{\tilde{\theta}_1}{(1+\tilde{\theta}_1^2)}$$

e, assim, o problema de maximização seria o mesmo.

(4) Falsa. A estacionariedade do processo ARMA(1,1) depende apenas se $|p| < 1$, não sendo necessária nenhuma restrição sobre $|\theta| < 1$. Em um modelo ARMA finito, a estacionariedade depende apenas da parte do AR.

8 Números-Índices

PROVA DE 2002

Questão 2

Em relação a índices e deflacionamento de preços é correto afirmar:

- ⓪ Os índices de preços de Laspeyres e de Paasche geram, em geral, resultados diferentes quando utilizados para avaliar a variação do nível dos preços de um conjunto de produtos, mas ambos atendem à condição de reversão no tempo.
- ① Se um determinado índice de preços com ano-base em 1992 assume os valores I_{95} = 300 e I_{96} = 400 em 1995 e 1996, respectivamente, então um produto com preço corrente de R$ 10,00, em 1996, tem preço de R$ 7,50, em moeda de 1995.
- ② Multiplicando-se um índice de preços de Laspeyres por um índice de quantidades de Laspeyres, obtém-se um índice relativo de valor das vendas ($I(V_t|V_0)$).
- ③ Se os preços dos automóveis aumentam em 20%, e isso se reflete em um aumento de 0,1% no ICV_{0-3SM} (Índice de Custo de Vida de 0 a 3 salários mínimos), e em um aumento de 1,2% no $ICV_{10-20SM}$, então o peso dos automóveis nas despesas das famílias típicas, com renda entre 10-20 SM é 12 vezes maior do que nas famílias típicas com renda entre 0 a 3 SM.
- ④ Para calcular o índice de preços de Paasche, para uma série de anos, requer-se menos informação do que para calcular o índice de Laspeyres.

Resolução:

(0) Falso. Eles não atendem ao critério de reversão no tempo.

(1) Verdadeiro. Obtendo o preço, a valores de 1992:

$$p_{92} \cdot \frac{I_{96}}{100} = 10$$

$$p_{92} = \frac{10}{4}$$

Obtendo agora o preço, a valores de 1995:

$$p_{95} = \frac{10}{4}\frac{I_{95}}{100} = \frac{10}{4}3 = 7.5$$

(2) Falso. Somente o produto cruzado gera um índice relativo de valor:
$L_1^p P_1^q = V_{01}$
$P_1^p L_1^q = V_{01}$

onde:

$$V_{01} = \frac{V_1}{V_0} = \frac{\sum_{i=1}^n p_1^i q_1^i}{\sum_{i=1}^n p_0^i q_0^i}; L_1^p \text{ e } L_1^q \text{ são os índices de Laspeyres de preço e quanti-}$$

dade, e P_1^p e P_1^q são os índices de Paasche de preço e quantidade.

(3) Verdadeiro.

O Índice de Custo de Vida mede o quanto a variação de preço afeta as despesas de uma família representativa. Ela é a média ponderada dos preços relativos das mercadorias:

$$I_{CV_{t,0}} = \sum_{i=1}^n \frac{p_{it}}{p_{i0}}\theta_i$$

onde, θ_i: proporção das despesas com a mercadoria i nas despesas totais da família no período t, tal que: $\sum_i \theta_i = 1$. Seja $100\delta_i\%$ a variação percentual no preço do i – ésimo item do orçamento, de maneira que

$p_{i1} = (1 + \delta_i)\, p_{i0}$

Substituindo esta na primeira:

$$I_{CV_{t,0}} = \sum_{i=1}^n (1+\delta_i)\theta_i$$
$$= \sum_{i=1}^n \theta_i + \sum_{i=1}^n \delta_i\theta_i$$
$$I_{CV_{t,0}} = 1 + \sum_{i=1}^n \delta_i\theta_i$$

Convertendo o índice em percentual, ou seja, multiplicando por 100, teremos:

$$I_{CV_{t,0}} = 100 + 100 \sum_{i=1}^{n} \delta_i \theta_i$$

Para 0-3SM:
$$I_{CV_{t,0}}^{0-3SM} - 100 = 100 \cdot 0.2 \cdot \theta^{0-3SM} = 0.1$$
$$\theta^{0-3SM} = 0.005$$

Para 10-20SM:
$$I_{CV_{t,0}}^{10-20SM} - 100 = 100 \cdot 0.2 \cdot \theta^{10-20SM} = 1.2$$
$$\theta^{10-20SM} = 0.06$$

Logo:
$$\frac{\theta^{10-20SM}}{\theta^{0-3SM}} = \frac{0.06}{0.005} = 12$$

(4) Falso. Pesos variam a cada período no índice de Paasche, onerando a pesquisa, pois necessita de novas informações a cada ano.

Observação: O índice de preços de Laspeyres pode ser definido como a média aritmética dos preços relativos ponderados pela participação do produto na despesa no *período base*, ou seja:

$$L_t^p = \sum_{i=1}^{n} \left(\frac{p_t^i}{p_0^i} \right) w_0^i$$

onde:
$$w_0^i = \frac{p_0^i q_0^i}{\sum_{i=1}^{n} p_0^i q_0^i}$$

Assim, o cálculo do índice de Laspeyres requer menos informação, pois utiliza o peso fixado no período base e a cada período necessita apenas atualizar os níveis de preço.

Já o Índice de Preços de Paasche pode ser definido como a média harmônica dos preços relativos ponderada pela participação do produto na despesa no *período atual*, ou seja:

$$P_t^p = \frac{1}{\sum_{i=1}^{n}\left(\frac{p_0^i}{p_1^i}\right)w_1^i}$$

ou

$$w_t^i = \frac{p_t^i q_t^i}{\sum_{i=1}^{n} p_t^i q_t^i}$$

Assim, o cálculo do índice de Paasche requer mais informação, pois utiliza os pesos variam a cada período, onerando a pesquisa.

PROVA DE 2003
Questão 1

Com relação aos números-índices, é correto afirmar que:

- ⓪ O índice de Fisher é uma média harmônica dos índices de Paasche e Laspeyres.
- ① O índice de preços de Laspeyres é uma média harmônica de relativos de preços ponderados pelo valor dos bens no período base.
- ② O índice de preços de Paasche é uma média aritmética de relativos de preços ponderados pelo valor dos bens no período atual.
- ③ Embora os índices de Laspeyres e de Paasche não satisfaçam ao critério da decomposição das causas, o produto cruzado de um Laspeyres de preço por um Paasche de quantidade satisfaz.
- ④ O índice de Paasche de preços pode ser calculado pela divisão de um índice de valor por um índice Laspeyres de quantidade.

Resolução:

(0) Falso. É uma média geométrica dos índices de P e L. Ou seja, o índice de Fisher é definido como:

$$F_1^p = \sqrt{L_1^p P_1^p}$$

sendo esse o índice de preço e:

$$F_1^q = \sqrt{L_1^q P_1^q}$$

sendo esse o índice de quantidade.

(1) Falso. O índice de preços de Laspeyres é a **média aritmética** dos preços relativos ponderados pela participação do produto na despesa no período-base.

Veja item 4, questão 2, da prova de 2002.

(2) Falso. O índice de preços de Paasche é a **média harmônica** dos preços relativos ponderada pela participação do produto na despesa no período atual.

Veja item 4, questão 2, da prova de 2002.

(3) Verdadeiro. $L_1^p P_1^q = V_{01}$, ou $\dfrac{\sum_{i=1}^n p_1^i q_0^i}{\sum_{i=1}^n p_0^i q_0^i} \dfrac{\sum_{i=1}^n p_1^i q_1^i}{\sum_{i=1}^n p_1^i q_0^i} = \dfrac{\sum_{i=1}^n p_1^i q_1^i}{\sum_{i=1}^n p_0^i q_0^i}$.

(4) Verdadeiro. Sabemos que:

$P_1^p L_1^q = V_{01}$, onde

$V_{01} = \dfrac{V_1}{V_0} = \dfrac{\sum_{i=1}^n p_1^i q_1^i}{\sum_{i=1}^n p_0^i q_0^i}$

Assim:

$P_1^p = V_{01} / L_1^q$

PROVA DE 2004

Questão 1

Dadas as seguintes informações:

$\Sigma p_1 q_0 = 32$ $\Sigma p_1 q_1 = 48$
$\Sigma p_0 q_0 = 25$ $\Sigma p_0 q_1 = 41$

É correto afirmar que o valor dos índices especificados abaixo, para o período t = 1 (use duas decimais), é:

⓪   Laspeyres de preço: 1,64.
①   Paasche de preço: 1,17.
②   Laspeyres de quantidade: 1,28.
③   Paasche de quantidade: 1,20.
④   Um índice de valor que satisfaça ao critério de decomposição de causas: 1,50.

Resolução:

(0) Falso.

$$\frac{32}{25} = 1.28$$

(1) Verdadeiro.

$$\frac{48}{41} = 1.17$$

(2) Falso.

$$\frac{41}{25} = 1.64$$

(3) Falso.

$$\frac{48}{32} = 1.5$$

(4) Falso.

$$\frac{48}{25} = 1.92$$

PROVA DE 2005

Questão 1

A respeito de números-índices, é correto afirmar:

- ⓪ O índice de quantidade de Fisher é a raiz quadrada do produto dos índices de quantidade de Laspeyres e de Paasche.
- ① O índice de preço de Laspeyres é a média aritmética de relativos de preços ponderados pela participação do dispêndio com cada bem na época atual.
- ② O índice de preço de Paasche é a média aritmética de relativos de preços ponderados pelo valor de cada bem na época-base.
- ③ Os índices de Laspeyres e Paasche atendem ao critério de reversão do tempo.
- ④ A diferença entre os índices de Laspeyres e Paasche está na forma como os relativos são ponderados.

Resolução:

(0) Verdadeiro. Como já definido no item 0, questão 1, de 2003:

$$F_1^Q = \sqrt{L_1^Q P_1^Q}$$

(1) Falso. A única coisa errada é que a ponderação é em relação ao período-base.

(2) Falso. Consiste na *média harmônica* dos preços relativos ponderada pela participação do produto na despesa no *período atual*.

(3) Falso. Não atendem.

(4) Verdadeiro. Veja item 4, questão 2, da prova de 2002.

PROVA DE 2006

Questão 1

Com relação a números-índices, são corretas as afirmativas:

0. O cálculo do índice de preços de Laspeyres requer que preços e quantidades para todos os períodos sejam apurados conjuntamente.
1. O cálculo do índice de quantidades de Paasche requer que somente os preços ou as quantidades sejam apurados em todos os períodos.
2. O índice de preços de Paasche compara o custo de uma cesta de produtos do período atual, avaliada a preços correntes, com o custo da mesma cesta avaliada a preços do período-base.
3. O índice de preços de Fischer atende ao critério de reversão no tempo.
4. Sendo negativa a correlação entre preços relativos e quantidades relativas, o índice de preços de Laspeyres é maior que o índice de preços de Paasche.

Resolução:

(0) Falsa. Somente no período-base precisamos saber da quantidade e preço; depois, a cada período, necessitamos apenas da atualização dos preços.

(1) Falsa. Requer que as quantidades e os preços sejam conhecidos em todos os períodos.

(2) Verdadeira. O índice de Paasche é definido como: $\dfrac{\sum P_1^i Q_1^i}{\sum P_0^i Q_1^i}$, onde P_0^i e P_1^i são os preços do produto i no período base e atual, respectivamente. E Q_1^i a quantidade no período atual. A descrição dada no item é justamente a definição do índice.

(3) Verdadeira.

(4) Verdadeira. O resultado depende do coeficiente de correlação linear entre os preços e as quantidades relativos:

  Se for negativo, então L > P.
  Se for nulo, então L = P.
  Se for positivo, então L < P.

PROVA DE 2007
Questão 10

- ⓪ O índice de Laspeyres de preços pondera preços de insumos em duas épocas, inicial e atual, tomando como pesos quantidades arbitradas para estes insumos na época inicial.
- ① No cálculo do índice de preços de Paasche, a cesta de produtos é fixa, e no de Laspeyres, a cesta é variável.
- ② O índice de preços de Laspeyres é a média geométrica dos índices de preços de Fisher e de Paasche.
- ③ A divisão do índice de preços de Laspeyres pelo índice de quantidade de Paasche possibilita obter o índice de valor.
- ④ O índice de Paasche de preços pondera preços de insumos em duas épocas, inicial e atual, tomando como pesos quantidades arbitradas para esses insumos na época atual.

Resolução:

(0) Verdadeiro. O índice de Laspayeres é definido como: $\dfrac{\sum_i P_1^i Q_0^i}{\sum_i P_0^i Q_0^i}$, onde P_0^i e P_1^i são os preços do produto i no período-base e atual, respectivamente. E Q_0^i é a quantidade no período-base. A descrição dada no item é justamente a definição do índice.

(1) Falso. O contrário.

(2) Falso. O de Fischer que é a média geométrica do de Laspeyres e Paasche.

(3) Falso. A multiplicação dos dois primeiros possibilita a obtenção do índice de valor.

(4) Verdadeiro. Veja item 2, da questão 1, de 2006.

PROVA DE 2008
Questão 5
Considere a tabela:

Bem	Quantidades			Preços (R$)		
	2004	2005	2006	2004	2005	2006
1	10	12	15	5	8	10
2	20	26	28	10	12	15

Julgue as afirmações (considere o resultado até a primeira casa decimal, não aproxime o resultado):
- ⓪ Os índices de preços de Laspeyres, sendo 2004 o ano-base, são: 100; 128; 160.
- ① Os índices de preços de Paasche, sendo 2004 o ano-base, são: 100; 127,5; 160.
- ② A diferença entre os índices de Laspeyres e Paasche está na forma como os índices relativos são ponderados.
- ③ O índice de Fisher é a média aritimética dos índices de Laspeyres e Paasche.
- ④ Um índice de preços Laspeyres de base móvel, encadeada com ponderação constante, satisfaz ao critério de circularidade.

Resolução:

(0) Verdadeira. $L^P_{2004} = \dfrac{5 \cdot 10 + 10 \cdot 20}{5 \cdot 10 + 10 \cdot 20} = 1$, $L^P_{2005} = \dfrac{8 \cdot 10 + 12 \cdot 20}{5 \cdot 10 + 10 \cdot 20} = 1.28$ e $L^P_{2006} = \dfrac{10 \cdot 10 + 15 \cdot 20}{5 \cdot 10 + 10 \cdot 20} = 1.60$. Multiplicado por 100 obtemos justamente 100, 128 e 160, os valores dados no item.

(1) Falsa. $P^P_{2004} = \dfrac{5 \cdot 10 + 10 \cdot 20}{5 \cdot 10 + 10 \cdot 20} = 1$, $P^P_{2005} = \dfrac{8 \cdot 12 + 12 \cdot 26}{5 \cdot 12 + 10 \cdot 26} = 1.275$ e $P^P_{2006} = \dfrac{10 \cdot 15 + 15 \cdot 28}{5 \cdot 15 + 10 \cdot 28} = 1.605$. Multiplicado por 100 obtemos 100, 127.5 e 160.5, valores diferentes dos dados no item.

(2) Falsa. Veja os itens 1 e 2, questão 1, da prova da Anpec de 2003.

(3) Falsa. Veja a questão 1 da prova da Anpec de 2005.

(4) Verdadeira. Veja Toledo e Ovalle (1995, p. 349 e 356-58).

PROVA DE 2009
Questão 1

Sobre números-índices podemos dizer que:

Ⓞ O índice de preços de Laspeyres tende a ser maior que o índice de preços de Paasche, porque normalmente a correlação entre preços relativos e quantidades relativas é negativa, e a dispersão dos preços relativos e das quantidades relativas tem, obrigatoriamente, valores positivos.

① O índice de preços de Fisher é a raiz quadrada do produto dos índices de preços de Laspeyres e Paasche.

② Sob condições normais de demanda, um índice de valor é sempre menor do que o produto de um índice de Paasche-preço por um índice de Paasche-quantidade, e sempre maior do que o produto de um índice de Laspeyres-preço por um índice de Laspeyres-quantidade.

③ O índice de preços de Paasche é igual à média harmônica ponderada dos preços relativos, sendo que os pesos são os valores das vendas de cada produto no período atual.

④ Um índice de preços é formado pelos produtos A e B. Se o preço do produto A aumenta em 312%, o preço do produto B permanece inalterado e o índice de preço sobe 5,8%, então a ponderação em percentual do produto A no cômputo deste índice é 18,6%.

Resolução:

(0) Verdadeiro. O índice de preços de Laspeyres é calculado ponderando-se os preços pelas quantidades do período inicial. Como as elasticidades são negativas, quando os preços sobem (caem), as quantidades consumidas caem (sobem). Isso faz com que o índice de Laspeyres assuma valores maiores que os assumidos pelo índice de Paasche. Evidentemente, as dispersões sempre assumem valores positivos.

(1) Verdadeiro. Veja questão 1 da prova da Anpec de 2005.

(2) Falso. Um índice de valor é sempre maior do que o produto de um índice de Paasche-preço por um índice de Paasche-quantidade, e sempre menor do que o produto de um índice de Laspeyres-preço por um índice de Laspeyres-quantidade.

(3) Falso. O peso é a participação do produto na despesa no período atual.

(4) Falso. Considerando o Índice de Custo de Vida:

$$ICV = \frac{p_A^1}{p_A^0}\theta_A + \frac{p_B^1}{p_B^0}\theta_B = 4.12\theta_A + 1\theta_B = 4.12\theta_A + (1-\theta_A) = 4.12$$

$$\Rightarrow \theta_A = 0.058/3.12 = 0.00186 \overset{\times 100}{\Rightarrow} 1.86\%$$

PROVA DE 2010

Questão 1

Sobre números-índices podemos dizer que:

(0) O índice de preços de Paasche para uma data t é igual à média harmônica ponderada dos preços relativos, utilizando o valor das vendas de cada produto no período t como fator de ponderação.

(1) Para recuperar o crescimento, em volume, de uma cesta de produtos de uma empresa, deve-se dividir o índice de valor de vendas pelo índice de Laspeyres de preços.

(2) Não pode ser obtido um índice de preços de Laspeyres que respeite o critério da circularidade, mesmo usando bases móveis.

(3) O IPCA emprega a fórmula de Laspeyres.

(4) Quando da revisão dos índices de custo de vida, aqueles produtos que não tiveram maiores aumentos relativos de preços terão sua ponderação aumentada, supondo que as preferências dos consumidores não mudaram e os bens possuem elasticidade renda unitária.

Resolução:

(0) Anulada. O índice de preços de Paasche é a média harmônica dos preços relativos ponderada pela participação do produto na despesa no período atual.

(1) Verdadeiro. Observe que $L_1^p P_1^q = V_{01}$, o que implica que $P_1^q = V_{01}/L_1^p$ é o Paasche de quantidade, L_1^p é o Laspeyres de preço V_{01} é o índice de valor de vendas.

(2) Falso. O critério da circularidade pode, sim, ser obtido usando o índice de Larspeyres com bases móveis. Observe que o índice de preços de Larspeyres é dado por:

$$L_1^p = \frac{\sum_{i=1}^{n} p_1^i q_0^i}{\sum_{i=1}^{n} p_0^i q_0^i}.$$

Computando-o para vários períodos, e usando bases móveis, temos:

$$L_n^p = \frac{\sum_{i=1}^{n} p_1^i q_0^i}{\sum_{i=1}^{n} p_0^i q_0^i} \frac{\sum_{i=1}^{n} p_2^i q_1^i}{\sum_{i=1}^{n} p_1^i q_1^i} \cdots \frac{\sum_{i=1}^{n} p_n^i q_{n-1}^i}{\sum_{i=1}^{n} p_{n-1}^i q_{n-1}^i},$$

cada termo no produtório acima representa quanto os preços mudaram de um período para o outro. O produtório representa quanto os preços mudaram do perído 0 até o período n.

Observação: Veja Toledo e Ovalle (1995, p. 349 e 356-58).

(3) Verdadeiro. O IPCA emprega o índice de Laspeyres modificado, definido como:

$$L_{modificado}^P = \Sigma_i \left(\frac{P_t^i}{P_{t-1}^i} \right) \cdot \frac{P_0^i Q_0^i}{\Sigma_i P_0^i Q_0^i} \cdot 100$$

(4) Falso. Quando o item afirma "da revisão dos índices de custo de vida" se refere à revisão das ponderações de cada bem no cômputo do índice. Então, o item é falso, pois as ponderações têm a ver com as preferências e os gastos dos consumidores, não tendo relação com a variação dos preços. Por isso, quando ele diz: "supondo que as preferências dos consumidores não mudaram e os bens possuem elasticidade renda unitária" o item se refere a bens que não são nem necessários, nem de luxo, ainda que normais, e que os consumidores, quando da revisão, não alteraram as suas preferências. Portanto, a ponderação não deve ser alterada.

Gabarito

2011															
Questões	1	2	3	4	5	6	7	8	9	10	11	12	13	14	15
0	F	V	F	V	F	F	V	F	F	V	F	V	4	88	64
1	F	F	V	V	F	F	F	V	V	F	V	V			
2	F	F	V	V	F	F	A	F	F	F	V	V			
3	V	V	V	V	V	V	V	V	V	V	V	V			
4	V	V	F	V	F	V	F	V	F	V	F	F			

2010															
Questões	1	2	3	4	5	6	7	8	9	10	11	12	13	14	15
0	A	F	V	A	V	25	A	V	F	F	50	V	2	F	V
1	V	F	F	F	V		A	F	V	V		V		F	F
2	F	V	F	F	F		A	V	F	F		F		F	V
3	V	V	V	F	F		A	F	F	F		F		V	V
4	F	V	F	V	V		A	V	V	F		F		F	F

2009															
Questões	1	2	3	4	5	6	7	8	9	10	11	12	13	14	15
0	V	V	25	A	F	F	F	F	V	F	F	V	V	F	F
1	V	F			F	V	F	F	F	F	V	F	V	A	V
2	F	V			F	F	F	F	V	V	V	F	F	F	V
3	F	V			V	V	V	V	V	F	V	F	V	V	F
4	F	V			F	F	F	V	A	V	V	A	V	F	F

						2008									
Questões	1	2	3	4	5	6	7	8	9	10	11	12	13	14	15
0	V	F	F	V	V	F	V	F	F	V	V	25	48	15	74
1	F	V	F	V	F	F	V	V	F	V	F				
2	V	V	V	F	F	F	F	F	F	F	V				
3	F	F	A	V	F	F	V	V	V	V	F				
4	F	V	V	F	V	V	V	V	F	F	F				

						2007									
Questões	1	2	3	4	5	6	7	8	9	10	11	12	13	14	15
0	F	V	F	V	F	F	V	F	V	V	F	V	3	50	30
1	V	F	F	V	V	V	A	V	F	F	V	F			
2	V	V	V	F	F	F	A	V	F	F	F	V			
3	F	F	V	V	F	V	V	V	V	F	V	A			
4	F	V	F	F	V	F	F	F	A	V	F	F			

						2006									
Questões	1	2	3	4	5	6	7	8	9	10	11	12	13	14	15
0	F	V	F	V	F	V	V	V	V	V	V	37	33	A	58
1	F	V	V	F	V	F	F	V	V	F	F				
2	V	F	V	F	V	F	F	F	V	F	V				
3	V	F	V	F	F	V	F	F	F	V	V				
4	V	F	F	V	F	F	V	V	F	F	F				

						2005									
Questões	1	2	3	4	5	6	7	8	9	10	11	12	13	14	15
0	V	F	V	V	V	F	V	F	A	V	F	F	50	5	9
1	F	F	F	F	F	V	F	F	F	V	F	V			
2	F	V	V	V	V	V	V	F	F	F	F	F			
3	F	V	F	F	V	F	V	V	V	F	V	V			
4	V	F	V	F	F	F	F	F	V	V	F	V			

	2004														
Questões	1	2	3	4	5	6	7	8	9	10	11	12	13	14	15
0	F	V	V	V	F	V	V	F	F	V	V	97	20	90	14
1	V	F	V	V	V	F	F	V	F	F	F				
2	F	F	F	F	V	F	F	F	F	V	F				
3	F	V	F	V	F	F	V	F	V	V	F				
4	F	F	F	F	F	V	F	F	F	F	F				

	2003														
Questões	1	2	3	4	5	6	7	8	9	10	11	12	13	14	15
0	F	F	F	F	A	F	F	F	F	F	75	40	4	25	11
1	F	V	F	V	V	V	F	F	F	V					
2	F	V	V	F	F	F	F	V	V	V					
3	V	F	F	F	V	F	V	F	F	V					
4	V	F	F	V	F	F	V	V	V	F					

	2002														
Questões	1	2	3	4	5	6	7	8	9	10	11	12	13	14	15
0	F	F	F	V	A	V	F	V	F	V	F	F	20	6	50
1	F	V	V	V	F	F	V	F	F	V	V	F			
2	V	F	F	F	F	V	F	F	V	F	V	F			
3	V	V	F	F	F	F	V	V	V	F	F	V			
4	F	F	V	F	F	V	V	F	V	V	F	F			

Referências Bibliográficas

Todas as respostas das questões das provas de 2002 a 2011 basearam-se na bibliografia sugerida pela ANPEC, descrita a seguir.

Em algumas questões, buscaram-se referências em bibliografias não listadas pela ANPEC. Nesses casos, fez-se essa escolha pelo fato de se considerar que a referência citada tratava com primor e exatidão o ponto que se queria elucidar. São elas:

ENDERS, W. *Applied Econometric*. Time Series. 2th edition. New York: Wiley, 2003.
JOHNSTON, J.; DINARDO, J. *Econometric Methods*. 4th edition. New York: McGraw Hill, 1997.
LARSON, H.J. *Introduction to Probability Theory and Statistical Inference*. 3rd edition. New York: Willey, 1982.
WOOLDRIDGE, J. *Introductory Econometrics*. 3rd edition. Masson: South-Western Cengage Learning, 2009.

Bibliografia Sugerida ANPEC:

a) Básica
   1. GUJARATI, D.M. *Econometria Básica*. Rio de Janeiro: Campus/Elsevier, 2006.
   2. MEYER, P. L. *Probabilidade – Aplicações à Estatística*. São Paulo: Livros Técnicos e Científicos Editora, 1983.

3. STOCK, J.H.; M. WATSON, *Econometria*. São Paulo: Addison-Wesley, 2004.
4. TOLEDO, G.L.; OVALLE, I.I. *Estatística Básica*. São Paulo: Atlas, 1995.
5. WOOLDRIDGE, J.M. *Introdução à Econometria: Uma Abordagem Moderna*. São Paulo: Thomson Learning Pioneira, 2006. (Tradução da 2ª Edição *Introductory Econometrics: A Modern Approach*, South Western College Publishing)

b) Complementar
6. HILL, C; GRIFFITHS, W & JUDGE, G. *Econometria*. São Paulo: Saraiva, 2000.
7. MADDALA, G. *Introduction to Econometrics*. New York: MacMillan, [S.A.].
8. PINDYCK, R. e Rubenfeld, D. *Econometric Models and Economic Forecasts*. New York: McGraw-Hill, [S.A.].

Anexo

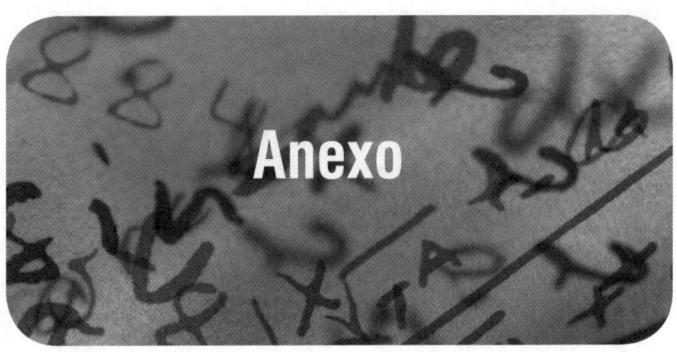

Tabela da Distribuição Normal Padrão
$P(Z < z)$

z	0,0	0,01	0,02	0,03	0,04	0,05	0,06	0,07	0,08	0,09
0,0	0,5000	0,5040	0,5080	0,5120	0,5160	0,5199	0,5239	0,5279	0,5319	0,5359
0,1	0,5398	0,5438	0,5478	0,5517	0,5557	0,5596	0,5636	0,5675	0,5714	0,5753
0,2	0,5793	0,5832	0,5871	0,5910	0,5948	0,5987	0,6026	0,6064	0,6103	0,6141
0,3	0,6179	0,6217	0,6255	0,6293	0,6331	0,6368	0,6406	0,6443	0,6480	0,6517
0,4	0,6554	0,6591	0,6628	0,6664	0,6700	0,6736	0,6772	0,6808	0,6844	0,6879
0,5	0,6915	0,6950	0,6985	0,7019	0,7054	0,7088	0,7123	0,7157	0,7190	0,7224
0,6	0,7257	0,7291	0,7324	0,7357	0,7389	0,7422	0,7454	0,7486	0,7517	0,7549
0,7	0,7580	0,7611	0,7642	0,7673	0,7704	0,7734	0,7764	0,7794	0,7823	0,7852
0,8	0,7881	0,7910	0,7939	0,7967	0,7995	0,8023	0,8051	0,8078	0,8106	0,8133
0,9	0,8159	0,8186	0,8212	0,8238	0,8264	0,8289	0,8315	0,8340	0,8365	0,8389
1,0	0,8413	0,8438	0,8461	0,8485	0,8508	0,8531	0,8554	0,8577	0,8599	0,8621
1,1	0,8643	0,8665	0,8686	0,8708	0,8729	0,8749	0,8770	0,8790	0,8810	0,8830
1,2	0,8849	0,8869	0,8888	0,8907	0,8925	0,8944	0,8962	0,8980	0,8997	0,9015
1,3	0,9032	0,9049	0,9066	0,9082	0,9099	0,9115	0,9131	0,9147	0,9162	0,9177
1,4	0,9192	0,9207	0,9222	0,9236	0,9251	0,9265	0,9279	0,9292	0,9306	0,9319
1,5	0,9332	0,9345	0,9357	0,9370	0,9382	0,9394	0,9406	0,9418	0,9429	0,9441
1,6	0,9452	0,9463	0,9474	0,9484	0,9495	0,9505	0,9515	0,9525	0,9535	0,9545
1,7	0,9554	0,9564	0,9573	0,9582	0,9591	0,9599	0,9608	0,9616	0,9625	0,9633
1,8	0,9641	0,9649	0,9656	0,9664	0,9671	0,9678	0,9686	0,9693	0,9699	0,9706
1,9	0,9713	0,9719	0,9726	0,9732	0,9738	0,9744	0,9750	0,9756	0,9761	0,9767
2,0	0,9772	0,9778	0,9783	0,9788	0,9793	0,9798	0,9803	0,9808	0,9812	0,9817
2,1	0,9821	0,9826	0,9830	0,9834	0,9838	0,9842	0,9846	0,9850	0,9854	0,9857
2,2	0,9861	0,9864	0,9868	0,9871	0,9875	0,9878	0,9881	0,9884	0,9887	0,9890
2,3	0,9893	0,9896	0,9898	0,9901	0,9904	0,9906	0,9909	0,9911	0,9913	0,9916
2,4	0,9918	0,9920	0,9922	0,9925	0,9927	0,9929	0,9931	0,9932	0,9934	0,9936
2,5	0,9938	0,9940	0,9941	0,9943	0,9945	0,9946	0,9948	0,9949	0,9951	0,9952

z	0,0	0,01	0,02	0,03	0,04	0,05	0,06	0,07	0,08	0,09
2,6	0,9953	0,9955	0,9956	0,9957	0,9959	0,9960	0,9961	0,9962	0,9963	0,9964
2,7	0,9965	0,9966	0,9967	0,9968	0,9969	0,9970	0,9971	0,9972	0,9973	0,9974
2,8	0,9974	0,9975	0,9976	0,9977	0,9977	0,9978	0,9979	0,9979	0,9980	0,9981
2,9	0,9981	0,9982	0,9982	0,9983	0,9984	0,9984	0,9985	0,9985	0,9986	0,9986
3,0	0,9987	0,9987	0,9987	0,9988	0,9988	0,9989	0,9989	0,9989	0,9990	0,9990
3,1	0,9990	0,9991	0,9991	0,9991	0,9992	0,9992	0,9992	0,9992	0,9993	0,9993
3,2	0,9993	0,9993	0,9994	0,9994	0,9994	0,9994	0,9994	0,9995	0,9995	0,9995
3,3	0,9995	0,9995	0,9995	0,9996	0,9996	0,9996	0,9996	0,9996	0,9996	0,9997
3,4	0,9997	0,9997	0,9997	0,9997	0,9997	0,9997	0,9997	0,9997	0,9997	0,9998
3,5	0,9998	0,9998	0,9998	0,9998	0,9998	0,9998	0,9998	0,9998	0,9998	0,9998
3,6	0,9998	0,9998	0,9999	0,9999	0,9999	0,9999	0,9999	0,9999	0,9999	0,9999
3,7	0,9999	0,9999	0,9999	0,9999	0,9999	0,9999	0,9999	0,9999	0,9999	0,9999
3,8	0,9999	0,9999	0,9999	0,9999	0,9999	0,9999	0,9999	0,9999	0,9999	0,9999
3,9	1,0000	1,0000	1,0000	1,0000	1,0000	1,0000	1,0000	1,0000	1,0000	1,0000

Conheça também ...

Inglês para Concursos – Temas Avançados
de Carlos Augusto
ISBN: 978-85-352-3741-2
328 páginas

Economia Brasileira
de Fernando Soares
ISBN: 978-85-352-3955-3
192 páginas

Conheça também ...

Economia para Concursos
de Marlos Vargas Ferreira
ISBN: 978-85-352-3167-0
264 páginas

Economia
Macroeconomia e economia brasileira em questões comentadas
de Marlos Vargas Ferreira
ISBN: 978-85-352-3927-0
296 páginas

Cartão Resposta

05120048-7/2003-DR/RJ
Elsevier Editora Ltda

····CORREIOS····

ELSEVIER

SAC | 0800 026 53 40
ELSEVIER | sac@elsevier.com.br

CARTÃO RESPOSTA

Não é necessário selar

O SELO SERÁ PAGO POR
Elsevier Editora Ltda

20299-999 - Rio de Janeiro - RJ

**Acreditamos que sua resposta nos ajuda a aperfeiçoar continuamente nosso trabalho para atendê-lo(la) melhor e aos outros leitores.
Por favor, preencha o formulário abaixo e envie pelos correios.
Agradecemos sua colaboração.**

Seu Nome: _____

Sexo: ☐ Feminino ☐ Masculino   CPF: _____

Endereço: _____

E-mail: _____

Curso ou Profissão: _____

Ano/Período em que estuda: _____

Livro adquirido e autor: _____

Como ficou conhecendo este livro?

☐ Mala direta ☐ E-mail da Elsevier
☐ Recomendação de amigo ☐ Anúncio (onde?) _____
☐ Recomendação de seu professor?
☐ Site (qual?) _____ ☐ Resenha jornal ou revista
☐ Evento (qual?) _____ ☐ Outro (qual?) _____

Onde costuma comprar livros?

☐ Internet (qual site?) _____
☐ Livrarias ☐ Feiras e eventos ☐ Mala direta

☐ Quero receber informações e ofertas especiais sobre livros da Elsevier e Parceiros

Qual(is) o(s) conteúdo(s) de seu interesse?

Jurídico -
☐ Livros Profissionais ☐ Livros Universitários ☐ OAB ☐ Teoria Geral e Filosofia do Direito

Educação & Referência -
☐ Comportamento ☐ Desenvolvimento Sustentável ☐ Dicionários e Enciclopédias ☐ Divulgação Científica ☐ Educação Familiar
☐ Finanças Pessoais ☐ Idiomas ☐ Interesse Geral ☐ Motivação ☐ Qualidade de Vida ☐ Sociedade e Política

Negócios -
☐ Administração/Gestão Empresarial ☐ Biografias ☐ Carreira e Liderança Empresariais ☐ E-Business
☐ Estratégia ☐ Light Business ☐ Marketing/Vendas ☐ RH/Gestão de Pessoas ☐ Tecnologia

Concursos -
☐ Administração Pública e Orçamento ☐ Ciências ☐ Contabilidade ☐ Dicas e Técnicas de Estudo
☐ Informática ☐ Jurídico Exatas ☐ Língua Estrangeira ☐ Língua Portuguesa ☐ Outros

Universitário -
☐ Administração ☐ Ciências Políticas ☐ Computação ☐ Comunicação ☐ Economia ☐ Engenharia
☐ Estatística ☐ Finanças ☐ Física ☐ História ☐ Psicologia ☐ Relações Internacionais ☐ Turismo

Áreas da Saúde -
☐ Anestesia ☐ Bioética ☐ Cardiologia ☐ Ciências Básicas ☐ Cirurgia ☐ Cirurgia Plástica ☐ Cirurgia Vascular e Endovascular
☐ Dermatologia ☐ Ecocardiologia ☐ Eletrocardiologia ☐ Emergência ☐ Enfermagem ☐ Fisioterapia ☐ Genética Médica
☐ Ginecologia e Obstetrícia ☐ Imunologia Clínica ☐ Medicina Baseada em Evidências ☐ Neurologia ☐ Odontologia ☐ Oftalmologia
☐ Ortopedia ☐ Pediatria ☐ Radiologia ☐ Terapia Intensiva ☐ Urologia ☐ Veterinária

Outras Áreas - _____

Tem algum comentário sobre este livro que deseja compartilhar conosco?

_____

* A informação que você está fornecendo será usada apenas pela Elsevier e não será vendida, alugada ou distribuída por terceiros sem permissão preliminar.
* Para obter mais informações sobre nossos catálogos e livros por favor acesse **www.elsevier.com.br** ou ligue para **0800 026 53 40.**

Sistema CTcP,
impressão e acabamento
executados no parque gráfico da
Editora Santuário
www.editorasantuario.com.br - Aparecida-SP